구원에 관한 루터의 20가지 이야기

루터, 구원을 말하다

마틴 루터 저
권진호 해설 및 번역

신아사

차 례

들어가는 말 7

일러두기 10

I. 종교개혁사상의 핵심 11

1. 그리스도인이여, 이제 다 함께 즐거워하라 13

2. 그리스도인의 자유에 관하여 18

3. 선행에 관하여 54

II. 그리스도인의 의 83

4. 비텐베르크 라틴어 전집 제1권 서문 85

5. 세 종류의 의에 관한 설교 90

6. 두 종류의 의에 관한 설교 103

7. (소)갈라디아서 강해 121

III. 복음 ········ 133

8. 쉬펜라인에게 보내는 편지 ········ 135

9. (대)갈라디아서 강해 I: ········ 141
갈라디아서에 대한 마틴 루터의 해설

10. 슈말칼덴 신조 ········ 157

IV. 칭의의 본질 ········ 183

11. 로마서 강해 ········ 185

12. 로마서 3장 28절에 관한 토론 논제 ········ 201

1) 로마서 3장 28절에 관한 첫 번째 토론 논제 / 203
2) 로마서 3장 28절에 관한 두 번째 토론 논제 / 211
3) 로마서 3장 28절에 관한 세 번째 토론 논제 / 219
4) 로마서 3장 28절에 관한 네 번째 토론 논제 / 223
5) 로마서 3장 28절에 관한 다섯 번째 토론 논제 / 227

V. 믿음과 행위 ········ 231

13. 주입되고 획득된 믿음에 관하여 ········ 233

14. 행위가 은혜를 받는데 기여하는가? ········ 236

15. 결혼식 예복에 관하여 ········ 239

16. 칭의하는 믿음에 관하여 ········ 241

17. (대)갈라디아서 강해 II: ········ 250
행위로 자신의 의를 추구하는 것에 대한 50가지 문제들

VI. 성례 ······ 255

18. 교회의 바빌론 포로에 관하여 ······ 257
19. 면죄부와 은혜에 관한 설교 ······ 274
20. 죄 용서에 관하여 ······ 284

작품 출처 ······ 290

참고 문헌 ······ 292

연대에 따른 루터작품

로마서 강해 (1515/16)

쉬펜라인에게 보내는 편지 (1516)

면죄부와 은혜에 관한 설교 (1518)

죄 용서에 관하여 (1518)

세 종류의 의에 관한 설교 (1518)

두 종류의 의에 관한 설교 (1519)

(소)갈라디아서 강해 (1519)

주입되고 획득된 믿음에 관하여 (1520)

선행에 관하여 (1520)

교회의 바빌론 포로에 관하여 (1520)

그리스도인의 자유에 관하여 (1520)

행위가 은혜를 받는데 기여하는가? (1520)

그리스도인이여, 이제 다 함께 즐거워하라 (1524)

(대)갈라디아서 강해 (1535)

1) 갈라디아서에 대한 마틴 루터의 해설
2) 행위로 자신의 의를 추구하는 것에 대한 50가지 문제들

로마서 3장 28절에 관한 토론 논제 (1535~37)

1) 로마서 3장 28절에 관한 첫 번째 토론 논제
2) 로마서 3장 28절에 관한 두 번째 토론 논제
3) 로마서 3장 28절에 관한 세 번째 토론 논제
4) 로마서 3장 28절에 관한 네 번째 토론 논제
5) 로마서 3장 28절에 관한 다섯 번째 토론 논제

슈말칼덴 신조 (1536)

결혼식 예복에 관하여 (1537)

칭의하는 믿음에 관하여 (1543)

비텐베르크 라틴어 전집 제1권 서문 (1545)

들어가는 말

이 책은 칭의론에 대한 관심에서 출발했다. 역자에게는 루터의 신학을 연구하면서 한국교회에 루터의 칭의론 작품들을 소개하고픈 마음이 늘 있었다. 한국교회가 칭의론의 가르침으로 바로 서기를 바라는 마음 때문이다. 루터는 칭의라는 교리와 함께 교회가 서기도 하고 넘어지기도 한다(articulus stantis aut cadentis ecclesiae)고 강조했다.[1] 또한 칭의론은 "모든 교리의 스승이자 우두머리이며 모든 교리를 판단하는 기준이고, 교회의 교리들을 보존하고 인도하며, 하나님 앞에서 우리의 양심을 격려한다. 이 교리가 없다면 세상은 완전한 죽음이고 흑암일 뿐이다"라고까지 말한다.[2] 따라서 하나님 앞에서 양심을 바로 세우고 사단과 죄와 죽음에 대항해 싸우도록 가르치는 목회자들은 칭의론을 바르게 잘 알고 있어야 한다.

이 책은 1515년『로마서 강해』부터 1545년 "비텐베르크 라틴어 전집 제1권 서문"에 이르기까지 칭의론에 관련된 루터의 작품들을 포함하고 있다. 이 작품들은 루터가 종교개혁자로 공적인 활동과 영향력이 있던 시기 전체를 망라하고 강의, 저작, 설교, 서신, 찬송, 토론문, 신조 등 루터의 다양한 저작 장르를 보여준다.

---

1) WA 40III,352,3.

2) WA 39I,205,2 이하.

사실 루터는 칭의론이 그의 생애와 사상에서 중심적인 주제임에도 이것에 관한 포괄적인 작품을 서술하지 않았다. 그는 일반적으로 신학을 교과서의 형태가 아니라 대부분 현실의 도전이나 논쟁상황과 관련하여 서술하였기 때문이다. 또한 칭의론은 그의 신학적인 사고에서 근본적으로 중요하여, 다른 신학 주제와 같이 개별적인 성격의 주제가 아니라 그의 신학 전체를 관통하는 구성요소였기 때문이다. 이 책에 실린 작품들은 직·간접적으로 칭의론을 주제로 서술하고 있어 루터의 신학의 중심주제인 칭의론의 핵심적인 내용을 이해하는 데 유용하다. 일부 작품은 칭의론과 관련된 내용을 선별하여 번역하였다. 이 책이 부족한 점을 가지고 있지만, 루터의 칭의론에 관한 연구와 저술이 매우 부족한 현실에서 루터의 칭의론 연구자들에겐 하나의 길잡이가, 성서의 복음 위에 바로 서고자 하는 모든 목회자와 신학생들에게는 복음에 대한 안내서가 되길 바란다.

이 책이 나온 것에 무엇보다도 목원대학교 신학생들과 박사과정 목사님들에게 감사한다. 세속화와 물질 만능의 시대 속에서 복음만을 전하고자 하는 열정을 가지고 하나님의 말씀을 공부하며 사역하는 이들은, 복음에 대한 확신과 열정을 가지고 가르치고 연구해야 하는 교수의 신분을 망각하지 않도록 본인에게 도전과 자극을 주었다.

그리고 이해하기 힘든 내용의 문장들을 꼼꼼하게 교정해준 박보영 권사님, 박사과정의 이정재 목사님과 신대원의 이유미 전도사, 그리고 늘 바른 신학의 길을 가도록 충고해주는 아내에게 감사의 마음을 전한다.

2023년 3월

권진호

일러두기

1. 이 책에 나오는 문단의 소제목은 내용의 이해를 돕기 위해 역자가 붙인 것이다. 번역은 원문의 의미를 그대로 전달하는 것을 원칙으로 하지만 의미전달을 위해 의역한 부분도 있다.
2. 성서의 인용은 원칙적으로 개역개정을 근거로 하였고, 경우에 따라 의미의 정확성을 위해 루터의 작품에 인용된 성서 구절을 번역하기도 하였다.
3. 여기에 실린 작품에 대한 이해를 위해 출처와 작품에 관련된 참고 문헌을 책 뒷부분에 소개하였다.
4. 이 책에 사용된 약어는 다음과 같다.

   WA: D. Martin Luthers Werke. Kritische Gesamtausgabe (Weimar, 1883~2005) [루터의 저술, 설교]

   WA Br: D. Martin Luthers Werke. Briefwechsel (Weimar, 1930~1985) [루터의 서신]

   DH: H. Denzinger/ P. Hünermann, Enchiridion symbolorum definitionum et declarationum de rebus fidei et morum/ Kompendium der Glaubenbekenntnisse und kirchlichen Lehrentscheidungen (Freiburg, Basel, Rome & Vienna: Herder, 1999).

I

종교개혁사상의 핵심

1. 그리스도인이여, 이제 다 함께 즐거워하라

작품 해설

찬송은 단지 음악이 아니라 하나님의 말씀을 전하는 유용한 길이다. 음악은 실제로 말보다 더 강력하게 사람에게 영향을 끼치고 마음을 움직인다. 찬송의 형태로 전해지는 말씀은 더욱 굳게 믿도록 역사한다. 음악과 찬송의 의미를 높이 평가한 루터는 찬송을 지으며 이것을 종교개혁에 적극적으로 활용했다.[3] 루터는 찬송을 '복음의 생생한 음성'(viva vox evangelica)으로 보며 복음을 전달하는 한 형태이자 신학의 중심으로 간주했다.

루터의 초기 찬송이자 종교개혁의 가르침이 잘 드러나 있는 찬송이 바로 "그리스도인이여, 이제 다 함께 즐거워하라"(Nun freut euch, lieben Christen gmein)이다.[4] 이 찬송은 구원과 칭의론, 그리고 종교개혁신학을 어느 신학 작품보다도 더 명료하고 간결하게 담고 있다. 그래서 이 찬송은 '종교개혁 찬송' 또는 '복음 찬송'으로, '구원하고자 하시는 하

---

3) 루터의 음악과 찬송에 관해서는 우선 역자의 지도로 나온 박사논문[오선지, "루터의 음악신학 연구. - 루터의 찬송을 중심으로"(목원대학교 대학원, 2022)] 참조.

4) 이에 대한 분석으로 권진호, "루터의 종교개혁 찬송 '다 함께 즐거워하라'", 「신학논단」 101 (2020), 39~66 참조.

나님에 관한 발라드'로 여겨진다. 이 찬송이야말로 루터의 위대한 종교개혁작품이라 해도 무방할 정도이다.

이 찬송은 '개신교 믿음에 관한 첫 찬미가'로 불릴 정도로 기독교 믿음에 관한 가르침의 핵심을 포괄적으로 담고 있다. 그것도 무미건조한 교리로가 아니라 루터 자신의 개인적인 구원의 체험을 매우 구체적으로 묘사하고 있다. 다시 말하면 이 찬송은 구원에 관한 가르침과 신학을 표현할 뿐만 아니라, 찬송을 지은 루터 자신의 개인적인 신앙 체험을 묘사한다. 당시 교회의 가르침에 따라 자신의 노력을 통해 스스로 구원받고자 처절하게 노력한 시도로부터 출발하여 오직 하나님의 은혜만이 우리를 구원하실 수 있다는 종교개혁사상 발견에 이르기까지의 길을 고백하고 있다.

작품

1. 그리스도인이여, 이제 다 함께 즐거워하라
다 함께 기뻐 뛰놀자
확신 가운데 모두 하나가 되어
즐거움과 사랑을 가지고 찬양하세
하나님께서 우리에게 행하신 일
그의 달콤한 기적을
그는 값진 대가를 치러 이루셨네.

2. 나는 마귀의 포로가 되어
죽음 가운데 절망적이었네
내 죄가 나를 밤낮으로 괴롭혔고
나는 그 죄 가운데 태어나
점점 죄 가운데 빠져들어 갔네
내 삶에 선이란 전혀 없고
죄가 나를 사로잡았네.

3. 내 선한 행위는 가치 없고
심지어 부패하였네
내 자유의지는 하나님의 심판을 증오했으며
선한 것은 전혀 할 수 없었네
두려움이 나를 절망하게 하여
내게는 죽음만이 머물렀네
나는 지옥에 떨어질 수밖에 없네.

4. 하나님이 영원히 슬퍼하시네
나의 크나큰 불행 때문에
하나님이 자비를 생각하셨고
나를 돕고자 하시네
그는 아버지의 마음으로 내게 향하셨고
참으로 진심이셨네
그는 가장 값진 것을 치르셨네.

5. 그를 사랑하는 아들에게 말씀하셨네
"자비를 베풀 시간이다
가라, 내 마음의 귀한 영광이여
가난한 자에게 구원을 베풀라
그가 죄의 고통에서 나오도록 도우라
그를 위하여 혹독한 죽음을 죽이라
그가 너와 함께 살도록 하라."

6. 아들은 아버지의 뜻에 순종하사
이 땅 내게로 내려오셨네
순결하고 연약한 동정녀를 통하여
그는 내 형제가 되셨네
그는 가진 힘을 은밀하게 숨기시고
나와 같이 가련한 종의 모습으로 오셨네
악마를 사로잡기 위해서.

7. 그가 내게 말씀하셨네. "나를 붙잡으라
이제 너는 승리하리라
너를 위해 나 자신을 온전히 주리라
내가 너를 위해 싸우리라

나는 너의 것이고 너는 나의 것이기에
내가 머무는 곳에 네가 있을 것이며
원수가 우리를 갈라놓지 못할 것이다.

8. 원수가 내 피를 흘릴 것이며
내 생명을 빼앗을 것이다
나는 너를 위해 모든 것을 견디리라
굳건한 믿음으로 그것을 붙들라
내 생명이 죽음을 집어삼킬 것이고
내 무죄함이 너의 죄를 담당할 것이라
너는 구원을 얻었노라.

9. 이제 하늘에 계신 아버지를 향해
나는 이 삶을 떠나가네
나는 너의 주인이 되리라
네게 성령을 주리라
성령이 너의 슬픔을 위로하고
나를 잘 알도록 기르치며
진리 가운데 인도하리라.

10. 내가 행하고 가르친 것을
너는 행하고 가르쳐야 하리
그러면 하나님 나라가 확장되고
하나님이 찬양과 영광을 받게 되리라
사람의 가르침을 조심하라
하늘의 귀한 보화가 파괴되지 않도록
이것이 네게 마지막으로 하는 말이다."

2. 그리스도인의 자유에 관하여

작품 해설

『그리스도인의 자유에 관하여』는 루터의 가장 대표적인 작품이다.[5] 루터는 하나님 앞에서의 인간과 사회적 관계 속의 인간 모습을 명료하게 서술하는 이 작품을 '그리스도인 삶의 요약본'이라고 평가했다. 그리스도인이 어떤 존재인지를 매우 분명하게 설명하고 있기 때문이다.

이것은 교황의 파문위협교서가 발표된 이후 곧 파문이 내려질 것이 확실시되는 매우 긴박한 상황에서 저술되었다. 교황의 파문위협교서가 10월 10일 비텐베르크에 도착한 지 이틀 후에 루터는 교황에게 보내기로 계획한 개인적인 서신에 작품을 동봉하기로 밀티츠(Karl von Miltitz)와 약속하였는데, 그것이 바로 『그리스도인의 자유에 관하여』이다. 이 작품은 독일어판(WA 7,20~38)과, 독일어판을 교정하고 증보한 라틴어판(WA 7,49~73)이 있는데, 역자는 여기서 독일어판을 번역하였다.[6] 이 작품이 갖는 의미와 사회적 관심은 1520년부터 1525년까지 출

5) 이에 대해서는 우선 권진호, "그리스도인의 자유에 관하여", 「목회와 신학」 2017.9, 120~128 참조.

6) 라틴어 번역본: 권진호 역, 『루터를 안다』(대장간, 2019), 65 이하.

판된 인쇄 수량만으로도 추측할 수 있는데, 이 짧은 기간에 무려 20개의 독일어판과 8개의 라틴어판이 출판되었다.

루터는 여기서 그리스도인의 믿음의 본질을 자유로 표현하였다. 당시 이것은 자유에 대한 루터의 사상을 부분적으로 오해하거나 왜곡되게 해석하여 종교개혁을 잘못된 방향으로 이끌기도 하였다. 세상의 지배질서로부터 자유를 요구하고 나서거나, 루터의 겉사람과 속사람의 차이를 통일적으로 이해하지 못하여 영적인 차원에만 몰입하는 현상들이 그 대표적인 예이다.

작품

예수

첫째 부분

- 그리스도를 통해 자유한 그리스도인

그리스도인의 본질을 규정하는 이중명제 - 자유와 섬김

1. 그리스도인이 어떤 존재이며, 바울이 자주 서술하는 것처럼 그리스도가 그리스도인에게 선물로 마련하여 주신 자유가 무엇인지 철저히 인식할 수 있도록 다음 두 명제를 제시하고자 한다.

- 그리스도인은 만물로부터 자유로운 주인이고 누구에게도 종속되지 않는다.
- 그리스도인은 만물을 섬기는 종이며 모든 사람에게 종속되어 있다.

이 두 명제는 고린도전서 9장 19절 "내가 모든 사람에게서 자유로우나 스스로 모든 사람에게 종이 된 것은 더 많은 사람을 얻고자 함이라"와 로마서 13장 8절 "피차 사랑의 빚 외에는 아무에게든지 아무 빚도 지지 말라"는 바울의 입장과 일치한다. 사랑은 사랑하는 대상을 섬기며 그에게 종속된다. 그리스도에 대해서도 갈라디아서 4장 4절, "하나님이 그 아들을 보내사 여자에게서 나게 하시고 율법 아래에 나게 하신 것은"이라고 말한다.

두 본질로 구성된 그리스도인

2. 자유와 섬김, 이 모순되는 두 명제를 이해하기 위하여 모든 그리스도인은 영적인 본질과 육체적인 본질이라는 두 본질을 갖고 있음을 생각해야 한다. 영혼 측면에서 그리스도인은 영적 인간, 새사람, 속사람[내적 인간]으로, 혈육에 따라서는 육체적 인간, 옛사람, 겉사람[외적 인간]으로 불린다. 이 차이 때문에 성경은 앞서 자유와 섬김에 관해 말한 것 같이 엄밀하게 모순되는 것들을 언급한다.

둘째 부분

- 속사람: 믿음 안에서의 자유

모든 외적인 것으로부터 독립된 영혼

3. 속사람이 의롭고 자유한 그리스도인이 되는 데 무엇이 필요한지를 알기 위해 먼저, 속사람, 영적 인간에 대해 다루어보자. 분명한 점은 외적인 것은 내적 인간을 자유하고 의롭게 만들 수 없다는 사실이다. 왜냐하면 그의 의와 자유, 그리고 그 반대의 악과 속박은 육체적이거나 외적인 것이 아니기 때문이다. 육체가 원하는 대로 먹고 마시며 사는 것이 영혼에 무슨 도움이 되겠는가? 반대로 육체가 속박되고 병들고 무기력하며 원치 않게 굶주리며 목마르고 고통을 당한다고 영혼에 무슨 해가 되겠는가? 이것 중 어떤 것도 영혼에 도달하여 영혼을 자유롭게 하거나 속박하지 못하며 영혼을 의롭게 하거나 불의하게 하지도 못한다.

영혼은 종교적인 것의 영향을 받지 않는다

4. 육체가 목사나 성직자들처럼 교회와 거룩한 장소에서 거룩한 의복을 걸치고 거룩한 것들을 다룬다고 해도, 이러한 것은 영혼에 아무 도움이 되지 않는다. 또한 육체가 기도하고 금식하며 성지순례를 하고 다른 모든 선행을 한다고 해도 영혼에 아무 도움이 되지 못한다. 이러한 선행은 육체만으로도 할 수 있기 때문이다. 영혼에 의와 자유를 가져다주는 것은 완전 다른 차원의 문제다. 앞에서 언급한 행위와 행동 양식들은 악한 사람, 경건한 체하는 사람, 위선자 역시 가질 수 있고 행할 수 있다. 그러한 행동으로는 단지 위선자만이 생겨날 뿐이다.

반대로 육체가 거룩하지 않은 의복을 걸치고 거룩하지 않은 장소에 있고 자유로이 먹고 마시며, 성지순례나 기도를 하지 않고, 앞에서 언급한 위선자의 행위를 하지 않는다고 해도 이것은 영혼에 해가 되지 않는다.

오직 하나님 말씀을 통해 자유하게 된다

5. 영혼이 하늘이나 땅에서 살며 의롭고 자유로운 그리스도인이 되도록 하는 데에는 거룩한 복음, 즉 그리스도가 설교한 하나님의 말씀 외에는 아무것도 필요 없다. 그리스도는 요한복음 11장 25절에서 "나는 부활이요 생명이니 나를 믿는 자는 죽어도 살겠고," 요한복음 14장 6절에서 "내가 곧 길이요 진리요 생명이니" 그리고 마태복음 4장 4절에서 "사람이 떡으로만 살 것이 아니요, 하나님의 입으로부터 나오는 모든 말씀으로 살 것이라"고 말씀하신다. 영혼이 다른 모든 것은 없어도 되지만 하나님의 말씀 없이는 존재할 수

없다는 사실을 우리는 확신할 수 있다. 하나님의 말씀 외의 어떤 것도 영혼을 도울 수 없다. 다시 말해 말씀을 가진 영혼에는 다른 것이 더 이상 필요 없고 말씀만으로 충분하다.

영혼은 말씀 안에서 양식, 기쁨, 평화, 빛, 유능, 의, 진리, 지혜, 자유를 포함한 모든 좋은 것을 풍성하게 소유한다. 이 때문에 시편 119편에서 선지자(시편 기자)는 오직 하나님 말씀만을 달라고 외친다. 아모스 8장 11절 이하 말씀에서는 하나님께서 인간에게서 말씀을 빼앗아 가시는 것을 가장 혹독한 재앙, 하나님의 진노라고 표현한다. 반면 하나님께서 말씀을 보내시는 것보다 더 커다란 은혜는 없다. "그가 그의 말씀을 보내어 그들을 고치시고 위험한 지경에서 건지시는도다"라는 시편 107편 20절 말씀과 같다.

그리스도는 하나님의 말씀을 설교하는 단 하나의 임무를 위해 오셨다.[7] (비록 오늘날 다르게 이루어지고 있지만) 모든 사도, 주교, 목사, 그리고 모든 성직자 신분도 오직 말씀을 위해 부름을 받고 임명된 것이다.

하나님 말씀의 내용과 바른 사용

6. "그렇게 큰 은혜를 주시는 하나님의 말씀의 내용은 도대체 무엇이며 그것을 어떻게 사용해야 하는가?"라고 당신이 묻는다면 나의 대답은 다음과 같다. 그것은 바로 복음을 포함하는, 그리스도에 관한 설교다. 하나님은 당신의 모든 생명과 행위가 하나님 앞에서 아무 가치가 없으며 당신이 당신의 모든 것과 함께 영원히 파멸될

7) 예수님의 임무는 그리스도인의 영혼을 하나님 말씀의 설교를 통해 자유롭게 하는 데 있다. 오늘날까지 모든 영적인 신분은 이러한 예수님의 임무를 뒤따르고 있다.

것이라고 말씀하신다. 이러한 하나님의 말씀이 들려지도록 설교되어야 한다. 바로 이 목적을 위해 설교가 존재한다. 이러한 사실을 바르게 믿는다면, 당신은 당신 자신에 대해 절망하며 호세아의 말씀이 진리임을 고백하게 될 것이다. "오 이스라엘아, 네 안에는 타락만이 있도다. 그러나 너에 대한 도움은 오직 내 안에 있도다"(참조. 13장 9절).

당신이 당신 자신, 즉 타락에서 빠져나오도록 하나님께서는 사랑하는 아들 예수 그리스도를 당신 앞에 세우시고 그의 살아 있는 위로의 말씀으로 당신에게 말씀하신다.

> "확고한 믿음으로 당신 자신을 그에게 맡기며 주저하지 말고 그를 신뢰해야 한다. 그러면 이 믿음으로 당신의 모든 죄는 용서되고 당신의 모든 부패한 본성은 극복되며 당신은 의롭고 진실하고 평화롭고 바르게 될 것이다. 또한 모든 계명이 성취되며 당신은 모든 것으로부터 자유하게 될 것이다."

이것은 바울이 로마서 1장 17절에서 "오직 의인은 믿음으로 말미암아 살리라," 로마서 10장 4절에서 "그리스도는 모든 믿는 자에게 의를 이루기 위하여 율법의 마침이 되시니라"고 말한 바와 같다.

믿음이 유일한 행위이다

7. 따라서 모든 그리스도인이 유일하게 행하고 연습해야 하는 것은 말씀과 그리스도를 바르게 마음에 새기고 믿음을 끊임없이 실행하고 강화하는 일이다.[8)] 다른 어떤 행위도 우리를 그리스도인으로 만들지 못하기 때문이다. 유대인들이 하나님의 일과 그리스도의

8) 오직 믿음만이 내면에서 계속하여 실행하는 그리스도인의 유일한 행위이다.

일을 하기 위해 무엇을 해야 하는지 물었을 때, 그리스도는 요한복음 6장 28~29절에서 다음과 같이 대답하셨다. "하나님이 보내신 이를 너희가 믿는 것이 유일한 하나님의 일이다." 왜냐하면 하나님 아버지께서 오직 그만을 구주로 믿도록 정해놓으셨기 때문이다. 그러므로 그리스도를 바르게 믿는 것은 엄청난 부유함이다. 이 믿음은 구원을 가져다주며 모든 불행을 없앤다. 마가복음 16장 16절에서 "믿고 세례를 받은 자는 구원을 받을 것이라"고 말하는 것과 같다.

이사야 선지자는 이러한 믿음의 부유함을 보고 "하나님께서 이 땅 위에 신속한 심판이 있게 하시며, 이러한 신속한 심판 가운데 의가 마치 홍수처럼 흐르게 될 것이다"(사 10:22[9])라고 말했다. 모든 계명을 성취하는 믿음은 모든 믿는 자를 넘칠 정도로 의롭다 한다. 이 때문에 의롭고 바르게 되기 위해 필요한 것은 더 이상 없다. 같은 의미로 사도 바울은 로마서 10장 10절에서 "사람이 마음으로 믿어 의에 이르고"라고 말한다.

옛 언약의 역할

8. 성경에는 많은 율법, 계명, 행위, 규정, 행동 양식들이 우리에게 제시되어 있다. 그런데 어떻게 믿음만이 의롭게 하고 행위 없이 풍성한 부유함을 줄 수 있는가? 여기서 부지런히 명심하고 진지하게 붙들어야 하는 사실은, 행위 없이 오직 믿음만이(행함이 아니라 오직 믿음만이) 우리를 의롭고 자유하고 복되게 만든다는 것이다. 이에 대해 후에 좀 더 자세히 살펴보게 될 것이다. 성서는 하나님의 계명

9) (개역개정): "이스라엘이여, 네 백성이 바다의 모래 같을지라도 남은 자만 돌아오리니 넘치는 공의로 파멸이 작정되었음이라."

(율법)과 약속(확언), 이 두 가지로 나뉜다. 계명은 우리에게 많은 선행을 가르치고 지시하지만, 그것으로 계명이 성취되지는 않는다. 계명은 지시하지만 돕지는 않는다. 계명은 우리가 해야 하는 것을 가르치지만, 그것을 행할 힘은 주지 않는다. 그러므로 계명이 주어진 목적은 그것을 통해 인간이 선한 것을 할 수 없는 자신의 무능을 발견하고 자기 자신에 절망하도록 하기 위해서이다.

그러므로 계명은 옛 언약으로도 불리며 모두 구약에 속한 내용이다. 예를 들어 "너는 탐내지 말라"(출 20:17[10])는 계명은 우리 모두가 죄인이고 자신이 원하는 것을 한다 해도 악한 탐욕이 없을 수 없다는 사실을 증명해 준다. 이로부터 우리는 자기 자신에 절망하게 되고 다른 곳에서 도움을 구하게 된다. 이것은 우리의 악한 탐욕을 없애고 (자신의 힘으로는 성취할 수 없는) 계명을 다른 이의 도움으로 성취하기 위함이다. 이 계명과 마찬가지로 다른 모든 계명 역시 성취하는 것은 불가능하다.

새 언약의 역할

9. 만일 사람이 계명을 통해 자신의 무능을 깨닫고 계명을 성취하지 못하는 것에 대한 두려움을 갖게 되면(율법을 성취하든지 아니면 사람이 저주받아야 하기 때문) 참으로 겸손해져서 자신을 무가치한 존재로 보게 된다. 자신을 의롭게 할 만한 어떤 것도 자신 안에서 발견하지 못한다. 이런 그에게 이제 다른 말씀, 바로 하나님의 약속과 확약이 다가와 다음과 같이 말한다.

---

10) "너는 악한 탐욕을 갖지 말라"(루터역).

"만일 당신이 계명이 촉구하고 요구하는 대로 계명을 성취하고 악한 욕망과 죄에서 벗어나고 싶다면 그리스도를 믿어라! 그분 안에 모든 은혜, 의, 평화와 자유가 분명하게 약속되어 있다. 당신이 믿기만 하면 믿은 대로 그 모든 것을 갖게 될 것이지만, 믿지 않는다면 아무것도 갖지 못할 것이다. 유익이 없는 수많은 계명의 행위로 불가능한 것을 당신은 믿음으로 쉽고 간단하게 성취할 수 있다. 나는 모든 것을 믿음에 간단히 포함시켰다. 그래서 믿음을 가진 자는 모든 것을 소유하고 구원받을 것이고 믿음을 갖지 않은 자는 어떤 것도 갖지 못할 것이다."

이렇게 하나님의 약속은 계명이 요구하는 것을 주고, 계명이 명령하는 것을 성취한다. 이것은 계명과 성취가 하나님의 것이 되도록 하기 위함이다. 하나님 홀로 명하시고, 또한 하나님 홀로 성취하신다. 그러므로 하나님의 약속은 새 언약의 말씀이고 새 언약에 속한다.

영혼과 하나님 말씀이 하나됨

10. 하나님의 모든 말씀은 거룩하고 참되며 의롭고 평화롭고 자유하며 모든 선으로 가득 차 있다. 그러므로 바른 믿음을 가지고 이 말씀에 내날리는 자의 영혼은 말씀과 온전히 연합하여 말씀의 모든 덕(능력)을 소유한다. 그래서 영혼은 믿음을 통하여 하나님의 말씀으로 거룩하고 의롭고 진실하고 평화롭고 자유하며 모든 선으로 가득 차게 된다. 이것은 요한복음 1장 12절이 말하는 것과 같다. "영접하는 자 곧 그 이름을 믿는 자들에게는 하나님의 자녀가 되는 권세를 주셨으니."

이러한 사실로부터 우리는 믿음이 왜 그렇게 많은 것을 할 수 있는지, 왜 어떤 선행도 믿음에 필적할 수 없는지를 쉽게 알 수 있다.

어떤 선행도 믿음처럼 하나님 말씀에 매달리지 못한다. 어떤 선행도 영혼 안에 있을 수 없으며, 오직 말씀과 믿음만이 영혼을 지배한다. 마치 쇠가 불과 연합할 때 불처럼 빨갛게 달아오르는 것처럼, 영혼은 이를 통해 말씀의 본성과 같게 된다.[11] 그리스도인은 의롭게 되기 위해 어떤 행위도 필요하지 않다. 그에게 믿음만 있으면 충분하다. 행위가 더 이상 필요치 않다면, 그는 분명 모든 계명과 율법으로부터 해방되어 있는 것이다. 그렇게 해방되어 있다면 그는 분명 자유하다. 이것이 그리스도인의 자유이며 유일무이한 믿음이다. 이 믿음은 우리로 게으르게 행하거나 악을 행하게 하는 것이 아니라, 의와 구원을 얻기 위해 어떤 행위도 필요하지 않도록 한다. 이에 관해 이후에 더 말하고자 한다.

하나님과 인간 사이의 상호간 인정

11. 믿음의 본질에 따르면, 우리가 어떤 사람을 믿는 것은 그 사람이 의롭고 참되다고 여기기 때문이다. 이것은 우리가 타인에게 줄 수 있는 최고의 명예이다. 반대로 최고의 수치는 그 사람을 부도덕한 자, 거짓말쟁이, 경박한 사람으로 여기는 경우이다. 영혼이 하나님의 말씀을 확고하게 믿는 경우도 이와 같다. 즉 영혼이 하나님을 진실하고 공정하며 의로운 존재로 여기는 것은 하나님께 할 수 있는 한 최고의 영예를 돌려 드리는 것이다. 이를 통해 영혼은 하나님의 옳으심을 인정하고 하나님의 의로우심을 받아들이고 하나님

11) 인간 내면에 도달하여 인간을 구원하는 것은 하나님 말씀이다. 여기서 말씀의 동화(absorptio verbi)가 일어난다. 즉 영혼은 말씀 안에서 말씀과 섞이며 동화되고, 말씀은 영혼 안에 동화된다.

의 이름을 존경하며 하나님이 원하시는 대로 이루어지기를 원하기 때문이다. 영혼은 하나님의 모든 말씀이 의롭고 참되다는 사실을 의심하지 않는다. 반면 하나님을 믿지 않는 것보다 하나님께 더 불명예스러운 일은 없다. 이 불신앙으로 영혼은 하나님을 무능하고 거짓말쟁이이고 경솔한 존재로 간주하며 하나님을 부인하는 것이기 때문이다. 심지어 영혼은 마치 자신이 하나님보다 더 잘 알기라도 하는 것처럼 하나님께 대적하며 경솔함으로 마음속에 우상을 세운다.

만일 영혼이 하나님의 진실하심을 인정하고 믿음으로 하나님을 존경하고 있음을 하나님이 보신다면, 하나님도 그 영혼을 존중하시며 의롭고 참된 것으로 간주하신다. 영혼 역시 그러한 믿음으로 의롭고 참되게 된다. 우리가 하나님께 진리와 의라는 영예를 돌려 드리는 일은, 바르고 참된 것이며 또한 우리 자신을 의롭고 참되게 만드는 것이다. 하나님의 진실하심이 인정되는 것은 옳은 일이기 때문이다. 믿음 없이 많은 선행을 하며 애쓰는 자들은 이러한 일을 하지 않는다.

믿음은 영혼을 그리스도와 하나 되게 한다

12. 믿음은 영혼을 하나님 말씀처럼 모든 은혜로 충만하며 자유하고 복되게 만든다. 그뿐만 아니라 신랑과 신부처럼 영혼을 그리스도와 연합시킨다. 이러한 결혼의 결과는 성 바울이 말하는 것처럼 그리스도와 영혼이 한 몸이 되는 것이다(엡 5:30). 또한 이 둘의 재화, 즉 행복과 불행, 그리고 다른 모든 것은 서로 공유된다. 그리스도가 가진 것은 믿는 영혼의 소유가 되고, 영혼이 가지고 있는 것은

그리스도의 소유가 된다. 그리스도의 재화와 축복은 모두 영혼의 것이 된다. 영혼이 가진 모든 악덕과 죄는 그리스도의 소유가 된다. 여기서 즐거운 교환과 싸움이 일어난다.

그리스도는 하나님인 동시에 인간이어서 죄를 지으신 적이 결코 없다. 그의 의는 정복당할 수 없고 영원하며 전능하다. 그가 이제 믿는 영혼의 죄를 신부의 반지(곧 믿음)를 통하여 자신의 것으로 삼고 자신의 죄처럼 대한다면, 그 죄들은 그리스도 안에서 삼켜지고 죽임을 당할 수밖에 없다. 왜냐하면 정복당할 수 없는 그의 의가 모든 죄보다 강하기 때문이다. 그래서 영혼은 오직 믿음이라는 약혼 선물을 통해 모든 죄로부터 해방되고 자유롭게 되며 신랑 그리스도의 영원한 의를 갖게 된다. 부유하고 고귀하고 의로우신 신랑 그리스도가 가난하며 업신여김받고 자란 악한 창녀와 결혼하여 그녀를 모든 악으로부터 해방하고 모든 좋은 것으로 치장해 주신다면 얼마나 즐거운 결혼식인가! 그렇게 되면 더 이상 죄가 그녀를 저주하는 것은 불가능하다. 모든 죄가 그리스도 위에 놓여있고 그 안에서 삼켜졌기 때문이다. 그녀는 이제 신랑의 풍성한 의를 갖게 된다. 모든 죄가 그녀에게 놓여있을지라도 그녀는 다시 한번 죄에 대항하고 담대할 수 있다. 이에 관해 바울은 고린도전서 15장 57절에서 "우리 주 예수 그리스도로 말미암아 우리에게 승리를 주시는 하나님께 감사하노니"[12]라고 말한다.

---

12) "예수 그리스도 안에서 우리에게 (죽음이 죄와 더불어 삼킨 바 된) 이김을 주신 하나님께 찬양과 감사를 드린다"(루터역).

믿음만이 제1계명과 다른 모든 계명을 성취한다

13. 여기서 우리는 많은 것이 믿음 덕택으로 여겨지는 이유를 알게 된다. 바로 믿음은 모든 계명을 성취하고 다른 어떤 행위 없이 사람을 의롭게 만들기 때문이다. 믿음은 "너는 유일하신 하나님을 공경하라"고 명하는 첫 번째 계명을 성취한다. 당신이 머리부터 발끝까지 순전히 선한 행위로 가득 차 있다고 해도 그것으로는 아직 의롭지 않으며, 하나님께 영광을 돌리지 못하고 첫 계명을 성취하지도 못한다. 하나님의 진실하심과 크신 선하심이 사실대로 인정되지 않는 한, 하나님은 영광을 받으실 수 없기 때문이다. 하나님께 진실하고 자비하시다는 영예를 돌려 드리는 것은 선행으로 할 수 있는 것이 아니라 오직 마음의 믿음으로만 가능하다.

그러므로 오직 믿음만이 인간의 의이고 모든 계명의 성취이다. 주요계명인 제1계명을 성취하는 자는 또한 다른 모든 계명도 확실하고 간단하게 성취할 수 있다. 행위는 죽은 것이다. 행위는 하나님을 공경하거나 찬양할 수 없다. 물론 하나님의 영광과 찬양 목적으로 행위가 행해질 수 있다. 하지만 여기서 묻는 것은 행위처럼 행해지는 대상이 아니라, 하나님께 영광을 돌리고 행위를 자발적으로 하는 행위자, 행위의 주인(주체)이다. 그것은 바로 마음의 믿음이다. 마음의 믿음이 의의 핵심이자 본질이다.[13] 그러므로 하나님의 계명들을 행위로 성취하라고 가르치는 것은 위험하고 사악하다. 계명의 성취는 행위 이전에 믿음으로 이루어진다. 그런 후에

13) 하나님은 행위를 보고자 하시는 것이 아니라 일을 하는 사람, 사람의 내적인 태도, 마음을 중요하게 보신다. 이 마음의 믿음이 모든 계명의 성취이다. 그리고 이러한 믿음 안에서 일어나는 성취의 결과로 비로소 선행이 있을 수 있다.

(다음에서 보는 것처럼) 비로소 행위가 이 성취를 뒤따른다.

예수 그리스도는 왕과 제사장이시다

14. 그리스도로부터 무엇을 가지며 바른 믿음이 얼마나 위대한지 더 잘 알기 위해, 하나님께서 구약에서 사람과 짐승 태생 중 처음 난 모든 것을 구별하셨음(출 13:2.4; 민 8:17)을 알아야 한다. 장자(직분)는 귀한 존재였고 다른 모든 자녀보다 더 우월한 지배권과 제사장이라는 특권(왕권과 사제권)을 가졌다. 그래서 지상에서 처음 난 남자아이는 그의 모든 형제의 지배자였고 하나님 앞에서 사제이자 교황이었다. 이것은 그리스도를 상징하는 것으로, 그는 사실 동정녀 마리아에게서 태어난, 하나님 아버지의 장자인 예수 그리스도다. 그는 영적인 의미에서 왕이며 제사장이다. 그의 나라는 이 세상이 아니며 이 세상의 것으로 구성되어 있지 않기 때문이다. 예를 들어 그의 나라는 진리, 지혜, 평화, 기쁨, 구원과 같은 영적인 재화로 구성되어 있다. 그렇다고 그리스도의 통치권에서 세상의 재화가 제외되는 것은 아니다. 하늘에서든 땅에서든 지옥에서든 모든 것은 그에게 굴복되어 있다. 물론 그는 비가시적으로, 영적으로 통치하시기 때문에 우리는 그를 보지 못한다.

이와 마찬가지로 그리스도의 제사장직 역시 외적인 예식과 의복에 의존하는 것이 아니라 영적이고 비가시적인 것이다. 그리스도는 하나님 앞에서 끊임없이 자기 백성을 변호하고 자신을 희생 제물로 바치며 신실한 제사장이 하는 모든 일을 행한다. 바울이 로마서 8장 34절에서 말하듯이 "그는 우리를 위해 간구한다." 그뿐만 아니라 우리 마음에 내적으로 가르치신다. 이것이 제사장이 갖는 본질적이고 바른 두 가지 임무이다. 외적인, 인간적인, 세상적인 제사장들도 이처럼 기도하며 가르친다.

모든 그리스도인은 왕이자 사제이다

15. 장자권과 그 영예 및 직분을 갖고 계신 그리스도는 이것을 모든 그리스도인에게도 나누어 주신다. 그래서 그들 역시 믿음을 통하여 그리스도와 더불어 왕과 제사장일 수밖에 없다. 베드로는 다음과 같이 말한다. "너희는 택하신 족속이요 왕 같은 제사장들이요 거룩한 나라요 그의 소유가 된 백성이니, 이는 너희를 어두운 데서 불러 내어 그의 기이한 빛에 들어가게 하신 이의 아름다운 덕을 선포하게 하려 하심이라"(벧전 2:9). 결국 그리스도인은 믿음을 통하여 만물 위로 높이 올려지고 영적으로 만물의 주가 된다. 어떤 것도 그가 구원받는 데 해를 끼칠 수 없다. 오히려 모든 것이 그에게 굴복하고 그의 구원을 돕는다. 그래서 바울은 로마서 8장 28절에서 생명이든 죽음이든, 죄이든 의이든, 선이든 악이든 "모든 것이 합력하여 선을 이루느니라,"[14] 그리고 고린도전서 3장 22절에서 "바울이나 아볼로나 게바나 세계나 생명이나 사망이나 지금 것이나 장래 것이나 다 너희의 것이요"라고 말한다. 이것은 우리가 세상 다른 사람들처럼 만물을 육체적으로 소유하거나 사용할 권세가 있다는 말이 아니다. 우리 모두는 죽음에서 도망칠 수 없는 육신에 매인 존재이며, 그리스도와 그의 성도들처럼 아직 다른 많은 것들에 굴복할 수밖에 없다.

14) "모든 것은 택함을 받은 자에게 최선이 이루어지도록 돕는다"(루터역).

여기서 간과하지 말아야 하는 중요한 사실은 육체적으로 억압받을 때도 영적인 통치가 지배한다는 점이다. 다시 말하면 외적인 도움 없이도 내 영혼은 강건해질 수 있고, 죽음과 고난조차 나의 구원에 이바지하거나 도움이 된다.[15] 바로 이것이 높고 영광스러운 직분, 강력한 통치, 그리고 영적인 왕국인데, 여기서는 어떤 것도 그렇게 좋거나 나쁜 것이 없고 단지 믿기만 하면 나에게 도움이 된다. 믿음만으로 충분하기 때문에 그 어떤 것도 내게 필요하지 않다. 보라, 이 얼마나 값진 그리스도인의 자유이며 권세인가!

모든 그리스도인의 제사장직

16. 우리는 또한 제사장이다. 이 직분은 왕보다 더 중요하다. 왜냐하면 하나님 앞에 나아가 다른 사람을 위해 기도할 수 있는 자격을 부여하기 때문이다. 하나님 앞에 서서 기도하는 것은 제사장에게만 속한 권한이다. 제사장이 백성을 위해 육체로 나아가 간구하는 것처럼, 그리스도는 우리에게 영적으로 서로를 위해 기도할 수 있는 권리를 주셨다. 그러나 그리스도를 믿지 않는 자에게는 그 어떤 것도 도움이 되지 않는다. 그는 만물의 종일 뿐이고 모든 일에 화를 낸다. 이뿐만 아니라 그의 기도는 하나님 마음에 들지 않으며 하나님께 상달되지 않는다. 누가 그리스도인의 영예와 고귀함을 다 이해할 수 있을까? 그리스도인은 왕권을 통해 만물에 관한 통치권을 갖고, 제사장 직분을 통해 하나님께 영향력을 행사한다. 시편에서 말하는 것처럼 하나님께서 그리스도인이 간구하고 원하는

15) 인간 존재에 위협적인 죽음, 고난 같은 것도 그리스도인에게 믿음을 포기하게 하지 못한다. 오히려 믿음이 그 안에서 강해진다.

것을 행하시기 때문이다. "그는 자기를 경외하는 자들의 소원을 이루시며 또 그들의 부르짖음을 들으사 구원하시리로다"(시 145:19). 그리스도인이 이러한 영예를 갖는 것은 행위가 아니라 오직 믿음을 통해서이다. 그리스도인은 만물로부터, 그리고 만물을 초월해 자유하기에 의롭게 되고 구원받기 위해 어떤 선행도 필요하지 않으며, 오히려 믿음이 모든 것을 풍족하게 가져다준다. 만일 그가 어리석어 선행을 통하여 의롭고 자유하며 구원받고 그리스도인이 되려고 한다면, 그는 믿음과 더불어 모든 것을 잃게 될 것이다. 이것은 마치 고깃덩어리를 입에 물고 있는 개가 물에 비친 자기 모습을 덥석 잡으려다 고기와 자기 모습 두 가지 모두를 잃어버리는 것과 같다.

성직자와 평신도의 차이

17. "모든 그리스도인이 제사장이라면 제사장과 평신도의 차이는 무엇인가?"라는 질문에 대한 대답은 이렇다.

> "사제, 목사, 성직자, 그리고 이와 유사한 말을 그리스도인 다수의 무리가 아니라, 오늘날 '성직자 신분'으로 불리는 소수의 무리에 한정시킨 것은 부당한 처사였다."

성서는 신학자(교사)나 성직자를 봉사자(ministri), 종(servi), 집사(oeconomi)로 제시하는데, 이것이 유일한 차이점이다. 이들은 다른 사람에게 그리스도와 믿음, 그리고 그리스도인의 자유를 설교하는 자들이다. 우리 모두가 제사장일지라도 모두 섬기거나 관리하거나 설교할 수는 없다. 이런 의미로 바울은 고린도전서 4장 1절에서 말한다. "사람이 마땅히 우리를 그리스도의 일꾼이요 하나님의 비밀을 맡은 자로 여길지어다."

그러나 오늘날 청지기직은 두려움을 불러일으키는 세상적인, 외적인, 거만한 지배와 권력이 되었다. 그것은 세상 권력과 비교할 수 없을 만큼 세력화되어 평신도는 마치 그리스도인이 아닌 존재처럼 되어버렸다. 기독교의 은혜, 그리스도인의 자유와 믿음, 그리고 우리가 그리스도로부터 가진 모든 것, 아니 그리스도 자체에 대한 모든 이해는 사라졌다. 그 대신에 우리는 많은 인간적인 법과 행위를 물려받았고 세상에서 가장 타락한 자들의 노예가 되고 말았다.

어떻게 설교해야 하는가

18. 이러한 상황에서 그리스도의 삶과 행위를 피상적으로, 단지 이야기와 연대기로 설교하는 것으로는 충분하지 못하다. 하물며 그리스도에 관하여 전적으로 침묵하고 교회법이나 인간의 법과 교리를 설교한다면 더욱 그러할 것이다. 그리스도를 동정하거나 유대인들에게 분노하는 자들, 그리고 그 밖에 다른 방식으로 그리스도를 설교하거나 이해하는 자들 역시 여전히 많다.

오히려 우리는 믿음이 자라고 유지되도록 그리스도를 설교해야 한다. 믿음이 자라고 유지되기 위해서는, 왜 그리스도가 오셨는지, 어떻게 그리스도를 대하고 그로부터 유익을 얻어야 하는지, 그리고 그가 내게 가져다준 것과 선사해 준 것이 무엇인지 설교해야 한다. 다시 말해 우리가 그리스도로부터 받은 그리스도인의 자유, 즉 (지금까지 말한 바와 같이) 우리가 왕과 제사장으로서 만물을 지배하며 행하는 모든 것이 하나님 마음에 들고 하나님 앞에 상달된다는 사실을 바르게 설교해야 한다. 왜냐하면 그리스도를 이렇게 들으면 마음은 중심에서 온전히 기뻐하고 위로를 받으며 호의를 가지고 그리스도를 사랑하기 때문이다.

이 일은 율법이나 행위로는 결코 이룰 수 없다. 그렇다면 누가 그러한 마음에 해를 끼치거나 마음을 두렵게 할 수 있겠는가? 죄와 죽음이 엄습해올지라도, 마음은 그리스도의 의가 자신의 것이고 자신의 죄는 더 이상 자신의 것이 아니라 그리스도의 것임을 믿는다. 이러한 믿음의 결과 죄는 그리스도의 의 앞에서 사라질 수밖에 없다. 또한 마음은 사도와 함께(고전 15:55 이하) 죽음과 죄에 저항하며 다음과 같이 말하게 된다. "사망아, 너의 승리가 어디 있느냐? 사망아, 네가 쏘는 것이 어디 있느냐? 사망이 쏘는 것은 죄요, 죄의 권능은 율법이라. 우리 주 예수 그리스도로 말미암아 우리에게 승리를 주시는 하나님께 감사하노니."

셋째 부분

- 겉사람: 자유로 하는 행위

행위가 필요한 이유

19. 지금까지 속사람에 관하여 충분하게 말했다. 또한 그의 자유 및 주요한 의에 관하여 말했는데, 이 자유와 의는 율법이나 행위가 필요하지 않으며 혹시라도 누군가 경솔하게 율법이나 행위를 통하여 의롭다고 함을 받고자 한다면 자유와 의에 해를 가하는 것일 뿐이다.

이제 다른 부분인 겉사람에 대해 말해보자. 어떤 이들은 앞에서 말한 것에 화가 나서 이렇게 말할 것이다. "만일 모든 일을 이루는 것과 충분히 의롭게 만드는 것이 오직 믿음에 달려 있다면 왜 선행을 하라고 명령하는가? 언짢아 아무 일도 하지 않겠다." 이들에게 다음과 같이 대답하고자 한다.

"아니오, 그렇지 않소. 만일 당신이 오직 내적인 인간(속사람)이며 전적으로 영적인 존재, 내적인 존재였더라면 선행을 할 필요가 없소. 하지만 전적으로 영적이고 내적인 존재가 되는 것은 마지막 심판 날까지 기다려야 한다오. 이 생에서는 시작과 성장만 있을 뿐, 그것은 저세상에서 비로소 완성된다오."

바울은 이것을 '성령의 첫 열매들'(primitia spiritus, 롬 8:23)이라고 불렀다. 위에서 말한 것을 반복하고자 한다. "그리스도인은 섬기는 종이며 모든 사람에게 종속되어 있다." 다시 말해 그는 자유로운 존재인 한 어떤 것도 할 필요가 없으나, 종인 한 모든 것을 행해야 한다. 이 일이 어떻게 이루어지는지 살펴보자.

그리스도인은 삶의 실행 가운데 장애물에 대항해야 한다

20. 비록 인간이 내적으로, 영혼 측면에서 믿음으로 온전히 의롭다 함을 받고 가져야 할 모든 것(믿음과 그 충분한 힘이 저세상의 삶에 이르기까지 계속하여 자라야 한다는 사실만 제외하고)을 가지고 있을지라도, 그는 지상에서 육체적인 삶에 머무르기 때문에 자기 몸을 다스리며 사람들과 함께 지내야 한다. 여기서 비로소 행위가 시작된다. 그리스도인은 빈둥거려서는 안 되며 자기 육체를 금식과 철야와 노동, 그리고 합리적 훈육으로 단련하고 훈련해야 한다. 이는 육체란 강요받지 않으면 자기 방식대로 속사람을 방해하거나 이것에 저항하기에 이를 막기 위한 것으로, 육체가 속사람과 믿음에

순종하고 일치하도록 하기 위해서이다.

속사람은 자신에게 그렇게 많은 일을 행하신 그리스도를 위해 하나님과 하나가 되고 즐거워하며 이웃을 기꺼이 도와주고자 하고, 어떤 대가도 바라지 않고 자발적인 사랑으로 하나님을 섬기는 것을 오직 자기 즐거움으로 삼는다. 하지만 속사람은 자기 육신 안에 세상을 섬기고자 하고 욕심을 추구하는 반항적인 의지가 있음을 발견한다. 믿음은 이것을 참을 수 없으며 그 의지를 억누르고 제지하고자 기꺼이 노력한다. 이것이 바울이 로마서 7장에서 말하는 내용이다. "내 속사람으로는 하나님의 법을 즐거워하되, 내 지체 속에서 한 다른 법이 내 마음의 법과 싸워 내 지체 속에 있는 죄의 법으로 나를 사로잡는 것을 보는도다"(롬 7:22~23). 그러므로 "내가 남에게 전파한 후에 자신이 도리어 버림을 당할까 두려워하여" 자기 몸을 쳐 복종하게 한다고 말한다(고전 9:27). 갈라디아서 5장 24절에서도 "그리스도 예수의 사람들은 육체(육신)와 함께 그 정욕과 탐심을 십자가에 못 박았느니라"고 말한다.

하나님 앞에서 의롭게 되고자 행위를 해서는 안 된다

21. 이러한 행위들은 하나님 앞에서 의로워지고자 하는 의도로 행해서는 안 된다. 믿음은 이러한 잘못을 참을 수 없다. 믿음만이 하나님 앞에서 의이며 또한 의여야 한다. 행위를 하는 의도는 오직 악한 욕망을 주시하여 그것을 쫓아내고, 육체를 순종하게 하며 악한 욕망에서 깨끗하게 하기 위함이다. 영혼은 믿음을 통해 순결하게 되고 하나님을 사랑하기 때문에 자신의 모든 것이 순결하기를 원한다. 우선 자기 육체가 순결하기를 원하고, 모든 사람이 영혼으로

기꺼이 하나님을 사랑하고 찬양하기를 원한다. 그래서 인간은 자기 육체 때문에 빈둥거릴 수 없고 오히려 육체를 더 제어하기 위해 많은 선행을 해야 한다.

그렇다고 행위가 우리를 하나님 앞에서 바르고 의롭게 하는 참된 선은 아니다. 우리는 자발적인 사랑으로, 대가를 바라지 않고 하나님 마음에 들도록 행동한다. 믿음이 하나님의 뜻을 기꺼이 최선을 다해 성취하기 때문에, 우리는 행위로 하나님의 마음을 기쁘시게 하는 것 외에 다른 것을 추구하거나 고려하지 않는다.

여기서 우리가 어느 정도로 금욕적이어야 하는지를 알 수 있다. 우리는 육체의 방종을 제어하기 위해 육체에 필요한 만큼 금식과 철야를 하고 일하기 때문이다. 그러나 행위로 의로워지려고 하는 자들은 금욕(제어)에 주목하지 않고 단지 그 행위만을 주시하며 많은 훌륭한 행위를 추구한다. 이것을 하기만 하면 잘한 것이고 자신이 의롭게 되리라고 생각한다. 그 과정 중에 때때로 그들은 이성을 잃고 자기 몸을 망가뜨린다. 이렇게 믿음 없이 행위로 의와 구원을 추구하는 것은 엄청난 어리석음이고 그리스도인의 삶과 믿음을 크게 오해한 것이다.

사람됨(person)과 행위의 구별을 분명하게 하는 예

22. 이에 대한 몇 가지 예를 들고자 한다. 믿음과 순전한 은혜로 의롭다 함을 받은 그리스도인의 행위는 아담과 하와가 낙원에서 행한 행위와 다르지 않다. 창세기 2장에 보면 하나님은 창조하신 인간을 낙원에 살게 하여 낙원을 경작하고 보존하도록 하셨다(창 2:15). 하나님이 의롭고 선하게 창조하신 아담은 죄가 없으므로 노동을

통해 선하고 의롭게 될 필요가 전혀 없었다. 그러나 하나님은 아담이 빈둥거리지 않도록 그에게 낙원에 나무를 심고 경작하고 지키게 하셨다. 아담의 이러한 행위는 그가 이미 소유하고 있던, 그리고 타락하지 않았다면 우리 모두가 자연적으로 타고났을 의를 얻기 위한 것이 아니었다. 오직 하나님만을 기쁘시게 하도록 행한 순전히 자발적인 행위였다.

믿음의 사람은 믿음으로 새롭게 낙원에 놓이고 새롭게 창조된 것이다. 그에게는 의롭게 되기 위한 어떤 행위도 필요하지 않다. 다만 빈둥거리지 않고 육체를 훈련하고 유지할 목적으로 그에게 하나님을 기쁘시게 하는 자발적인 행위가 요구되었다. 이와 마찬가지로 교회를 봉헌하거나 성례를 베풀거나 다른 직무를 수행한다고 주교가 되는 것이 아니다. 그 전에 주교로 서임 받지 않았다면 이런 행위는 전혀 유효하지 않으며 어리석은 일일 뿐이다.

믿음으로 성별(聖別)되고 선행을 하는 그리스도인 역시 이와 마찬가지다. 그는 선행으로 더 낫게 더 많이 성별되는 것이 아니다. 이 일은 믿음의 증가를 통해서만 이루어진다. 만일 그가 그 전에 믿지 않았고 그리스도인이 아니었다면, 그의 모든 행위는 아무것도 아닌, 순전히 어리석고 그릇되고 저주받아 마땅한 죄일 뿐이다.

좋은 나무가 좋은 열매를 맺는다

23. 그러므로 다음 두 가지 말 모두 옳다.

> "선하고 의로운 행위가 선하고 의로운 사람을 만드는 것이 아니라 선하고 의로운 사람이 선하고 의로운 행위를 한다. 악한 행위가 악한 사람을 만드는 것이 아니라 악한 사람이 악한 일을 한다."

그러므로 항상 모든 행위 이전에 사람됨(인격)이 먼저다. 사람이 선하고 의로워야 하고, 선하고 의로운 행위는 의롭고 선한 사람(인격)에게서 나오고 이를 뒤따른다. 그리스도 역시 나쁜 나무가 좋은 열매를 맺을 수 없다고 말씀하셨다(마 7:18). 좋은 나무는 나쁜 열매를 맺지 않는다. 열매가 나무를 내는 것이 아니며, 나무가 열매에서 자라는 것 또한 아니다. 오히려 그 반대이다. 나무는 열매를 맺고 열매는 나무에서 열린다. 나무가 열매보다 먼저 있어야 한다. 열매가 나무를 좋게 하거나 나쁘게 만들지 못하고 오히려 나무가 열매를 만드는 것처럼, 인간도 선하거나 악한 행위를 하기 전에 자신의 인격 안에서 먼저 의롭거나 악하다. 그의 행위가 그를 선하거나 악한 존재로 만드는 것이 아니라, 그가 자신의 본질에 따라 선하거나 악한 행위를 하는 것이다.

기술자의 경우도 마찬가지다. 좋은 집 혹은 나쁜 집이 좋거나 나쁜 목수를 만드는 것이 아니라 좋은 목수가 좋은 집을, 나쁜 목수가 나쁜 집을 짓는 것이다. 작품의 훌륭함과 그렇지 않음이 장인을 결정짓는 것이 아니라, 장인이 작품의 훌륭함과 그렇지 않음을 결정한다. 인간의 행위도 이와 같다. 인간이 믿음을 갖고 있는지 불신앙을 갖고 있는지에 따라 그의 행위의 선함과 악함도 결정된다. 반대의 경우는 성립하지 않는다. 즉 그의 행위에 따라 그가 의로운 자, 믿음 있는 자가 되는 것이 아니다.

행위는 의롭게 만들지 못하는 것처럼 믿음을 갖게 하지도 못한다. 반면 믿음은 의롭게 만들 뿐만 아니라 선행을 하게 한다. 행위는 누구도 의롭게 하지 못하고, 인간은 행위 이전에 의로워야 한다. 따라서 순전한 은혜로 그리스도의 말씀을 통해 오직 믿음만으로 사람이 완전히 의롭다 함을 받고 구원받는다는 사실은 분명하다. 행위도 계명도 그리스도인의 구원에 필요하지 않다는 것 또한 명백하다. 오히려 그리스도인은 모든 계명으로부터 자유로우며 순전히 자발적으로 값없이 모든 일을 행한다. 또한 자신의 유익이나 구원을 전혀 추구하지 않는다. 그는 믿음과 하나님의 은혜로 구원받았고 이미 만족하기 때문이다. 그는 오직 하나님을 기쁘시게 하려고 모든 일을 행한다.

행동이 아니라 인격을 주시해야 한다

24. 반면 믿음이 없는 자에게는 어떤 행위도 의와 구원에 도움이 되지 않는다. 이것은 악한 행위가 그를 악하게 하거나 저주받게 하지 못하는 이치와 같다. 오히려 사람(인격)과 나무를 악하게 만드는 불신앙이 악하고 저주받을 행위를 하게 한다. 그러므로 우리가 의롭거나 악하게 되는 것은 행위가 아니라 믿음에 달려 있음이 분명하다. 이것은 지혜자가 말하는 것과 같다(집회 10:14). "모든 죄의 시작은 하나님을 떠나 그분을 신뢰하지 않는 것에 있다." 마찬가지로 그리스도도 우리에게 행위로 시작하지 말라고 가르치며 나무를 좋게 하여 좋은 열매를 맺거나 나무를 나쁘게 하여 나쁜 열매를 맺으라고 말씀하신다. 이것은 좋은 열매를 맺고자 하는 자는 먼저 나무로 시작하여 좋은 나무를 심어야 함을 의미한다. 마찬가지로 선행을 하고자 하는 자는 행위로 시작하지 말고 행위의 주체인 인격으로 시작해야 한다. 인격을 선하게 만드는 것은 오직 믿음이고, 인격을 악하게 만드는 것은 불신앙뿐이다. 그러므로 행위가 우리를 사람 앞에서 의롭거나 악하게 만드는 것이 분명하다. 다시 말해

행위는 누가 의롭고 누가 악한지 겉으로 보여준다. 이는 그리스도가 마태복음 7장 20절에서 열매로 그들을 알리라고 말씀하신 것과 같다.

하지만 이것은 모든 것을 겉모습에 따라 판단하는 것일 뿐이다. 겉모습은, 의롭게 되기 위해 선행을 해야 한다고 쓰고 가르치는 많은 사람을 혼동하게 한다. 이들은 믿음에 대해 전혀 생각하지 않는다. 맹인은 맹인을 인도하기 마련이다. 그들은 많은 행위를 하느라 힘들어하지만 의에는 전혀 도달하지 못한다. 이에 관하여 바울은 디모데후서 3장 5절에서 말한다. 그들에게 의의 모양은 있으나 능력은 없다. 그들은 계속하여 행하고 배우지만 참된 의를 깨닫는 데에 이르지 못한다(딤후 3:5,7).

이러한 맹인의 오류에 빠지지 않고자 하는 자는 행위나 행위에 관한 계명이나 가르침보다 더 넓게 보아야 한다. 그는 모든 것에 앞서 인격(사람됨)을 바라보아야 하고 인격이 어떻게 의롭게 되는지를 물어야 한다. 인격은 계명과 행위를 통해서가 아니라 하나님의 말씀을 통해서, 즉 은혜의 약속과 믿음을 통해서 의롭다 함을 받고 구원받는다. 이것은 하나님의 영광이 유지되도록 하기 위함이다. 하나님은 우리 행위가 아니라 은혜로운 말씀으로, 값없이 순전한 자비로 우리를 구원하고자 하신다.

선행에 관한 가르침

25. 이러한 사실에서 우리는 선행을 어느 정도로 정죄 하거나 정죄하지 말아야 하는지, 선행을 가르치는 모든 가르침을 어떻게 이해해야 하는지 쉽게 이해할 수 있다. 행위를 통하여 의롭게 되고 구

원받는다는 잘못된 가르침과 전도(顚倒)된 견해가 퍼져있는 곳에서는 이미 행위는 선하지 않으며 전적으로 저주받아 마땅하다. 그러한 행위는 자유롭지 않으며, 행위로 얻지 못하는 구원을 오직 믿음으로 의롭다 하시고 구원하시는 하나님의 은혜를 모욕하기 때문이다. 결국 은혜의 사역과 하나님의 영예가 훼손당하고 만다. 그러므로 우리가 선행을 배척하는 것은 그 자체 때문이 아니라 선행에 추가된 악함과 잘못되고 전도된 생각 때문이다. 이것은 실제로는 선하지 않은 행위를 선한 것으로 보이게 하며 마치 양의 옷을 입고 약탈하는 이리처럼 자신뿐만 아니라 모든 사람을 속인다(참조. 마 7:15).

그런데 행위에 악을 추가하는 것과 전도된 생각은 믿음 없이는 극복할 수 없다. 그러한 생각은 믿음이 와서 그것을 파괴하기 전까지는 행위성자(行爲聖者)들에게 머무른다. 본성은 그러한 생각을 스스로 내몰 수 없다. 아니, 전혀 깨달을 수 없을뿐더러 심지어 그것을 귀하고 값진 것으로 여긴다. 그래서 많은 사람이 이에 유혹받는 것이다. 회오(뉘우침)와 고백, 그리고 보속(만족)에 관하여 서술하고 설교하는 것은 좋은 일이나. 하지만 우리가 믿음에까지 이르지 않는다면 그것은 매우 악마적이고 타락시키는 가르침일 뿐이다.

우리는 하나님 말씀의 한 면만 설교해서는 안 되고 말씀의 양면 모두 설교해야 한다. 죄인들을 놀라게 하고 죄를 드러내어 뉘우치며 돌이키도록 '계명'을 먼저 설교해야 한다. 그러나 여기에 머물러서는 안 되고 다른 말씀, 즉 은혜의 약속을 설교해야 한다. 이것은 믿음을 가르치기 위해서이다. 믿음 없이는 계명에 의한 뉘우침과 다른 모든 것은 헛되기 때문이다. 죄에 관한 뉘우침과 은혜를 설교하는 설교가들이 아직 있지만, 그들은 뉘우침과 은혜가 어디에서 어떻게 오는지 알도록 하는 계명과 하나님의 약속을 설교하지 않는다. 뉘우침은 계명으로 이루어지고, 믿음은 하나님의 약속으로부터 나온다. 따라서 하나님의 명령에 대한 두려움을 통하여 겸손과 자기인식에 도달한 인간은 하나님의 말씀을 믿음으로 의롭다 함 받고 높여진다.

인간은 다른 사람과 관련 있다

26. 지금까지 일반적인 행위에 관하여, 그리고 그리스도인이 자신의 육체에 행해야 하는 것들에 관하여 말하였다. 이제는 그리스도인이 다른 사람과의 관계 속에서 하는 행위에 대하여 말해보겠다. 인간은 자기 육체 가운데 홀로 사는 것이 아니라 세상의 다른 사람과 더불어 살아간다. 인간에게는 다른 사람을 향한 행위가 없을 수 없다. 그는 이웃과 대화하고 함께 일한다. 이러한 일이 자신의 의와 구원에 필요하지 않더라도 말이다.

그러므로 모든 행위를 할 때 그의 의도는 자발적이어야 하고 다른 사람들을 섬기고 그들에게 유익이 되는 것만 목표로 해야 한다. 그는 다른 사람이 필요로 하는 것만을 의도해야 한다. 이것이 참된 그리스도인의 삶이다. 여기서 믿음은 바울이 갈라디아서에서 가르치는 것처럼(갈 5:6) 즐거움과 사랑으로 역사한다.

빌립보 교인들이 그리스도를 믿음으로 모든 은혜와 넉넉함을 갖게 되었음을 가르친 바울은 그들에게 다음과 같이 계속하여 교훈하여 말했다(빌 2:1~4).

"너희가 그리스도 안에서 가진 모든 위로 가운데, 너희를 향한 우리의 사랑으로부터 가진 위로 가운데, 그리고 모든 영적이고 올바른 그리스도인과 가진 모든 교제 가운데 내가 너희에게 권하노니 너희가 나의 마음을 온전히 기쁘게 하기를 원한다. 특히 너희가 장래에 한마음이 되고 다른 이에게 사랑을 보여주고 다른 사람을 섬기고, 각자 자기 자신을 바라보며 자신의 것에 관심을 두는 것이 아니라 다른 사람을 주목하며 다른 사람에게 유익한 것에 관심을 두고 그렇게 하도록 하라"(루터역).[16]

보라, 바울은 그리스도인의 모든 행위가 이웃에게 유익이 되어야 한다고 그리스도인의 삶을 규정한다. 그리스도인은 믿음 때문에 모든 것을 충분히 가지고 있고, 이웃을 자발적인 사랑으로 섬기도록 그의 처분에 맡겨진 여분의 행위와 삶이 있기 때문이다. 이를 위해 바울은 그리스도의 예를 다음과 같이 소개한다(빌 2:5~8).

"너희는 그리스도의 마음을 가지라. 그리스도는 하나님의 본체이시며 스스로 충분하시기에 의롭게 되고 구원받기 위해 그의 삶과 사역과 고난이 필요하지 않으셨음에도 불구하고, 모든 것을 단념하시고 종으로 행하시고 모든 것을 행하고 겪으셨고 우리에게 최상이 되는 것 외에는 어떤 것도 추구하지 않으셨다. 또한 자유하셨지만 우리를 위해 종이 되셨다"(루터역).[17]

---

16) "그리스도 안에 무슨 권면이나 사랑의 무슨 위로나 성령의 무슨 교제나 긍휼이나 자비가 있거든 마음을 같이하여 같은 사랑을 가지고 뜻을 합하며 한마음을 품어 아무 일에든지 다툼이나 허영으로 하지 말고 오직 겸손한 마음으로 각각 자기보다 남을 낫게 여기고 각각 자기 일을 돌볼뿐더러 또한 각각 다른 사람들의 일을 돌보아 나의 기쁨을 충만하게 하라"(개정개역).

17) "너희 안에 이 마음을 품으라 곧 그리스도 예수의 마음이니 그는 근본 하나님의 본체시나 하나님과 동등 됨을 취할 것으로 여기지 아니하시고 오히려 자기를 비워 종의 형체를 가지사 사람들과 같이 되셨고 사람의 모양으로 나타나사 자기를 낮추시고 죽기까지 복종하셨으니 곧 십자가에 죽으심이라"(개정개역).

하나님이 그리스도에게 하신 것처럼 그리스도인도 이웃에게

27. 그러므로 그리스도인은 머리가 되는 그리스도처럼 자신의 믿음에 온전하고 충분히 만족해야 하고, 생명과 의와 구원이 되는 믿음을 점점 자라게 해야 한다. 믿음은 위에서 말한 것처럼 그리스도와 하나님이 가진 모든 것을 내어준다. 이와 상응하게 바울은 갈라디아서 2장 20절에서 말한다. "이제 내가 육체 가운데 사는 것은 나를 사랑하사 나를 위하여 자기 자신을 버리신 하나님의 아들을 믿는 믿음 안에서 사는 것이라."

그리스도인은 온전히 자유하기에 이제는 거꾸로 이웃을 돕기 위해 기꺼이 섬기는 자가 되어야 한다. 그리고 하나님이 그리스도를 통하여 자신에게 행하신 것처럼 이웃에게 행하며 함께 교제해야 한다. 그리고 이 모든 것을 값없이 해야 하며 하나님의 기뻐하심 외에는 다른 것을 추구하지 말고 다음과 같이 생각해야 한다.

> "자, 하나님께서 나같이 가치 없고 저주받은 인간에게 어떤 공로 없이, 값없이 순전한 자비로, 그리스도를 통하여, 그리스도 안에서 충분한 의와 구원을 부여하셨다. 앞으로 내게는 이러한 사실을 믿는 일만 필요하다. 이제 거꾸로, 나는 넘치는 재화를 쏟아부어 주신 아버지 마음에 드는 일을 자발적으로, 즐거움으로, 값없이 행하고자 한다. 그리고 이웃에게는 내게 행하신 그리스도와 같은 그리스도인(제2의 그리스도)이 되고자 한다. 나는 이웃에게 필요하고 유익하고 도움이 되는 것만을 행할 것이다. 왜냐하면 나는 믿음을 통하여 그리스도 안에서 모든 것을 충분히 갖고 있기 때문이다."

보라, 그렇게 하나님을 향한 사랑과 즐거움은 믿음에서 흘러나온다. 그리고 이 사랑으로부터 자발적이고 남을 도와주기를 즐거워하는 삶이 흘러나와 이웃을 값없이 섬기게 된다.[18] 왜냐하면 하나님 앞에서 곤경 가운데 있던 우리에게 하나님의 은혜가 필요했던 것처럼, 우리 이웃도 곤경에 처해 있고 우리의 잉여분이 필요하기 때문이다. 하나님께서 그리스도를 통하여 우리를 값없이 도우신 것처럼, 우리도 우리의 몸과 행위로 이웃을 도와야 한다. 여기서 우리는 그리스도인의 삶이 얼마나 고귀한지를 보게 된다. 그러나 안타깝게도 이러한 삶은 오늘날 세상에서 사라졌을 뿐만 아니라 더 이상 알려지지 않거나 설교되지 않는다.

성서의 예

28. 누가복음 2장 22절은 이러한 의미로 읽어야 한다. 처녀 마리아는 불결하지 않으며 정결해야 할 의무도, 정결의 필요성도 없지만 율법에 따라 6주 후에 성전에 가서 다른 여인들처럼 정결 의식을 행했다. 그녀는 다른 여인들을 경멸하지 않고 단지 이들과 함께하기 위해 자발적인 사랑으로 그렇게 행했다. 바울이 디모데에게 할례를 받게 한 것도 이런 의미에서이다(행 16:3). 그것이 필요해서가 아니라 믿음이 약한 유대인이 오해하지 않도록 하기 위해서였다. 반면 디도에게는 할례를 받지 않게 했는데(갈 2:3), 이것은 사람들이 디도의 구원을 위해 할례가 필요하다고 강요했기 때문이다.

제자들이 세금을 내라는 요구를 받았을 때, 그리스도는 왕의 자녀의 세금 면제 특권에 대해 베드로와 대화하셨다(마 17:24~27). 베드

18) '흘러감'의 비유를 통해 믿음에서부터 단계적으로 흘러나오는 기독교의 실천(프락시스)의 자명성(自明性)과 자유가 강조된다. 믿음 → 사랑 안에서 하나님과의 관계 → 이웃을 자발적으로 섬기고자 하는 내적 동기 → 기독교의 실천.

로는 세금이 면제된다고 대답했지만, 오히려 그리스도는 그에게 다음과 같이 말씀하며 바다로 가라고 하셨다. "우리가 그들이 실족하지 않게 하기 위하여 네가 바다에 가서 낚시를 던져 먼저 오르는 고기를 가져 입을 열면 돈 한 세겔을 얻을 것이니, 가져다가 나와 너를 위하여 주라"(마 17:27). 그리스도는 자신과 제자들은 아무것도 필요하지 않은 자유로운 왕의 자녀이지만 자진해서 복종하고 섬기고 세금을 내는 것이 필요하다고 가르치신 것이다. 이 행위가 그리스도에게 필요하지 않았고 그의 의와 구원에 어떤 기여도 하지 않은 것처럼, 그리스도의 다른 행위와 그리스도인의 행위는 구원과 무관하다. 단지 그것은 다른 사람을 위한, 다른 사람의 향상을 위한 자발적인 섬김에 해당한다.

성직자와 수도원, 그리고 종교재단의 모든 행위 역시 이러한 의미로 행해야 한다. 각자 자기 신분과 교단에 따른 행위를 하되, 오직 다른 사람을 만족시키고 자신의 몸을 제어하기 위한 것이어야 한다. 또한 몸을 제어해야 하는 사람들에게 모범을 보여 그들도 그렇게 행하도록 해야 한다. 여기서 항상 유념해야 할 것은 이를 통해 의롭게 되고 구원받고자 해서는 안 된다는 사실이다. 의와 구원은 오직 믿음의 능력 안에 있기 때문이다.

바울 역시 이런 의미로 로마서 13장과 디도서 3장에서 명령한다. 그리스도인은 세상의 권력에 복종하고 기꺼이 따라야 한다. 이를 통해 의롭게 되는 것이 아니라 다른 이들과 당국의 뜻을 사랑과 자유의 마음으로 행하고 그들을 자발적으로 섬기기 위해서이다. 이것을 이해하는 자는 교황과 주교, 수도원과 종교재단, 그리고 군주와 영주의 수 없이 많은 계명과 율법에 쉽게 대처할 수 있다. 그러나 몇 명의 어리석은 가톨릭 성직자들은 이러한 계명과 율법을 마치 구원에 필요한 것으로 해석하고 부당하게 교회의 계명으로까지 부른다.

그러나 자유한 그리스도인은 다음과 같이 말한다.

> "나는 금식하고 기도하며 명령받은 이것저것을 행할 것이다. 하지만 이것이 필요하거나 이것을 통해 의롭게 되고 구원받고자 함이 아니다. 오히려 교황, 주교, 공동체 혹은 나의 동료, 나의 주인에게 모범이 되어 섬기며 인내하기 위함이다. 이것은 그리스도가 자신에게는 전혀 필요 없는 엄청난 일들을 나를 위해 행하고 겪으신 것과 같다. 폭군들이 부당하게 그러한 일을 요구할지라도 하나님께 대항하는 일이 아닌 한, 그것은 내게 전혀 해가 되지 않을 것이다."

쌍방 간 돌봄의 책임관계

29. 이러한 사실에 근거하여 우리는 모든 행위와 계명에 대해 확신한 판단과 구별을 할 수 있다. 어떤 고위성직자가 눈멀고 제정신이 아닌지, 누가 이성적인지를 식별할 수 있다. 다른 사람을 섬기는 행위를 하지 않거나 이웃의 뜻(이것이 하나님의 뜻을 거스르지 않는 한)을 감당하지 않는다면, 그것은 결코 그리스도인의 선한 행위가 아니기 때문이다.

교회재단, 수도원, 제단, 미사, 유언장 등은 거의 기독교적이지 않으며, 금식과 성인들에게 하는 기도 역시 마찬가지다. 이것들을 통해 우리가 단지 자신의 것만을 추구하며 자기 잘못을 속죄하며 구원받고자 하지 않나 걱정스럽다. 이 모든 것은 믿음과 그리스도인의 자유에 관한 무지 때문이다. 몇몇 눈먼 고위성직자들이 그렇게 행하는데, 사람들에게 면죄부로 치장하도록 조장하고 또한 이 일을 찬양한다. 그들에게 믿음의 가르침은 없다.

그러나 나는 당신에게 다음과 같이 조언한다. 만일 당신이 기부하고 기도하고 금식하고자 하면, 자신을 위해서 선한 일을 행하고자 하지 말고 다른 사람이 그것을 통해 유익을 얻도록 자유로이 주고 행하라. 그러면 당신은 참된 그리스도인이 될 것이다. 하나님은 당신에게 믿음 안에서 모든 것을 주셨다. 믿음 안에서 충분히 가진 당신에게, 몸을 제어하고 부양하고도 남은 당신의 재화와 선행이 더 이상 무슨 필요가 있겠는가?

보라, 이러한 방식으로 하나님의 재화들은 한 사람으로부터 다른 사람에게 흘러가야 하고 공동의 것이 되어야 한다. 각자는 자기 이웃을 마치 자기 자신처럼 받아들여야 한다. 우리를 자신인 것처럼 받아주신 그리스도로부터 우리에게 하나님의 재화는 흘러온다. 그리고 그것은 우리로부터, 그것을 필요로 하는 다른 사람에게로 흘러가야 한다. 심지어 우리는 하나님 앞에서 우리 믿음과 의를 이웃에게 제공하여 그의 죄를 덮고 그 죄를 우리 것으로 받아들여야 한다. 그리스도가 우리를 위해 행하신 것처럼 그의 죄를 마치 내 죄인양 다루어야 한다.

보라, 이것이 사랑의 본성이며 참된 사랑일 때 이루어지는 일이다. 하지만 사랑은 믿음이 참된 곳에서만 참되다. 이와 관련하여 바울 사도는 고린도전서 13장에서 사랑이란 자신의 것을 추구하지 않고 이웃의 것을 구한다고 말한다(고전 13:5).

그리스도인의 정체성에 관한 결론

30. 이 모든 것에서 다음 결론을 도출할 수 있다. 그리스도인은 자신 안에서 사는 것이 아니라 그리스도와 이웃 안에서 산다. 그는 믿음을 통하여 그리스도 안에서, 사랑을 통하여 이웃과 함께 산다.

그는 믿음을 통하여 자신을 넘어 하나님께로 올라간다. 하나님으로부터 다시 사랑을 통하여 아래로 내려간다. 그러나 그는 항상 하나님 안에, 하나님의 사랑 안에 머무른다. 그리스도가 요한복음 1장 51절에서 말씀하신 바와 같다. "진실로 진실로 너희에게 이르노니 하늘이 열리고 하나님의 사자들이 인자 위에 오르락 내리락 하는 것을 보리라." 보라, 이것이 모든 죄와 율법과 계명으로부터 마음을 자유하게 하는 참되고 영적인 그리스도인의 자유이다. 이 자유는 하늘이 땅을 능가하듯이 다른 모든 자유를 능가한다.

하나님께서 우리 모두에게 이 자유를 바르게 이해하고 간직할 수 있게 해주시기를 기원한다. 아멘.

3. 선행에 관하여

작품 해설

루터는 1520년 초, 믿음과 행위의 바른 관계를 밝히기 위해 작품 『선행에 관하여』를 저술하였다. 이 작품의 저술 배경은 오직 믿음을 통한 칭의의 가르침이 선행을 거부하고 행위를 소홀히 여겨 가치가 없는 것으로 만든다는 비난에 맞서기 위해서였다.

루터는 십계명 해석에 근거하여 그리스도인의 삶에 다음과 같은 교훈을 준다. 즉 첫째가 되고 가장 고귀한 일은 그리스도를 '믿는 것'(요 6:28)이다. 믿음은 다른 것과 병행하는 선행의 한 종류가 아니라 모든 선행의 근원이다. 선행과 사랑은 의롭게 하는 믿음을 가져다주는 것이 아니라 오히려 그 결과다. 믿음은 오직 그리스도의 낯선 의를 신뢰하는 것이요, 믿음의 열매인 사랑은 칭의 가운데 경험한 하나님의 사랑을 이웃에게 계속 전해주는 것이다.

루터는 제1계명을 다른 모든 계명의 뿌리이자 핵심으로 간주하는데, 십계명의 열 가지 계명은 제1계명에 포함되기 때문이다. 제1계명의 성취는 십계명에서 요구하는 다른 모든 행위를 성취하는 관건이 된다. 제1계명을 경시하는 것은 다른 모든 계명에 대한 경시로 이어진다. 결국 제1계명은 근본적이고 본래적인 의인 것이다. 제1계명의 성취는 믿음에 의해 이루어진다. 그리고 오직 믿음으로 모든 계명은 성취된다. "칭의가 믿음으로 가능하다면, 믿음만이 모든 계명을 성취하고 그 모든 행위를 의롭게 하는 것이다."[19] 우리가 살아있는 믿음을 가졌다면, "우리는 율법이 더 이상 필요하지 않으며 언제든지 자발적으로 선행을 할 것이다."[20]

여기서는 믿음의 본질과 능력을 잘 보여주는 제1계명 부분만 번역하였다.

---

19) WA 6,211,4~5.

20) WA 6,213,20~21.

작품

하나님이 명하신 행위만 선하다

1. 하나님께서 금지하신 것 외에는 어떤 것도 죄가 아닌 것처럼, 하나님께서 명령하신 것 외에는 어떤 것도 선행이 아님을 알아야 한다. 그러므로 선행을 알고 행하고자 하는 자는 하나님의 계명 외에 다른 것을 알 필요가 없다. 그리스도는 이러한 의미로 다음과 같이 말씀하신다. "생명에 들어가려면 계명들을 지키라"(마 19:17). 구원받기 위해 무엇을 해야 하는지 묻는 젊은 청년에게 십계명 외에 다른 것은 제시하지 않으셨다(마 19:18~19). 이에 따라 우리는 선행을 구별하는 법을 하나님의 계명으로부터 배워야 하며 선행의 모양이나 크기 혹은 양에 따라 구별해서는 안 된다. 또한 사람들의 생각이나 인간적인 규례에 따라, 또는 맹목으로 인해 하나님 계명을 업신여긴 관례에 따라 판단해서도 안 된다.

I. 그리스도인의 근본 행위인 믿음

믿음이 사람을 선하게 한다

2. 으뜸이고 최상이며 가장 고상한 선행은 요한복음 6장 28~29절에서 말하는 것처럼 그리스도에 대한 믿음이다. 유대인들이 그리스

도에게 "우리가 어떻게 하여야 하나님의 일을 하오리이까?"라고 물었을 때, 그는 다음과 같이 대답하셨다. "하나님께서 보내신 이를 믿는 것이 하나님의 일이니라"(요 6:29). 우리는 믿음에 관하여 듣거나 설교할 때 그것을 경시하며 손쉽게 행할 수 있는 매우 사소한 것으로 간주한다. 그러나 그것을 오래 붙들고 잘 숙고해야 한다. 왜냐하면 이 행위(믿음)에 다른 모든 행위가 근거해야 하고, 이 행위(믿음)로부터 그 선함을 '봉토'(封土)처럼 받아야 하기 때문이다. 우리 모두가 이것을 잘 이해하도록 자세히 설명하는 것이 필요하다.

기도하며 금식하고 종교재단을 만들고 사람들 앞에서 선한 삶을 살며 이것저것을 행하는 많은 사람을 볼 수 있다. 그러나 자신이 행하는 일이 하나님 마음을 기쁘시게 한다고 확신하는지 묻는다면 그들은 아니라고 말할 것이다. 그들은 그런 사실을 알지 못하거나 의심한다. 게다가 그런 사실을 확신하는 것은 필요하지 않다고 현혹하는 위대한 학자들도 있다. 그들은 선행을 가르치는 일 외에 다른 어떤 것도 하지 않는다. 보라, 이 행위는 믿음 없이 행해져 무익하고 전적으로 죽은 것이다. 여기에 믿음은 없으며 하나님 앞에서의 선한 양심도 없다. 하나님께 대드는 양심과 믿음에, 이로부터 나오는 행위는 일치하기 때문이다. 그들에게는 하나님을 향한 믿음도, 선한 양심도 없다. 행위의 머리는 잘리고 그들의 모든 삶과 선함은 무익하다. 내가 믿음을 매우 강조하고 믿음 없는 행위를 배척하면, 그들은 내가 선행을 금한다고 나를 고소할 것이다. 그러나 나는 진실로 믿음의 선행을 가르치고자 한다.

믿음으로 하는 행위는 모두 선하다

3. 그들이 손으로 일하고 서서 걸으며 먹고 마시고 자며 몸의 생계나 일반적인 유익을 위한 모든 일을 할 때, 이것들을 선행으로 간주하는지, 그리고 하나님을 기쁘시게 하는 것으로 생각하는지 묻는다면, 그들은 '아니오'라고 답할 것이다. 그들은 선행을 오직 교회 안에서 이루어지는 기도, 금식, 구제로 매우 협소하게 이해한다. 다른 행위들은 하나님께 전혀 중요하지 않다고 여기며 헛된 것으로 간주한다. 하나님께서는 무슨 일이든 믿음으로 행하거나 말하거나 생각하는 것으로 섬김을 받으시지만, 오히려 그들은 저주받을 불신앙으로 이러한 섬김을 제한하고 줄인다.

전도자는 다음과 같이 가르친다(전 9:7~9). "너는 가서 기쁨으로 네 음식물을 먹고 즐거운 마음으로 네 포도주를 마실지어다. 이는 하나님이 네가 하는 일들을 벌써 기쁘게 받으셨음이니라. 네 의복을 항상 희게 하며 네 머리에 향 기름을 그치지 아니하도록 할지니라. 네 헛된 평생의 모든 날 곧 하나님이 해 아래에서 네게 주신 모든 헛된 날에 네가 사랑하는 아내와 함께 즐겁게 살지어다. 그것이 네가 평생에 해 아래에서 수고하고 얻은 네 몫이니라." 여기서 "옷을 항상 희게 하라"는 의미는 우리의 모든 행위가 (그렇게 불리는 것처럼) 구별 없이 선해야 한다는 의미이다.[21] 나의 모든 행위가 하나님 마음에 든다고 확신하고 믿는 것, 이것이 바로 흰 것을 뜻한다. 그러면 내 영혼의 근원에 즐거운 양심의 기름이 부족하지 않게 될 것이다.

그리스도 역시 다음과 같이 말씀하신다. "나는 항상 그가 기뻐하시

21) 알레고리 해석.

는 일을 행하므로"(요 8:29). 그는 당시 먹고 마시고 잤는데 어떻게 '항상' 그것을 행한 것인가? 요한은 다음과 같이 말한다. "이로써 우리가 진리에 속한 줄을 알고 또 우리 마음을 주 앞에서 굳세게 하리니, 이는 우리 마음이 혹 우리를 책망할 일이 있어도 하나님은 우리 마음보다 크시고 모든 것을 아시기 때문이라. 사랑하는 자들아, 만일 우리 마음이 우리를 책망할 것이 없으면 하나님 앞에서 담대함을 얻고 무엇이든지 구하는 바를 그에게서 받나니, 이는 우리가 그의 계명을 지키고 그 앞에서 기뻐하시는 것을 행함이라"(요일 3:19 이하); "하나님께로부터 난 자마다(즉 하나님을 믿고 신뢰하는 자마다) 죄를 짓지 아니하나니"(요일 3:9). 시편 34편 22절도 다음과 같이 말한다. "그에게 피하는 자는 다 벌을 받지 아니하리로다."[22] 심지어 시편 2편 12절에서는 다음과 같이 말한다. "여호와께 피하는[23]모든 사람은 다 복이 있도다."

이러한 내용이 사실이라면 그들이 행하는 모든 것은 분명 선한 것이거나, 적어도 그들이 행하는 악한 것은 즉시로 용서받음이 틀림없다. 여기서 다시 한번 왜 믿음을 그렇게 높이는지, 왜 모든 행위를 믿음에 결부시키는지, 그리고 왜 믿음으로부터 나오지 않는 모든 행위를 배척하는지 알 수 있다.

믿음, 그리스도인의 표시이자 주요행위

4. 이제는 누구나 행동할 때 무엇이 선하고 무엇이 그렇지 않은 줄 알 수 있고 느낄 수 있다. 행위가 하나님 마음에 든다는 확신이 선

22) "그를 신뢰하는 자들 가운데 어떤 사람도 죄를 짓지 않을 것이다"(루터역).

23) '신뢰하는'(루터역).

다면, 비록 그것이 지푸라기를 올리는 사소한 일이라도 그 행위는 선한 것이다. 이러한 확신이 없거나 그것을 의심한다면, 죽은 자들을 다 살리고 자기 자신을 불사른다고 할지라도 그 행위는 선하지 않다. 바울은 이와 같은 것을 로마서 14장 23절에서 가르친다. "믿음을 따라 하지 아니하는 것은 다 죄니라."

우리는 행위가 아니라 믿음에서 '그리스도를 믿는 자'라는 이름을 갖는다. 믿음은 핵심적 행위이기 때문이다. 다른 모든 행위는 이교도, 유대인, 터키인(아랍인) 혹은 죄인도 할 수 있다. 그러나 하나님 마음에 든다는 사실을 확고하게 신뢰하는 것은 은혜를 통하여 일깨워지고 확신을 가진 그리스도인에게만 가능한 일이다.

이러한 사실이 잘 전해지지 않고 많은 사람이 이러한 말로 인해 나를 이단으로 꾸짖는 일이 생기는 이유는, 그들이 맹목적인 이성과 이교의 학문[24]을 따라 믿음을 다른 덕목들보다 우월한 위치에 놓지 않고 오히려 믿음을 다른 덕목들과 나란히 두거나, 믿음을 다른 덕목의 행위들과 별개로 취급하기 때문이다. 하지만 사실 믿음만이 다른 모든 행위를 선하고 호감이 가고 가치 있게 만든다. 왜냐하면 믿음은 하나님을 신뢰하고 자신이 행하는 모든 것이 하나님을 기쁘시게 함을 의심하지 않기 때문이다. 저들은 믿음을 행위로 두지 않고 자질(habitus)[25]로 만든다. 하지만 성경은 오직 믿음만을 신적이고 선한 행위로 부른다. 그들이 눈이 멀고 맹인을 인도하는 자가 된 것(마 15:14)은 놀랄 일이 아니다. 믿음에는 즉시로 사랑, 평화, 즐거움, 소망이 뒤따른다. 하나님은 자신을 신뢰하는 자에게

24) 중세의 스콜라 신학을 지배한 아리스토텔레스 사상을 의미.

25) 지속하는 자질, 흔히 인간 안에 부어진 상태. 일곱 번째 명제 참조.

즉시 성령을 주시기 때문이다. 그래서 바울은 갈라디아인들에게 다음과 같이 말한다. "너희가 성령을 받은 것이 율법의 행위로냐 혹은 듣고 믿음으로냐"(갈 3:2).[26]

II. 삶 안에서 믿음의 영향

믿음의 첫 번째 단계: 모든 행동과 활동에서 입증되는 믿음

5. 이 믿음 안에서 이뤄지는 모든 행위는 어느 것이나 매한가지다. 행위가 크든 작든, 짧든 길든, 많든 적든, 행위 간의 차이는 모두 사라진다. 행위는 그 자체 때문이 아니라 믿음 때문에 하나님 마음에 들기 때문이다. 믿음은 모든 종류의 행위에서 (비록 행위들이 아무리 많고 다양할지라도) 어떤 차이도 없이 동일하게 존재하고 작용하고 역사한다. 이는 모든 지체가 머리로부터 생명과 활동과 이름(존재)을 가지며 머리 없이는 어떤 지체도 살거나 움직이거나 이름을 가질 수 없는 것과 마찬가지이다.

여기서 다음과 같은 결과가 도출된다. 만일 그리스도인이 이러한 믿음 안에 살면, 그는 선행을 가르치는 어떤 사람도 필요로 하지 않고 오히려 해야 할 일을 스스로 행한다. 또한 그가 행하는 모든 일은 바르다. 사무엘은 사울에게 다음과 같이 말한다. "여호와의 영이 크게 임하리니 너도 그들과 함께 예언하고 변하여 새사람이 되리라. 이 징조가 네게 임하거든 너는 기회를 따라 행하라. 하나

26) "너희가 성령을 받은 것은 너희의 선행 때문이 아니라 하나님의 말씀을 믿었기 때문이다"(루터역).

님이 너와 함께 하시느니라"(삼상 10:6~7). 또한 우리는 동일한 것을 사무엘의 어머니 한나에게서 볼 수 있다(삼상 1:17 이하). 그녀가 하나님의 은혜를 약속한 제사장 엘리의 말을 믿었을 때 만족하여 즐거운 마음으로 집으로 돌아갔고 그 이후로 더 이상 이리저리로 방황하지 않았다. 다시 말해 그녀에게 일어난 모든 일은 다 동일한 것이었다. 바울 역시 다음과 같이 말한다. "이는 그리스도 예수 안에 있는 생명의 성령의 법이 죄와 사망의 법에서 너를 해방하였음이라"(롬 8:2).[27]

믿음은 행위를 억지로 하지 않을 뿐만 아니라 행위가 항상 뒤따른다. 오히려 시편 1편 3절에서 말하는 것처럼 철을 따라 열매를 맺는 나무와 같다.

믿음은 즐거운 신뢰 가운데 하나님을 위해 모든 것을 한다

6. 우리는 이러한 것을 육체의 예에서 분명하게 볼 수 있다. 만일 한 남자(혹은 여자)가 상대방의 사랑과 호감을 확신하고 확고히 믿는다면, 어떻게 처신해야 할지, 무엇을 행하고 행하지 말아야 할지, 무엇을 말하고 말하지 말아야 할지 누가 가르치겠는가? 신뢰만이 모든 것을, 필요한 것 이상을 가르쳐 준다. 그에게 행위는 어떤 차이도 없다. 그는 크고 길고 많은 것을, 작고 짧고 적은 것처럼 기꺼이 행하고 또한 그 반대로도 한다. 게다가 즐겁고 온건하고 확신하는 마음으로 행한다. 그는 완전히 자유하다. 그러나 의심이 생기면 무엇이 더 나은지 찾을 것이다. 그러면 행위들을 구별하며 어떻

27) "그리스도의 영이 있는 곳에서 모든 것이 자유하다"(루터역).

게 호의를 얻을지 고민할 것이다. 그리고 부담을 느끼며 내키지 않는 마음으로 행할 것이다. 곧 그는 포로가 되고 거의 절망상태가 되며 종종 바보가 되어 버린다. 반면 하나님을 실제로 신뢰하는 그리스도인은 모든 것을 알고 모든 것을 할 수 있으며, 해야 할 모든 일을 맡고 모든 것을 즐겁고 자유로이 행한다. 이것은 선한 공로와 행위를 많이 쌓기 위해서가 아니라 하나님 마음에 들고자 하는 즐거움 때문이다. 그는 대가를 바라지 않고 하나님을 섬기고 그것이 하나님 마음에 든다는 사실만으로 만족한다.

거꾸로, 하나님과 하나 되지 않았거나 하나 됨을 의심하는 자는 어떻게 충분하고 많은 행위로 하나님 마음을 움직일 수 있을지 염려하며 그렇게 행할 것이다. 그는 성자 야곱이나[28] 로마 혹은 예루살렘을 향하여 이리저리 달려가고, 성녀 브리기타의 기도를 하며,[29] 이것저것을 행하고, 이날저날 금식하고, 여기저기서 고해하며, 이 사람 저 사람에게 조언을 구한다. 하지만 그에게 결코 평안은 없다. 그는 이 모든 것을 마음의 큰 고통과 절망 가운데 내키지 않는 마음으로 행한다. 성시도 신한 행위를 '수고와 슬픔'이라고 언급한다(시 90:10). 그러므로 그것은 결코 선한 행위가 아니고 헛될 뿐이다. 이미 많은 사람이 그것에 관하여 격분하거나 두려움으로 큰 비탄에 빠졌다. 그들에 관하여 지혜서 5장 6~7절은 다음과 같이 말한다. "우리는 불의한 길에서 피곤에 지쳤고 어렵고 힘든 길을 갔으나, 하나님의 길을 알지 못했고 의의 태양이 우리에게 뜨지 않았다"(루터역).

28) 즉 스페인 남서쪽에 있는 사도 야고보의 숭배지(Santiago de Compostela)를 의미한다.
29) 브리기타(Brigitta, 1303~1373)는 스웨덴의 공주로, 유명한 기도들을 지은 신비주의자였다.

믿음의 두 번째 단계: 고난

7. 이러한 행위들에서 믿음은 아직 보잘것없고 연약하다. 계속 생각해 보자. 만일 건강, 재산, 명예, 친구 혹은 그 외의 것들이 잘못되어도 그들은 여전히 하나님을 좋아하며 크든 작든 자신의 고난과 어려움을 하나님이 은혜로 정하신 것으로 생각하겠는가? 여기서 우리의 모든 감정과 이해에 따르면, 화나 보이는 하나님을 좋은 분으로 신뢰하는 것, 그리고 우리가 느끼는 것보다 더 나은 것을 그분에게서 얻을 것이라 신뢰하는 것은 믿음의 기술에 해당한다. 여기서 하나님은 아가서에서 신랑이 말하는 것처럼 숨어 계신다. "내 사랑하는 자가 ... 우리 벽 뒤에 서서 창으로 들여다보며 창살 틈으로 엿보는구나!"(아 2:9). 이것은 다음과 같은 뜻이다. 하나님은 우리와 자신을 갈라놓는 벽이나 담과 같은 고난 가운데 숨어 계시지만 나를 주목하시며 나를 떠나지 않으신다. 그는 실제로 거기 계시며 은혜 가운데 돕고자 하시고 어둠 가운데서도 믿음의 창을 통하여 자신을 보이신다. 예레미야애가에서 말하는 것처럼 "주께서 영원하도록 버리지 아니하실 것이며, 비록 그가 근심하게 하실지라도 그의 풍부한 인자하심에 따라 긍휼히 여기실 것이라"(3:31~32)는 사실 때문이다.

그러나 그들은 이러한 믿음을 전혀 알지 못하여 단념한다. 하나님이 자신을 떠나셨고 적이라고 생각한다. 자기 악을 다른 사람과 사탄의 탓으로 돌리며 하나님을 전혀 신뢰하지 않는다. 그러므로 그들의 고난은 그들이 사는 내내 불쾌한 것, 해로운 것이 된다. 그러나 그들은 자기 불신앙에 대해서는 전혀 깨닫지 못한 채 자기 생각에 따라 몇몇 선한 일들을 행한다.

반면 그러한 고난 속에서도 하나님이 자신들을 기뻐하신다고 확고하고 선하게 신뢰하는 자들은 이와 다르다. 그들에게 고난과 재난은 누구도 쉽게 평가할 수 없는 귀한 공로이고 값진 재화이다. 믿음과 신뢰는 다른 이들이 가장 수치스럽게 여기는 모든 것을 하나님 앞에서 귀한 것으로 만들기 때문이다. 죽음에 대해서조차 다음과 같이 말한다. "경건한 자들의 죽음은 여호와께서 보시기에 귀중한 것이로다"(시 116:15).

이러한 단계의 신뢰와 믿음은 첫 번째 단계보다 더욱 나으며 높고 강하다.[30] 이러한 믿음 안에서 겪는 고난은 믿음으로 행해진 모든 행위보다 우월하다. 개선(改善)의 관점에서 볼 때 이러한 행위와 고난 사이에는 헤아릴 수 없을 만큼 큰 차이가 있다.[31]

믿음의 최고 단계: 양심의 시련

8. 이러한 모든 것을 능가하는 믿음의 최고 단계는 하나님께서 한시적인 고난으로가 아니라 죽음과 지옥과 죄로써 양심을 벌하셔서, 마치 은혜와 자비를 우리에게서 빼앗으시고 우리를 영원히 저주하고 진노하시는 것처럼 보이는 경우이다. 이것은 사실 소수만이 경험한다. 이런 의미로 다윗이 시편 6편 1절에서 한탄한다. "주의 진노로 나를 징계하지 마옵소서." 이러한 상황에서도 하나님께서 우리에게 은혜를 베푸시고 우리를 기뻐하신다는 사실을 믿는 것은,

30) 믿음의 첫 번째 단계는 행위에서 믿음을 증명하는 것이고(5~6명제), 두 번째 단계는 고난에서 믿음을 증명하는 것이고(7명제), 마지막이자 최고의 단계는 영적인 시련에서 죽음, 죄, 지옥을 통하여 믿음을 증명하는 것이다(8명제).

31) 고난이 더 큰 유익을 제공한다.

피조물에 의해 피조물 안에서 일어날 수 있는 최상의 일이다. 거룩한 행위와 선한 행위를 열심히 좇는 자들은 오히려 이러한 일에 관하여 전혀 알지 못한다. 자신의 행위에 대해 확신을 갖지 못하며 이미 믿음의 가장 낮은 단계에서도 의심하고 있는 자들이 어떻게 하나님의 선하고 은혜로우심을 믿겠는가?

보라, 전에 말한 것처럼[32] 내가 항상 믿음을 찬양하고 믿음 없이 이루어진 모든 행위를 배척하는 것은, 단지 외적으로만 빛나고 바리새인 같고 믿음 없는 잘못된 선행(현재 모든 수도원, 교회, 집, 낮거나 높은 신분들은 이러한 모습들로 넘쳐난다)으로부터 바르고 참되고 지극히 선하고 신실한 행위로 사람들을 인도하기 위해서이다. 여기서 내게 대적하는 자는 오직 모세의 율법(레 11:4)에 나오는 굽이 갈라지지 않은 부정한 짐승과 같은 이들뿐이다. 이들은 선행들을 구별하려고 하지 않으며, 단지 기도하고 금식하고 교회를 세우고 참회하고 보속행위를 하면 하나님의 은혜와 만족하심을 믿지 않을지라도 자신의 모든 행위는 선한 것일 수밖에 없다고 어리석게 생각한다. 그렇다. 그들은 대부분 자기 행위를 선하다고 간주한다. 전혀 신뢰하지 않아도 단지 많고 위대한 행위를 오래 하기만 하면 된다고 생각한다. 특히 그들은 행위를 통해 하나님으로부터 선한 것을 기대하려고 한다. 그들은 신뢰를 하나님의 흡족하심에 두는 것이 아니라 자신의 행위, 즉 모래와 물 위에 세운다. 그렇기에 그들은 그리스도가 마태복음 7장 26~28절에서 말씀하시는 것처럼 결국 송두리째 무너지는 끔찍한 일을 당할 수밖에 없다. 우리의 신

32) 예: 시편 6편 강의.

뢰가 근거하고 있는 하나님의 선한 뜻과 흡족하심에 대해 천사들은 성탄 이브에 다음과 같이 찬양하며 선포하였다. "지극히 높은 곳에서는 하나님께 영광이요, 땅에서는 하나님이 기뻐하신 사람들 중에 평화로다"(눅 2:14).

III. 믿음의 내적인 본질

하나님의 선하심을 신뢰하는 믿음

9. 보라, 이것이 바로 첫 계명의 행위이다. 제1계명, "너는 다른 신을 갖지 말라"는 명령은 "나만이 하나님이기에 너는 나에 대해서만 전적으로 신뢰, 확신, 믿음을 가져야 하며 다른 존재를 신뢰해서는 안 된다"는 의미이다. '하나님을 갖는다'는 말은 단지 입으로 하나님을 찾거나 무릎과 몸짓으로 하나님을 경배하는 것을 의미하지 않는다. 오히려 하나님을 마음으로 신뢰하고, 행위에서든 고난 속에서든, 생명에서든 죽음에서든, 사랑에서든 슬픔에서든, 모든 선, 은혜, 만족함을 하나님께로부터 기대하는 것을 의미한다. 이런 내용으로 주 그리스도께서도 요한복음 4장 24절에서 이방 여인에게 말씀하셨다. "하나님은 영이시니 예배하는 자가 영과 진리로 예배할지니라."

마음의 중심에서 나오는 믿음과 신뢰와 확신이 제1계명의 참된 성취이다. 이 계명을 충족시킬 수 있는 다른 행위는 없다. 다른 계명들이 모두 이 계명으로부터 유래하고 그 안에서 진행되고 그것에 따라 판단되고 측정되기 때문에, 제1계명이 최초이고 최고이며 최상이다. 이와 마찬가지로 하나님이 항상 은혜로우시다는 믿음 혹은 확신 역시 최초의, 최고의, 최상의 행위이다. 이것에서부터 다른 모든 것이 흘러나오고 진행되며 존속하고 판단되고 측정되어야 한다. 이 행위(믿음)보다 다른 행위들을 더 강조하는 것은 첫 번째 계명이 빠진 다른 계명들과 같고 하나님이 없는 것과 마찬가지다. 그러므로 어거스틴이 제1계명의 행위는 믿음, 소망, 사랑이라고 말한 것은 옳은 일이다.[33] 이미 위에서 언급한 것처럼 그러한 신뢰와 믿음은 사랑과 소망을 동반하기 마련이다. 만일 우리가 그것을 바르게 본다면, 사랑은 첫 번째 행위이거나 적어도 믿음과 동시에 온다.[34] 하나님께서 내게 호의적이고 친절하시다고 여기지 않는다면, 나는 하나님을 신뢰할 수 없기 때문이다. 하나님의 친절하심에 대한 신뢰는 나 역시도 하나님을 사랑하고 진심으로 신뢰하여 모든 선한 것을 그로부터 기대하게 만든다.

행위나 자신을 신뢰하는 것은 우상숭배다

10. 하나님을 언제나 신뢰하지 않으며 모든 행위나 고난, 삶이나 죽음 가운데서 하나님의 호의와 은혜, 그리고 만족하심을 신뢰하지 않고 다른 것들을 추구하는 자들은, 다른 모든 계명을 지키고 여기에 더하여 모든 성인(聖人)의 기도, 금식, 순종, 인내, 독신, 순결함을 갖고 있을지라도 첫 계명을 지키지 않는 것이며 사실상 우상숭배를 하는 것이다. 거기에 중심행위가 없기 때문이다.[35] 중심행

33) Augustinus, Enchiridion ad Laurentium, seu de fide, spe et caritate, MPL 40, 232~233.

34) 중세 로마 가톨릭 신학자들에 따르면 사랑이 첫 번째이자 중심적인 덕목이다. 반면 루터는 사랑을 믿음의 존재와 분리하지 않고 연결한다.

35) 믿음 없는 모든 행위는 제1계명을 위반하는 것이자 우상숭배이다.

위가 없다면 다른 모든 행위는 그 배후에 아무것도 없고 단지 외관적인 아름다움, 겉치레, 허식, 허무한 것일 따름이다. 그리스도는 이것에 대해 우리에게 주의를 당부하신다. "거짓 선지자들을 삼가라. 양의 옷을 입고 너희에게 나아오나 속에는 노략질하는 이리라" (마 7:15). 이들은 많은 선행(그들은 그렇게 부른다)을 통하여 하나님 마음에 들기를 원하는 자들이다. 그래서 하나님이 소상인이나 날품팔이꾼처럼 은혜와 호의를 공짜로 주고자 하지 않으신다고 생각하여 하나님에게서 호의를 사고자 한다. 이들이야말로 지상에서 가장 바보 같은 자들이다. 이러한 사람은 바른 길로 방향을 돌리기가 매우 힘들거나 그러한 시도조차 전혀 하지 않는다. 그들은 어려움이 생길 때 이리저리 달려가고 곳곳에서 충고와 도움과 위로를 찾지만, 하나님에게서는 찾지 않는다. 사실 최고의 계명에 따르면 하나님에게서 그것을 찾아야 했다.

이들에게 이사야 선지자는 "그 백성이 자기들을 치시는 이에게로 돌아오지 아니하며"(사 9:13)라고 질책한다. 즉 하나님께서는 그들을 치시고 그들에게 고난과 모든 재난을 주셔서 그들이 하나님께 달려오고 하나님을 신뢰하도록 하셨다는 것이다. 하지만 하나님으로부터 방향을 돌려 인간에게 달려갔다. 때로는 이집트인에게, 때로는 아시리아인에게, 때로는 사탄에게도. 그러한 우상숭배에 관한 내용은 이사야서와 열왕기상·하에서 많이 찾을 수 있다. 오늘날에도 여전히 많은 사람들이 자신을 거룩함으로 치장한다. 어떤 일이 닥치면 그들은 하나님께 달려가지 않고 오히려 하나님 앞에서 방향을 돌려 도망친다. 그들이 유일하게 생각하는 것은 자신의 능력이나 사람의 도움으로 어떻게 괴로움을 모면할 것인가 하는 것이다. 그런데도 그들은 자신을 경건한 사람으로 간주하고 또한 그런 사람으로 여겨지기를 바란다.

믿음만이 하나님 앞에서 의롭게 한다

11. 사도 바울은 많은 것이 믿음에 해당한다고 성서 여러 구절에서 말한다. 로마서 1장 17절에서 "의인은 믿음으로 살리라"(Justus ex fide sua vivit), 그리고 로마서 3장 28절에서 "사람이 하나님 앞에서 의롭다 여기심을 받는 것은 믿음 때문이다"라고 말한다. 의가 믿음에 근거한다면, 이러한 믿음만이 모든 계명을 성취하며 모든 행위를 의롭게 만드는 것임이 틀림없다. 하나님의 모든 계명을 지키지 않는다면 누구도 의롭지 않다. 반대로 행위는 믿음 없이는 하나님 앞에서 누구도 의롭게 할 수 없다. 사도는 분명하고 확고하게 행위를 배척하고 믿음에 대해서는 찬양하였다(롬 3:28). 이에 대해 몇 사람은 이 말에 감정이 상하여 "그렇다면 우리는 선행을 더 이상 하지 않을 것이다"라고 말할 정도였다(롬 6:1,15). 그러나 바울은 그러한 자들을 잘못되고 어리석은 자로 정죄한다.

오늘날도 마찬가지이다. 만일 우리가 오늘날 눈에 띄는 위대한 행위와 믿음 없이 행해진 행위를 배척한다면, 많은 사람들은 오직 믿음만 필요하고 선한 행위는 할 필요가 없다고 말할 것이다. 오늘날 사람들은 다음과 같은 것을 제1계명의 행위로 언급한다. 찬양과 낭독, 오르간 연주와 미사 드리기, 아침기도와 저녁기도 및 다른 기도시간을 지키는 것, 교회와 종교재단과 수도원을 세우고 장식하는 것, 종과 보석과 미사복과 장신구 등 귀중품을 수집하는 것, 로마와 성인들의 장소를 순례하는 것 등이다. 또한 경건하게 옷을 입고, 무릎을 꿇고 엎드리고, 로사리오와 시편으로 기도하고, 이 모든 것을 우상 앞이 아니라 하나님의 거룩한 십자가 앞 혹은 성자들의 성화(聖畫) 앞에서 행하면, 이것은 하나님을 존경하고 숭배하는 것이며 제1계명에 따라 '다른 신들을 갖지 않는 것'이라고 말할 것이다. 그러나 이것은 고리대금업자, 간음한 자, 그리고 온갖 종류의 죄인도 행할 수 있으며 또한 날마다 행하고 있다. 기억하자! 이러한 일이 칭찬받을 수 있는 것은 그것의 탁월함 때문이 아니라 그것이 하나님의 마음에 든다고 확신하는 믿음 때문이다. 이 믿음에서 모든 행위는 같은 가치를 갖는다.

그러나 하나님께서 우리에게 호의를 갖고 계시고 우리를 기뻐하신다는 사실을 의심하거나 확신하지 못한다면, 또는 행위에 근거하고 행위로 하나님 마음의 만족을 얻을 수 있다고 감히 생각한다면 그것은 순전히 기만이다. 겉으로는 하나님을 존경하고 있지만, 내적으로는 자신을 우상으로 삼은 것이다. 이것이 내가 종종 그러한 행위들의 허식과 자만과 자랑을 비난하고 그 행위들을 배척하는 근거이다. 그러므로 그 행위들은 의심 가운데, 혹은 믿음 없이 이루어진다는 사실이 명백하다. 행위에 신뢰를 두지 않는 자들은 천 명 중에 한 사람도 없을 정도로 적다. 값없이 자비를 약속하신 하나님 앞에서 그분이 참을 수 없는 것, 즉 행위로 야시장(행위의 시장)을 열며 그것을 통하여 하나님의 호의를 얻고 은혜를 준비할 수 있다고 생각하는 자들이 대부분이다. 하나님은 이것을 참지 못하신다. 오히려 우리가 하나님의 자비로 시작하고 할 수 있는 모든 행위를 그러한 신뢰 가운데서 성취하기를 원하신다.

믿음만이 하나님 마음에 드는 내적 예배이다

12. 이러한 사실에서 제1계명을 단지 외적인 행위로 성취한다는 것과, 내적인 신뢰로 그것을 성취한다는 것이 서로 얼마나 동떨어져 있는 것인가 스스로 판단하라.[36] 후자가 바르고 살아 있는 하나님의 자녀를 만드는 반면, 전자는 지상에 존재하는 더 나쁜 우상숭배와 매우 위험한 위선자들만을 만들 뿐이다. 이들은 자신들의 명성으로 셀 수 없이 많은 사람을 자신들의 삶의 방식으로 이끌고, 그들이 믿음을 갖지 못하게 하거나 가엾게 유혹받아 요설(饒舌)과 속임수에 빠지게 한다. 이들에 관하여 그리스도는 마태복음 24장 23절에서 "그때 사람이 너희에게 말하되, 보라 그리스도가 여기 있다 저기 있다 하여도 믿지 말라"고 말씀하신다. 그리고 요한복음 4장 21~23절에서도 다음과 같이 말씀하신다. "이 산에서도 말고 예루살렘에서도 말고 너희가 아버지께 예배할 때가 이르리라. ... 아버지께서는 자기에게 이렇게 예배하는 자들을 찾으시느니라."

이러한 구절들에 감동하여 나는 교황의 교서, 인장, 기(旗) 및 면죄부와 같은 큰 허식을 버렸고, 나뿐만 아니라 모든 사람도 그렇게 하도록 해야 한다. 가련한 민중은 이러한 허식으로 교회를 세우고 기부를 하며 자선사업을 하고 기도하라는 가르침을 받는다. 여기서 믿음은 완전히 침묵하고 심지어 억압받는다. 믿음은 행위에 대해 어떤 구별도 하지 않기 때문에, 믿음 외에 어떤 행위를 다른 행위보다 과장하고 재촉하는 것을 참지 못한다. 왜냐하면 믿음만이

36) 중요한 것은 믿음이냐 선행이냐 택일의 문제가 아니라 단지 외적인 행위이냐 아니면 내적인 신뢰이냐의 문제이다. 루터의 관심은 행위를 경시하는 것이 아니라 모든 외적인 실행에 필요한, 그리스도인 존재의 내적인 차원의 전제조건에 있다.

유일한 예배이길 원하며, 이러한 이름과 명예를 다른 행위들에 허락하지 않고 오히려 이것들이 오직 믿음 안에서 믿음에 의해 이루어지기만을 허락하기 때문이다. 앞서 말한 이러한 어리석은 짓들은 이미 구약에 나타난다. 유대인은 성전을 떠났고 다른 장소에서, 푸른 나무 아래에서, 그리고 산 위에서 제사를 드렸다(왕하 16:4; 17:10~11). 이와 마찬가지로 오늘날에도 모든 행위를 통해 아주 분주하게 움직이지만 주된 일인 믿음에 대해서는 주목하지 않는 자들이 있다.

IV. 믿음의 등급과 믿음을 성장케 하는 것

믿음은 사람을 끝없는 임무 앞에 세운다

13. 어떤 행위가 선하고 무슨 일을 해야 하고 어떻게 해야 의롭게 되는지 오늘날 누가 질문하겠는가? 우리가 믿음에 관하여 설교하면, 이제는 더 이상 행위를 가르치지 말거나 행하지 말아야 한다고 주장하는 것이라고 누가 말하겠는가? 이 유일한 첫 계명은 누군가가 행할 수 있는 것보다 더 많은 것을 이미 요구하고 있지 않은가? 만일 어떤 사람이 천 사람 혹은 모든 사람 또는 모든 피조물과 맞먹는다고 할지라도, 그는 이 계명으로 충분하며 심지어 충분 그 이상일 것이다. 왜냐하면 그는 언제나 하나님에 대한 믿음과 신뢰 안에서 살고 행동하라는 명령, 그리고 믿음을 다른 것을 향하게 하지 말고 다른 신이 아닌 오직 하나님만을 모시라는 명령을 받았기 때문이다.

인간의 존재와 본질은 한순간도 행함이나 행하지 않음, 고난이나 도피가 없을 수 없다. 우리가 알듯이 인생은 멈춰 있지 않기 때문이다. 경건과 선행으로 충만하여지고자 하는 자는 모든 삶과 행위를 언제나 믿음 안에서 연습하기 시작하라. 그리고 항상 모든 것을 확신 가운데 행하거나, 아니면 행하지 않고 내버려 두기를 배우라. 그러면 자신이 얼마나 많이 행해야 하는지, 그리고 얼마나 많은 것들이 믿음의 영역에 속해 있는지 발견하게 될 것이다. 그러면 결코 게으르게 될 수 없다. 나태함조차 믿음의 연습 안에서, 믿음의 행위로 일어나기 때문이다. 결론적으로 말해 모든 것이 하나님의 마음에 든다고 믿는다면, 우리 안과 우리 곁에 있거나 우리에게 주어질 수 있는 모든 것은 선한 것과 공로가 될 수밖에 없다. 사도 바울은 " 너희가 먹든지 마시든지 무엇을 하든지 다 하나님의 영광을 위하여 하라"(고전 10:31[37])고 말한다. 믿음 안에서 이루어지지 않고는 그리스도의 이름으로 행해질 수 없다. 사도 바울은 로마서 8장 28절에서 "우리가 알거니와 하나님을 사랑하는 자 곧 그의 뜻대로 부르심을 입은 자들에게는 모든 것이 합력하여 선을 이루느니라"고 말한다.

그러므로 누군가 오직 믿음만을 설교하는 것을 선행을 금하는 것이라고 말한다면, 이것은 내가 병자에게 "네가 건강하다면 네 신체의 모든 부위를 사용할 수 있다. 건강하지 못하면 모든 신체의 행위는 아무것도 아니다"라고 말했을 때 이것을 마치 신체의 행위를 금지하는 것으로 결론 내리는 것과 같다. 나는 건강이 먼저고 그 후에 모든 신체의 행위가 이뤄져야 한다고 의미한 것이다. 마찬가

37) "너희가 먹든지 마시든지 행하는 모든 것은 우리 주 예수 그리스도의 이름으로 하라"(루터역).

지로 믿음은 모든 행위의 장인(匠人)이자 우두머리여야 한다. 그렇지 않으면 모든 행위는 무의미하다.

율법이 주어진 대상

14. 이제 당신은 다음과 같이 말할 수 있다. "믿음이 제1계명에 근거해서 모든 것을 하는데, 왜 우리는 사람들에게 선행을 하도록 강요하거나 권면하기 위해 그렇게 많은 영적이고 세상적인 율법을 가지며, 교회와 수도원과 순례지에서 그리 많은 의식을 치르는 것인가?" 이에 대한 대답은 다음과 같다. 우리가 모두 믿음을 갖고 있거나 믿음에 주목하는 것은 아니기 때문이다. 믿음을 가지고 있는 자에게는 더 이상 율법이 필요하지 않고, 오히려 이러한 신뢰가 당연히 가르치는 것처럼 각자는 스스로 항상 선행을 할 것이다.

네 종류의 사람이 있다. (바로 전에 언급한) 첫 번째 부류는 율법이 필요치 않은 자들이다. 바울은 이들에 관하여 말하여 "율법은 옳은 사람(즉 믿는 사람)을 위하여 세운 것이 아니라" 오히려 이들은 자신이 알고 할 수 있는 것을 자발적으로 행하며 모든 것에 있어 하나님의 호의와 은총이 자기 위에 있다고 확고하게 신뢰한다고 말하였다(딤전 1:9).

두 번째 부류는 이러한 자유를 오용하며 잘못 신뢰하고 나태하게 생활하는 자들이다. 이들에 관하여 사도 베드로는 "너희는 자유가 있으나 그 자유로 악을 가리는 데 쓰지 말고 오직 하나님의 종과 같이 하라"(벧전 2:16)고 말한다. 이것은 다음과 같은 의미이다. "믿음의 자유는 죄를 허락하거나 죄를 덮는 것이 아니라, 오히려 모든 종류의 행위를 하도록 하고 경험하는 모든 것을 참고 견디도록 하여 누구도 단지 한 가지 또는 여러 행위에 매여 있지 않도록 한다." 사도 바울도 마찬가지로 말한다. "자유로 육체의 기회를 삼지 말고 오직 사랑으로 서로 종노릇 하라"(갈 5:13). 이 부류의 사람들은 율법으로 독려받고 가르침과 경고를 통해 바르게 되어야 한다.

세 번째 부류는 파렴치하게 항상 죄를 짓고자 하는 악한 자들이다. 이들에 대해서는 야생마나 개에게 하는 것처럼 영적이고 세상적인 율법으로 강요해야 한다. 만일 이것이 효과가 없다면, 그들을 세상의 칼로 처벌해야 한다. 이것에 대해 사도 바울은 다음과 같이 말한다. "세상의 통치자는 검을 지니고 하나님을 섬기는데, 이는 경건한 자들이 아니라 악한 자들을 두렵게 하기 위해서이다"(롬 13:3~4. 루터역).

네 번째 부류는 이러한 믿음과 영적인 삶에 대한 이해가 아직 성숙하지 못하여 부족하고 유치한 자들이다. 어린이들에게 하듯 구속력 있는 특정한 외적 장식들로 그들을 달래고 꾀어야 한다. 가령 (성서)독서, 기도, 금식, 찬양, 교회 장식, 오르간 연주, 그리고 교회와 수도원의 규정과 관례 등이 그것이다. 이것들은 그들이 믿음을 알게 될 때까지 오랫동안 유지되어야 한다. 물론 여기에는 커다란 위험이 존재하고, 안타깝게도 그 위험은 오늘날 일상이 된 듯하다. 지도자들이 그러한 예식과 눈에 띄는 행위들을 마치 바른 행위인 것처럼 제시하고 그 일에 매달리면서 정작 믿음은 소홀히 하고 있다. 어머니가 아이가 스스로 단단한 음식을 먹을 수 있게 될 때까지 우유 외에도 다른 음식을 주는 것처럼, 지도자들은 위에서 제시한 것과 더불어 근본적으로 언제나 믿음을 중하게 여기고 가르쳐야 한다.

믿는 자는 약한 자들을 배려해야 한다

15. 우리는 모두 동일하지 않기 때문에 그러한 자들을 인내하며 그들의 의무와 짐을 함께 나누고 그들을 업신여겨서는 안 된다. 아니, 그들에게 믿음의 바른 길을 가르쳐야 한다. 사도 바울은 "너희는 믿음이 약한 자를 가르치며 수용하라"(롬 14:1. 루터역)고 말한다. 또한 "율법 아래에 있는 자들에게는 내가 율법 아래에 있지 아니하나 율법 아래에 있는 자같이 된 것은 율법 아래에 있는 자들을 얻고자 함이요"(고전 9:20)라고 말한다. 그리스도 역시 그렇게 행하셨다(마 17:25 이하). 그는 세금을 내라는 요구를 받았을 때 왕의 자녀들이 세금을 내야 하는지, 아니면 다른 사람들이 내야 하는지에 대하여 사도 베드로와 대화하셨다. 베드로가 "다른 사람들만 내야합니다"라고 대답했을 때, 그리스도는 "왕의 자녀들은 세금을 면제받는다. 그러나 우리가 그들에게 길림돌이 되지 않도록 비디에 기서 낚시를 던져 잡히는 첫 번째 물고기 입속에 있는 한 세겔을 취하여 나와 너를 위하여 내라"(루터역)고 말씀하셨다.

여기서 모든 행위와 일이 그리스도인에게는 믿음 때문에 자유로운 것이지만, 다른 사람들이 아직 믿지 않는 동안에는 그리스도인은 이들과 더불어 자신의 의무가 아닌 것을 감당해야 한다는 것을 알 수 있다. 심지어 이것을 거듭 자발적으로 행한다. 그렇게 하는 것이 하나님 마음을 기쁘게 한다는 사실을 확신하기 때문이다. 그는 그것을 단지 자기에게 일어나는, 완전히 자유로운 일처럼 받아들여 즐겨 행한다. 믿음 가운데 그 일을 통해 오직 하나님의 기뻐하심 이외에 다른 것을 바라거나 추구하지 않는다.

이 논고에서 우리는 바른 선행이 무엇인지 가르치고자 했고 최고의 행위에 관하여 말하고 있으므로, 둘째, 셋째, 넷째 부류의 사람이 아니라 첫 번째 부류의 사람에 관하여 말하고 있음이 분명하다. 다른 사람들도 모두 첫 번째 부류의 사람처럼 되어야 하고, 첫 번째 부류의 사람은 이들이 그렇게 될 때까지 인내하며 가르쳐야 한다. 그러므로 기꺼이 선을 행하고자 하고 더 나은 것을 배우고자 하지만 예식에 매달려 있어 할 수 없는 믿음 약한 자들을 마치 완전히 타락한 것처럼 업신여겨서는 안 된다. 오히려 믿음을 바르게 가르치지 않고 그들을 행위로 인도한 눈먼 교사들을 꾸짖어야 한다. 그리고 우리는 이들을 마치 환자를 다루는 것처럼 온화함과 신중함으로 대하며 그들을 다시 믿음으로 돌아오게 하고, 그들이 믿음을 올바르게 붙잡을 때까지 양심을 위해 행위에 매달리고 행위를 구원에 필요한 것으로 추구하는 것을 허용해야 한다. 그렇지 않고 우리가 그들을 재빠르게 떼어내고자 한다면 그들의 양심은 아직 연약하여 매우 혼란스러워하고 미혹될 것이며, 그 이후 그들은 믿음도, 행위도 갖지 못하게 될 것이다. 이와 달리, 자기 행위에 완고하여 믿음에 관한 말은 무시하고 심지어 믿음에 대항하여 싸우는 완고한 자들에 대해서는, 그리스도가 행하고 가르치신 것처럼 소경이 다른 소경을 인도하도록 내버려 두어야 한다(마 15:14).

믿음은 죄의 경험 가운데에서도 자신을 입증한다

16. 당신은 다음과 같이 물을 수 있다. "내가 어찌할 도리 없이 때때로 좌절하거나, 너무 많이 말하고 먹고 마시고 자거나, 도가 넘는 행동을 하게 될 때, 내 모든 행위가 하나님의 마음에 든다는 것을

어떻게 확신하고 기대할 수 있는가?" 이에 대한 대답은 다음과 같다. 이 질문은 당신이 아직 믿음을 다른 행위와 같은 것으로 간주하고 있으며 믿음을 모든 행위 위에 두지 않고 있음을 보여준다. 믿음이란 하나님께서 당신에게 호의를 갖고 계셔서 매일 그러한 넘어짐과 약함을 묵인하신다는 사실을 의심하지 않는 것이다. 믿음은 계속되며 매일의 죄들을 사하는 최고의 행위이다. 심지어 죽음에 이를 죄를 범하였을지라도(그러나 믿음과 하나님 신뢰 가운데 사는 자들에게는 이런 일이 일어나지 않거나 단지 드물게 일어난다), 믿음은 다시 일어서며 죄가 이미 사라졌음을 의심하지 않게 한다. 다음 말씀이 이 사실을 뒷받침한다. "나의 자녀들아 내가 이것을 너희에게 씀은 너희로 죄를 범하지 않게 하려 함이라. 만일 누가 죄를 범하여도 아버지 앞에서 우리에게 대언자가 있으니 곧 의로우신 예수 그리스도시라 그는 우리 죄를 위한 화목 제물이니"(요일 2:1~2), "우리가 죄를 지을지라도, 우리는 당신의 것이요 당신이 위대하심을 깨닫나이다"(지혜 15:2), "대저 의인은 일곱 번 넘어질지라도 다시 일어나려니와"(잠 24:16). 이러한 신뢰와 믿음은 참으로 위대하고 강하기 때문에 인간은 자신의 모든 삶과 행위가 하나님의 심판 앞에서 순전히 저주받아 마땅한 죄임을 알게 된다. 이것에 대해 시편 143편 2절은 다음과 같이 기록하고 있다. "주의 눈 앞에는 의로운 인생이 하나도 없나이다."

인간은 자신의 행위에 절망해야 한다. 행위는 믿음을 통하지 않고는 선할 수 없다. 믿음은 심판을 기대하지 않고 순전히 은혜와 호의, 친절과 자비만을 기대한다. 그렇기에 다윗은 시편 26편 3절에서 "주의 인자하심이 내 목전에 있나이다. 내가 주의 진리 중에 행하여," 그리고 시편 4편 7~8절에서 "당신의 얼굴의 빛이 우리에게 비추고(즉 믿음을 통해 당신의 은혜를 깨닫는다는 의미), 이로써 당신은 나의 마음을 기쁘게 하셨다"(루터역)고 말한다. 왜냐하면 사람이 기대하는 대로 이루어지기 때문이다.

보라, 행위는 그 자체의 본질 때문이 아니라 하나님의 자비와 은혜로 믿음 때문에 용서되고 죄가 없는 선한 것이 된다. 믿음이란 하나님의 자비를 신뢰하는 것이다. 우리는 행위 때문에 두려워해야 하지만, 시편 147편 11절 말씀처럼 하나님의 은혜 때문에 위로를 받는다. "여호와는 자기를 경외하는 자들과 그의 인자하심을 바라는 자들을 기뻐하시는도다." 그러므로 우리는 확신에 차 '우리 아버지'라고 기도하며 "우리의 죄를 용서하여 주옵소서"라고 간구한다. 우리는 죄인이지만 하나님의 자녀이고, 넉넉히 행하지 못하지만 하나님의 마음에 든다. 이러한 모든 것은 하나님의 은총에 확고하게 근거하고 있는 믿음이 하는 일이다.

믿음의 근원은 예수 그리스도의 모습을 바라보는 것이다

17. 만일 당신이 믿음과 확신은 어디에서 발견할 수 있고 어디서 오는지 질문한다면, 이것은 우리가 알아야 하는 가장 중요한 사실에 속한다. 첫째로, 믿음은 의심할 바 없이 당신의 행위와 공로에서가 아니라 오직 예수 그리스도에게서 오며, 우리에게 공짜로 약속되고 주어졌다. 사도 바울은 로마서 5장 8절에서 그렇게 말한다. "우리가 아직 죄인 되었을 때 그리스도께서 우리를 위하여 죽으심으로 하나님께서 우리에 대한 자기의 사랑을 확증하셨느니라."[38] 바

38) "... 우리에게 자기의 사랑을 달콤하고 친절하게 보여주셨다"(루터역).

울의 의도는 다음과 같다. "이것은 우리가 그것을 간청하거나 염려하기 전에 참으로 온전히 죄에 붙잡혀 있을 때, 그리스도께서 우리의 죄를 위해 돌아가셨다는 사실에 관해 확고하고 엄청난 신뢰를 하도록 하지 않는가?" 우리는 이로부터 다음과 같은 결론을 내릴 수 있다. "우리가 아직 죄인 되었을 때 그리스도께서 우리를 위하여 죽으심으로 ... 이제 우리가 그의 피로 말미암아 의롭다 하심을 받았으니 더욱 그로 말미암아 진노하심에서 구원을 받을 것이니 ... 우리가 원수 되었을 때 그의 아들의 죽으심으로 말미암아 하나님과 화목하게 되었은즉 화목하게 된 자로서는 더욱 그의 살아나심으로 말미암아 구원을 받을 것이니라"(롬 5:8 이하).

보라, 당신은 그리스도의 모습을 마음에 새겨야 하고, 당신에게 어떠한 공로가 없었음에도 하나님께서 그리스도 안에서 어떻게 당신에게 자비를 보여주셨는지를 잊지 말아야 한다. 그리고 하나님의 은혜의 모습에서 당신은 모든 죄를 용서받았다는 믿음과 신뢰를 가져야 한다. 그러므로 믿음은 행위로 시작되는 것이 아니다. 행위는 믿음을 만들어 내지 못한다. 오히려 믿음은 그리스도의 보혈과 상처와 죽으심으로부터 솟아나고 흘러나온다. 만일 당신이 믿음 가운데 하나님께서 자기 아들을 당신을 위해 내주실 정도로 호의적이라는 사실을 안다면, 당신 마음은 이를 통해 즐거워하며 하나님께 호의를 갖게 될 것이다. 이런 믿음과 확신은 당신을 향한 하나님의 순전한 호의와 사랑에서, 그리고 하나님을 향한 당신의 호의와 사랑에서 성장한다. 우리는 어떤 행위를 한 사람에게 성령이 주어졌다는 사실을 읽어본 적이 없다. 오히려 성령은 항상 그리스도에 관한 복음과 하나님의 자비에 관해 듣는 자에게 주어졌다.

믿음은 오늘뿐만 아니라 영원히 오직 말씀 외의 다른 것으로는 생기지 않는다. 모세가 말하는 것처럼(신 32:13) 그리스도는 우리에게 꿀과 기름을 제공하는 반석이시기 때문이다(참조. 고전 10:4).

Ⅱ

그리스도인의 의

4. 비텐베르크 라틴어 전집 제1권 서문:

‘하나님의 의’ 발견에 대한 자기 증언

작품 해설

루터는 1512년 비텐베르크 대학의 신학교수가 되어 시편(1513~1515)과 바울서신(1515~1518)을 강의하였다. 성서주석을 하는 가운데 그는 로마서 1장 17절의 ‘하나님의 의’에 대한 이해를 놓고 실존적으로 씨름했다. 결국 성서를 주석하는 가운데 ‘하나님의 의’를 새롭게 깨달았고 이러한 인식은 새로운 구원의 경험과 신학적 패러다임의 전환을 가져왔다.[39]

루터 당시 로마 가톨릭교회가 가르친 구원론은 “네 안에 있는 것을 행하라”는 말에 포함되어 있다. 이 말은 최선을 다해 구원에 필요한 전제조건을 충족시키라는 의미다. 하지만 루터는 아무리 노력해도 자신의 행위를 통해 구원의 확신을 가질 수 없었고 오히려 죄에 중독된 자처럼 죄의 문제를 해결할 수 없다는 절망에 빠졌다. 그러다 로마서 1장 17절의 ‘하나님의 의’라는 단어를 만나게 된다. 루터가 생각하는

39) 이에 대해서는 권진호, “하나님의 의, 루터의 칭의 이해의 열쇠”.「신학과 현장」31 (2021), 121~150 참조.

'하나님의 의'란 하나님은 의로우시고 의인에게는 상을 주시며 죄인에게는 벌을 주시는 하나님의 속성을 의미했다. 따라서 루터는 스스로 구원의 전제조건을 충족시킬 수 없을 뿐만 아니라 오히려 자신의 깊은 내면의 죄로 말미암아 자신이 하나님께 벌과 진노를 받아 마땅한 사람이라고 생각했다. '하나님의 의'는 루터에게 즐거움을 주는 단어가 아니라 절망의 단어였다. 그런 그가 수도원의 연구실에서 날마다 말씀을 묵상하던 중 바울이 말하는 복음인 '하나님의 의'를 새롭게 깨닫는다. 죄인된 우리를 의롭게 만들고 구원하시는 의라는 내용으로, 이것이 바로 종교개혁사상의 발견이다. 하나님은 심판하시는 분이 아니라 사랑과 자비의 존재이고 죄인에게 구원에 필요한 전제조건을 스스로 충족시키시고 이에 필요한 것을 은혜로 주시는 분이다.

루터는 이러한 하나님의 의를 새롭게 발견함으로 천국에 들어가는 체험을 했다고 회고하며 그 과정을 1545년 "비텐베르크 라틴어 전집 제1권 서문"에서 자세하게 묘사하였다. 루터의 신학적 통찰은 비텐베르크의 어거스틴 수도원의 탑에 있는 연구실에서 이루어졌다 해서 '탑상체험'으로도 불린다.[40] 이 전환의 정확한 시점에 대해서는 지금까지도 루터 연구가들이 논쟁 중이다.

40) 이에 대해서는 권진호, "루터의 회심, 탑상체험", 「기독교세계」 1072 (2021.2), 34~37 참조.

작품

한편 그해 나는 로마서와 갈라디아서라는 바울서신과 히브리서 강의를 통해 성서해석에 자신감을 가지고 시편을 다시 해석했다. 나는 로마서에서 바울을 이해하고자 하는 불타는 열망으로 가득 차 있었다. 그러나 지금까지 나를 방해한 것은 차가운 내 마음이 아니라 로마서 1장 17절, "하나님의 의가 그 복음 안에 계시되었다"는 말씀에 있는 '하나님의 의'라는 한 단어였다. 나는 이 '하나님의 의' 개념을 (잘못 이해하여) 미워했다. 지금까지 교사들의 언어 용법과 관습에 따라 그 개념을 철학적으로, 소위 형식적 또는 능동적 의로 이해하도록 배웠기 때문이다. 바로 하나님은 의로우시며 죄인들과 불의한 자들을 벌하시는 의였다.

나는 나무랄 것 없는 수도사로서 살았지만 하나님 앞에서는 매우 불안한 양심 속에서 죄인으로 느꼈다. 그리고 하나님께서 내 (보속)행위를 통하여 나를 용서하시고 나와 화해하셨는지 확신할 수 없었다. 나는 의롭고 죄인을 처벌하시는 그런 하나님을 사랑한 것이 아니라 미워했다. 나는 침묵 가운데 하나님께 격분했고, 무언의 신성모독은 아니지만 엄청나게 불평하며 다음과 같이 말했다.

> "가련하고 원죄로 말미암아 영원히 버림받은 죄인들을 십계명이라는 율법을 통해 온갖 불행으로 짐 지우는 것으로도 충분하지 않아 하나님은 복음을 통해 다시 한번 아픔에 아픔을 더하시고 우리에게 의와 진노를 주시는구나!"

나는 격렬하고 혼란스러운 양심으로 화를 냈다. 그렇지만 열렬히 바울의 그 구절에 집중했고 바울이 의미하는 바를 알고자 갈망했다.

마침내 나는 하나님의 자비하심 속에서 밤낮 묵상하며 그 단어들의 맥락에 주의하면서 그 의미를 점차로 깨닫기 시작했다. 즉 하나님의 의는 복음에 계시되었고 쓰여 있는 것처럼 의인은 믿음으로 말미암아 산다는 것이다. 여기서 하나님의 의란 의인이 하나님의 선물, 믿음으로 말미암아 사는 것이며, 그것은 다음과 같은 의미임을 깨달았다. 복음을 통하여 하나님의 의, 즉 수동적 의가 계시되었는데, 이것을 통해 자비로운 하나님께서는 믿음으로 우리를 의롭게 하신다는 것이다. "의인은 믿음으로 말미암아 사느니라"고 쓰여 있는 것처럼 말이다. 이 깨달음으로 이제 나는 완전히 새로 태어나고 열린 문을 통해 천국에 들어갔음을 느꼈다. 이때 곧바로 성서 전체의 다른 모습이 보였다. 기억에 따르면 나는 그 후 성서 전체를 훑어보았고 다른 개념들에서도 이와 상응하는 것이 있음을 알게 되었다. 즉 하나님의 일은 하나님께서 우리 안에서 행하시는 것이요, 하나님의 능력은 하나님께서 능력으로 우리를 강하게 만드시는 것이요, 하나님의 지혜는 하나님께서 지혜로 우리를 지혜롭게 만드시는 것이요, 하나님의 강함, 하나님의 구원, 하나님의 영광 등도 똑같은 의미였다.

지금까지 하나님의 의란 말을 그토록 미워했던 만큼의 사랑으로 이제 나는 다정스럽게 된 이 말을 찬양하게 되었다. 바울의 이 말씀 구절은 실제로 내게 천국에 이르는 문이 되었다. 후에 나는 『영과 문자에 관하여』(De spiritu et littera)라는 어거스틴의 작품을 읽었는데, 여기서 나는 기대와 달리 어거스틴 역시 하나님의 의를 비슷한 방식으로, 즉 하나님께서 나를 의롭다 하시면서 나에게 옷 입히시는 의로 해석하고 있음을 발견했다. 이것이 아직 불완전하게 말해졌고 전가(轉嫁)[41]에 대해 불분명하게 말해졌을지라도 우리를 의롭게 하는 하나님의 의가 가르쳐졌다는 사실은 내 마음에 감동을 주었다.

---

41) 사전적인 의미는 한 개인의 의나 죄의 책임을 다른 사람에게 돌리는 것을 말한다. 여기서는 아담의 죄가 우리의 죄로 여겨지는 것처럼, 예수 그리스도의 의가 그를 믿는 자들의 것으로 간주된다는 의미이다.

5. 세 종류의 의에 관한 설교

작품 해설

설교(Sermo, 소논문 형태) "세 종류의 의에 관한 설교"는 다음에 나오는 설교 "두 종류의 의에 관한 설교"와 더불어 '그리스도인의 의'를 주제로 하고 있다. 루터가 두 설교에서 다루는 주제는 그리스도 안에 있는 하나님의 의를 받아들이는 것이 그리스도인이 되게 하고 이 의로부터 삶의 열매가 나온다는 것이다.

이 설교 마지막에는 "Sermo de triplici peccato et triplici iustitia"라고 되어 있다. 루터는 세 가지 의와 대립하는 세 가지 죄를 구별한다. 첫 번째 유형의 죄는 '형법적인 죄'(peccatum criminale)로, 세상의 법이나 교회법을 위반하는 것이다. 두 번째 유형의 죄는 원죄이다. 이것에 루터는 다양한 개념을 붙여 이 죄의 포괄적인 성격을 설명하고 인간 스스로는 극복할 수 없는 영역임을 분명하게 보여준다. 이 죄에 대립하는 것이 그리스도의 낯선 의이며 이것만이 '본질적인 죄' (peccatum essenciale)를 극복하는 힘을 갖는다. 세 번째 유형의 죄는 행위의 죄, '실행죄'(peccatum actuale)로, 원죄의 결과다. 이 죄는 공로로 극복할 수 없다. 복된 종말과 구원에 이르는 길은 오직 우리 자신의 고난과 죽음, 그리고 하나님의 말씀을 통해서이다.

작품

세 종류의 죄가 있고, 이 죄와 대립하는 세 종류의 의, 혹은 경건이 있습니다.

I. 첫 번째 죄와 의

형법적인 죄와 이에 대립하는 의

첫 번째는 형법적인 의미의 죄입니다. 즉 도둑, 살인, 방화, 신성모독 같이 세상의 공권력도 처벌하는 명백한 악입니다. 이 기운데 몇 가지 악은 세상의 공권력이 (시민법에서 칼, 불, 물, 교수대 혹은 바퀴로 하듯이) 처벌하고, 다른 악은 (예를 들어 간음이나 다른 예들처럼) 교회법에서 회개를 통해 이루어지듯 처벌됩니다.

이러한 죄에 대립하는 의는 '솔로몬의 원숭이와 공작, 그리고 무화과나무'가 되게 하는 그럴싸하게 포장된 의입니다(참조. 왕상 10:22~23). 이러한 의로 누구나 사람들 앞에서 선하게 되며 고발이나 율법의 처벌을 피하고 율법이 약속하는 이생의 보상들을 받게 됩니다. 로마서 10장 5절, "모세가 기록하되 율법으로 말미암는 의를 행하는 사람은 그 의로 살리라 하였거니와"라는 말씀과 같습니다.

이사야 1장 19절은 다음과 같이 말합니다. "너희가 즐겨 순종하면 땅의 아름다운 소산을 먹을 것이요." 시리아 사람 나아만이 바로 이러한 자입니다. 열왕기하 5장 1절에 따르면 그는 주인 앞에서 크고 존귀한 자였으며 그를 통해 하나님께서 시리아를 구원하셨습니다. 이런 예는 곳곳에서 찾을 수 있습니다. 우상 숭배자임에도 불구하고 주 하나님께로부터 세상적인 재물과 많은 승리를 거둔 이스라엘 왕과 백성은 많았습니다(참조. 왕하 17:25~40). 하나님은 주 하나님을 섬기며 동시에 우상숭배를 하는 사마리아인들을 사자로부터 구하셨습니다. 또한 어거스틴의 『신국론』 제1권에서 말하는 것처럼 하나님은 로마인들에게 거대한 제국을 허락하셨습니다. 이처럼 하나님은 제후들도 부유하게 하십니다.

오늘날까지 페스트, 기근, 전쟁 혹은 하나님의 다른 징벌 때문에 회개하고 기도하며 행렬[42]에 참여하고 거룩한 서약을 하는 사람들이 그와 같은 부류입니다. 또한 성자들을 육체적, 물질적 이유로 숭배하는 자들, 현재의 유익 때문에 자신의 직무를 수행하는 성직자들, 그리고 그와 유사한 많은 것을 행하는 수도사들과 수녀들도 마찬가지입니다. 짧게 말해 이들의 의는 이 세상에서 보상받으며 악인이 받는 처벌보다는 관대하겠지만 결국 언젠가는 처벌을 받게 될 의입니다.

둘째로, 하나님을 섬기지 않고 자기 자신을 섬기는 이 의는 자녀의 의가 아니라 종의 의이고, 그리스도인의 의가 아니라 유대인과 이방인이 소유한 의입니다. 그리스도인에게 이러한 의를 행하도록 권고해서는 안 됩니다. 그 의는 하나님을 향한 사랑으로부터 나오지 않고 처벌이 두려워 혹은 자신의 유익을 추구하여 나오는 것이기 때문입니다.

셋째로, 그 의는 위선자들로 자만하게 하며(참조. 눅 1:51) 다른 이

42) 사제와 신자들이 열을 지어 행진하는 종교의식.

들을 주제넘게 판단하는 자가 되게 합니다. 이것은 바리새인의 비유와 나병 환자 시몬의 예에서 쉽게 알 수 있습니다(눅 18:11; 7:39). 또한 사도 바울은 갈라디아서 3장에서 이 의를 저주받은 것으로 표현하며 이렇게 말합니다. "율법 행위에 속한 자들은 저주 아래에 있나니"(갈 3:10).

그러므로 영원한 선물로 부유하게 되는 그리스도인에게는 이러한 의를 행하도록 권해서는 안 되고, 오히려 더 나은 의를 위해 그것을 행하지 않도록 권고해야 합니다. 또한 그리스도인은 하나님이 작센의 제후들에게 경건하다는 이유로 주신 명성과 부와 오락거리 같은 선물들을 즐거워하지 말아야 합니다. 이러한 것들로도 충분하지 않다면 하나님은 은광(銀鑛)이라도 더하여 주실 것이고 평화가 이 땅에서 유지될 것입니다. 하지만 그들이 보상의 노예가 되지 않도록 자신을 잘 살피면 좋겠습니다. 이것들은 에서와 그 자녀들에 해당하는 복처럼 매우 저급하고 저주받은 의에 대한 보상에 불과하기 때문입니다. 이들은 테만 사람들처럼(참조. 바룩 3:23) 자신의 자유의지를 자랑하는 자들입니다. 악이 인간의 눈에 선한 것으로 보이기 때문에 이것에 하나님이 심지어 상을 주신다면, 그것은 인간의 눈 앞에서도 선한 것을 받을 것입니다.

II. 두 번째 죄와 의

낯선 죄, 원죄

두 번째는 태어나면서 갖고 나오는 본질적인 죄, 즉 원죄이고 낯선 죄입니다. 이 죄에 대해 시편 51편은 "내가 죄악 중에서 출생하였음이여, 어머니가 죄 중에서 나를 잉태하였나이다"(시 51:5)라고 말합니다. 이것에 대해 그리스도는 이렇게 말씀합니다. "좋은 나무가 나쁜 열매를 맺을 수 없고 못된 나무가 아름다운 열매를 맺을 수 없느니라"(마 7:18). 로마서도 이에 대하여 "한 사람이 순종하지 아니함으로 많은 사람이 죄인 된 것 같이, 한 사람이 순종하심으로 많은 사람이 의인이 되리라"(롬 5:19)고 말합니다.

이 죄는 앞에서 언급한 첫 번째 의를 무가치하고 악하며 저주받게 합니다. 이에 대해 그리스도는 다음과 같이 말씀합니다. "나무도 좋고 열매도 좋다 하든지 나무도 좋지 않고 열매도 좋지 않다고 하든지 하라. 그 열매로 나무를 아느니라"(마 12:33).

이 죄는 인간의 힘으로 치유할 수 없으며 자유의지도 아무 도움이 되지 않습니다. 성자라도 다음처럼 말할 수밖에 없습니다. "내가 원하는 바 선은 행하지 아니하고, 도리어 원하지 아니하는 바 악을 행하는도다"(롬 7:19). 갈라디아서 5장에서도 "너희가 원하는 것을 하지 못하게 하려 함이니라"(갈 5:17)고 말합니다. 시편 38편에서는 다음과 같이 말합니다. "내 허리에 열기가 가득하고 내 살에 성한 곳이 없나이다"(시 38:8).

이 죄는 우리 모두가 탐욕과 분노 가운데 느끼는 것입니다. 특히 "눈이 나쁘면 온몸이 어두울 것이니"(마 6:23)라는 주님의 말씀처럼 우리가 장애물에 직면했을 때 느끼는 죄입니다. 이 죄를 '본질적인' 죄라고 부른 이유는 출생을 통해 우리의 것이 되어 우리에게 항상 머물고, 실행죄(자범죄)와 마찬가지로 그냥 지나칠 수 없기 때문입니다. 또한 그것은 샘, 독약 또는 본질상 짠 소금물(fons, venenum aut aqua salis)입니다. 이것은 나병 환자의 몸이 본질적으로 나병에 걸려 있고 맹인의 몸이 맹인인 것과 같습니다. 저는 여기서 논리를 다루는 것이 아닙니다.

본질적인 의

이 죄에 대립하는 의는 마찬가지로 출생을 통해 주어지는 본질적이고 근원적이며 낯선 의입니다. 바로 그리스도의 의로, 요한복음 3장이 말하는 것입니다. "사람이 물과 성령으로 나지 아니하면 하나님의 나라에 들어갈 수 없느니라"(요 3:5). 요한복음 1장도 동일하게 말합니다. "영접하는 자 곧 그 이름을 믿는 자들에게는 하나님의 자녀가 되는 권세를 주셨으니"(요 1:12). 이에 대해 요한일서 3장은 "하나님께로부터 난 자마다 죄를 짓지 아니하고"(요일 3:9), 즉 그는 죄인이 아니며 하나님의 씨(하나님께로부터 난 것)가 그를 죄짓지 않도록 보호한다고 말합니다. 또한 로마서 5장을 참조하기 바랍니다. "한 범죄로 많은 사람이 정죄에 이른 것 같이, 한 의로운 행위로 말미암아 많은 사람이 의롭다 하심을 받아 생명에 이르렀느니라. 한 사람이 순종하지 아니함으로 많은 사람이 죄인 된 것 같이, 한 사람이 순종하심으로 많은 사람이 의인이 되리라"(롬 5:18~19).

이 의는 바로 전에 말한 것으로, 우리의 운명이요, 우리의 베개이자 토대이고, 우리의 반석이자 우리의 온 존재(tota substantia nostra)입니다. 이 의를 가지고 우리는 영원히 자랑합니다. 이는 사도 바울이 말하는 것처럼 우리의 생명이 그리스도와 함께 하나님 안에 감추어졌고(골 3:3) 우리가 그리스도 안에서 하나님 앞에 유효한 의가 되기 때문입니다(고후 5:21). 고린도전서에서도 다음과 같이 말합니다. "너희는 하나님으로부터 나서 그리스도 예수 안에 있고, 예수는 하나님으로부터 나와서 우리에게 지혜와 의로움과 거룩함과 구원함이 되셨으니"(고전 1:30). "이 닦아 둔 것 외에 능히 다른 터를 닦아 둘 자가 없으니 이 터는 곧 예수 그리스도라"(고전 3:11).

믿음을 통한 우리 자신의 의

둘째로, 이 의는 믿음을 통하여 우리 자신의 것이 됩니다. 로마서에서는 "오직 의인은 믿음으로 말미암아 살리라"(롬 1:17), "사람이 마음으로 믿어 의에 이르고"(롬 10:10)라고 말합니다. 이 의는 세례를 통하여 우리에게 전해지는 것으로 복음이 선포하는 본질적인 의입니다. 이것은 율법에서가 아니라 은혜로부터 오는 의입니다.

셋째로, 이 의를 가진 자는 죄를 지을지라도 저주받지 않습니다. "그들이 죄를 지었을 때에라도 ..."(시 89:30 이하)라는 시편 89편을 참조하기 바랍니다. 그는 무엇을 하든 아무도 화나게 할 수 없는 부드러운 아이와 같습니다. 시편 25편은 다음과 같이 말합니다. "여호와의 모든 길은 그의 언약과 증거를 지키는 자에게 인자와 진리로다"(시 25:10).

넷째로, 이 의를 통하여 인간은 만물의 주인이 됩니다. 왜냐하면 그의 의는 하늘에서부터 굽어보고, 이 땅에서 의와 진리가 서로 만나며 의와 평화가 서로 입맞춤하기 때문입니다(시 85:10~11). 진리는 땅에서 자라나는 것이기에 그렇습니다. 인간은 자비 없이는 교만하고, 의 없이는 안절부절못합니다. 은혜는 인간을 진실하고 의롭게 하고, 참된 의는 평안을 줍니다. 진리는 그리스도이고, 인간은 허무한 꿈과 같은 존재입니다.

낯선 죄, 낯선 의

다섯째, 사도는 로마서에서 '아담은 오실 자의 모형'(롬 5:14)이라고 말합니다. 다시 말해 아담은 한 번의 죄를 통해 자신에게서 태어난 모든 자를 죄인으로 만들었습니다. 이러한 아담의 죄는 모든 사람에게 아주 낯선 것이지만 아담은 이 죄를 후대에 전해줍니다. 이와 마찬가지로 그리스도는 자신의 의를 통해 자신에게서 태어난 모든 자를 의롭게 하고 구원하십니다. 이러한 그리스도의 의는 낯선 것이고 이것을 우리는 받을 자격도 없습니다. 우리는 낯선 죄에 의해 저주받은 것과 같이, 낯선 의를 통해 무죄판결을 받습니다. 저는 이 의를 본질적이고 영원한 것이라 말씀드렸습니다. 이 의는 개별적인 행위에 주어지는 의와는 달리 중지되지 않고 항상 머무르기 때문입니다. 이것은 시편에서 "그의 의가 영구히 있고"(시 112:9)라고 말하는 것과 같습니다.

오직 그리스도만이 영원하십니다. 그래서 그의 의 역시 영원하고, 그것과 더불어 우리의 의도 영원합니다. 이것은 하나님 아버지의 자비이며 새로운 언약의 은혜입니다. 바로 이 은혜로 하나님은 하나님을 깨닫는 자들에게 자비로우십니다. 오직 이 은혜로만 우리는 구원받습니다. 사도행전을 참조하기 바랍니다.[43] "다른 이로써는 구원을 받을 수 없나니 천하 사람 중에 구원을 받을 만한 다른 이름을 우리에게 주신 일이 없음이라 하였더라"(행 4:12). 시편에서도 다음과 같이 말합니

---

43) 루터는 행 15:9을 언급하지만 실제 내용은 행 4:12이다.

다. “여호와여, 내가 주께 피하오니 나를 영원히 부끄럽게 하지 마시고 주의 공의로 나를 건지소서”(시 31:1). “하나님이여, 주의 이름으로 나를 구원하시고 주의 힘으로 나를 변호하소서”(시 54:1). 바로 이것이 제가 말씀드리고자 한 것입니다. 누구도 자기 이름으로 구원받지 못하고 부름을 받은 이름으로 구원받습니다. 즉 베드로, 바울, 요한이라는 이름이 아니라 ‘그리스도인’이라는 이름으로 구원받는 것입니다. 이것이 요한복음 3장의 의미입니다. “하늘에서 내려온 자 곧 인자 외에는 하늘에 올라간 자가 없느니라”(요 3:13).

III. 세 번째 죄와 의

원죄의 열매인 실행죄와 실행의

세 번째 죄는 원죄의 열매, 바로 실행죄(자범죄)입니다. 이것은 자기 자신의 죄를 말합니다. 즉 믿음을 갖기 이전의 의로운 행위를 포함하여 우리가 행하는 모든 행위를 말합니다. 이것은 사도 바울이 로마서에서 자세하게 말하는 바와 같습니다. “다른 사람을 가르치는 네가 네 자신은 가르치지 아니하느냐”(롬 2:21). “의인은 없나니 하나도 없으며 깨닫는 자도 없고”(롬 3:10~11). “남을 판단하는 사람아, 누구를 막론하고 네가 핑계하지 못할 것은 남을 판단하는 것으로 네가 너를 정죄함이니 판단하는 네가 같은 일을 행함이니라”(롬 2:1). 그렇게 원죄의 악은 증가합니다. 심지어 그 악은 자기 자신의 능력으로 저지할 수 없습니다.

이러한 죄에 대립하는 의가 실행의 의입니다. 이것은 믿음과 본질적인 의에서 나옵니다. 이 의에 관하여 사도 바울은 말합니다. “우리가 훍에 속한 자의 형상을 입은 것 같이 또한 하늘에 속한 이의 형상을 입으리라"(고전 15:49). 시편도 다음과 같이 말합니다. "의가 주의 앞에 앞서가며(다시 말해 인간들이 하나님 앞에서 행위 가운데 의롭게 되며) 주의 길을 닦으리로다"(시 85:13). 이에 관하여 더 자세히 말하고자 합니다.

첫째, 이러한 행위들은 공로로 불립니다. 저는 사람들이 그것을 얼마나 이해하는지 모르겠지만, 저 자신은 그것을 전혀 이해하지 못했음을 고백합니다. 믿음만이 온전한 공로가 됩니다. 반면 개별적이며 갑작스럽고 한시적인 행동이 영생의 가치가 있어야 한다는 것은 단지 헛된 공상에 불과합니다. 사람 자체(person, 인격)가 가치 있어야 합니다. 이러한 것을 그리스도가 우리를 위해 얻으셨고 우리에게 주셨으며 또한 날마다 주십니다.

둘째, 성자도 죄를 짓는 상황에서 도대체 무엇이 공로가 되며 또 어떻게 공로를 쌓을 수 있습니까? "주의 종에게 심판을 행하지 마소서"(시 143:2)라는 말씀도 그런 의미입니다. 그리스도는 다음과 같이 말씀합니다. "너희가 악한 자라도"(마 7:11). "우리 죄를 사하여 주시옵고"(마 6:12). 또한 어거스틴은 다음과 같이 말했습니다. "인간의 삶에 화가 있을진저."

다른 한편으로 이렇게 말씀하고 있습니다. "각각 선악 간에 그 몸으로 행한 것을 따라 받으려 함이라"(고후 5:10). "너희 행위에는 상급이 있음이라"(왕하 15:7). " 나는 네 방패요 너의 지극히 큰 상급이니라"(창 15:1). 전도서 9장에서는 다음과 같이 말합니다. "너는 가서 기쁨으로 네 음식물을 먹고 즐거운 마음으로 네 포도주를 마실지어다. 이는 하나님이 네가 하는 일들을 벌써 기쁘게 받으셨음이니라"(전 9:7).

따라서 모든 그리스도인은 자기 행위가 하나님의 마음을 기쁘시게 해드린다는 사실을 의심하지 않아야 합니다. 왜냐하면 그러한 의심을 하는 사람은 죄를 짓고 자신의 모든 행위를 파괴하며 헛된 노력을 하는 것이기 때문입니다. 오히려 그리스도인은 사도 바울이 말하는 것처럼 자신이 하나님의 마음에 든다는 것을 믿어야 합니다. "우리가 세상에서 특별히 너희에 대하여 하나님의 거룩함과 진실함으로 행하되, 육체의 지혜로 하지 아니하고 하나님의 은혜로 행함은 우리 양심이 증언하는 바니 이것이 우리의 자랑이라"(고후 1:12). "그러므로 나는 달음질하기를 향방 없는 것 같이 아니하고 싸우기를 허공을 치는 것 같이 아니하며"(고전 9:26). 베드로 역시 "그러므로 형제들아, 더욱 힘써 너희 부르심과 택하심을 굳게 하라"(벧후 1:10)고 말합니다.

누군가 자신이 선하게 행동하고 있다는 사실을 알지 못하거나 의심한다면, 또는 자신이 항상 악하게만 행동한다고 믿는다면, 그는 항상 죄짓는 것이고 자신의 삶 전체를 타락으로 추락시키는 것입니다. 그는 믿음으로, 믿음 안에서 행하는 것이 아니기 때문입니다. 그렇다면 우리는 어떻게 행해야 합니까? 어떻게 심판을 모면하기를 바라면서 동시에 영광 얻기를 추구할 수 있습니까? 그에 대한 대답은 이것입니다.

> "천사들이 상반되는 얼굴로써 우리에게 그것을 가르칩니다. 그들은 각기 쳐다보는 방향에서 서로 구분되지만 일치하여 은총의 왕좌를 봅니다(참조. 히 9:5). 또한 그렇게 서로 대립하는 권위들이 그리스도 안에서 서로 일치합니다."

그러므로 우리가 우리 행위만을 바라본다면 죄의 판결을 피하기를 원해야 할 것입니다. 다시 말해 행위가 그리스도 없이 홀로 심판대에 세워지지 않기를 간구해야 합니다. 당신 행위 자체로는 하나님 마음에 들 수 없지만, 교회가 기도하는 것처럼 당신 행위가 하나님 마음을 기쁘시게 하고 있다는 사실을 당신은 그리스도 안에서 신뢰할 수 있습니다. 따라서 당신이 죄를 짓든 죄를 짓지 않든, 항상 그리스도만을 신뢰하고 오직 그의 의를 확고하게 신뢰하기 바랍니다. 대저 의인은 일곱 번 넘어질지라도 다시 일어납니다(잠 24:16). 시편은 다음과 같이 말합니다. "그는 넘어지나 아주 엎드러지지 아니함은 여호와께서 그의 손으로 붙드심이로다"(시 37:24).

그리스도가 하나님을 기쁘시게 하신다는 사실을 의심하지 말아야 하는 것처럼, 당신 행위가 당신이 믿는 그리스도 때문에 하나님의 마음에 든다는 사실을 의심해서는 안 됩니다. 그러한 믿음으로 행해지는 행위는 그 자체로 혹은 당신에게 전혀 가치가 없을지라도 하나님 마음을 매우 기쁘시게 합니다.

셋째, 특히 어떤 행위를 해야 합니까?

> "원쇠는 각자에게 다른 방식으로 애를 먹입니다. 따라서 무엇보다도 중심된 의를 장려하고 원죄를 약화시켜야 합니다. 각자 자신의 인격을 주목해야 합니다."

일반적으로 활용할 수 있는 방법은 기도, 구제, 금식입니다. 로마서 12장과 다른 구절에서 이러한 내용에 대하여 매우 적절하게 표현하고 있습니다. "땅에 있는 지체를 죽이라"(골 3:5).

세 번째 의로 인해 원죄는 억제되고 죄의 몸은 근절되어, 지배하는 의 자체가 공로가 됩니다. 물론 그렇다고 개별적인 행위가 공로가 되지는 않지만 공로를 증가시킵니다.

넷째, 무엇보다도 당신 스스로 택한 행위와 거리를 두기 바랍니다. 왜냐하면 이것은 죄를 깨끗하게 하는 것이 아니라 오히려 당신을 더욱 더럽히기 때문입니다. 실례로 의식(儀式), 기도, 침묵, 교회의 건축 등이 있습니다. 이런 행위보다 오히려 하나님이 정하고 명하시는 행위가 우리를 더 정결하게 합니다. 행위 가운데 최고의 행위는 고난, 질병, 빈곤, 수치, 죽음입니다. 이 경우, 하나님은 홀로 일하시고 인간은 단지 그 일을 경험할 뿐입니다. 그리고 옛 아담은 근본적으로 죽고 포도나무인 그리스도는 더욱 깨끗하게 되며 그의 포도는 깨끗하게 씻겨집니다(요 15장). 바로 이것이 구원에 이르는 최상의 길입니다. 그 길을 가는 것은 매우 고통스럽지만 결국은 행복입니다.

이 설교는 삼중의 죄와 삼중의 의에 관한 것입니다.

6. 두 종류의 의에 관한 설교

작품 해설

1519년에 출판된 이 설교문은 루터가 빌립보서 2장 5절 이하를 본문으로 설교한 것이다. 이것은 1519년(1518년 말)에 이루어진 설교로 여겨지지만, 1518년 종려주일(3월 28일) 설교된 것으로 보는 학자들도 많다. 루터학자 브레히트(M. Brecht)는 이 설교가 처음으로 루터의 종교개혁신학을 전체적으로 담고 있음을 서론하며 설교의 중요성을 강조했다.[44)]

이 설교에 따르면 그리스도 안에서 이루어진 구원사건은 그리스도인의 본질을 구성하는 믿음과 행위, 두 측면을 모두 포함하고 있다. 루터는 그리스도를 통하여 주어진 구원이 그리스도인 삶의 근거이자 그 삶을 가능하게 하는 동기라고 본다. 그리고 그리스도의 희생은 이웃을 섬기는 그리스도인의 모범이라고 가르친다.

루터는 두 종류의 죄(원죄와 자범죄)에 상응하여 두 종류의 의('그리스도의 의'와 '그리스도인의 의')를 구분한다. 그리스도인의 첫 번째 의는 '외부에서 주어진 낯선 의'이다. 이것은 그리스도의 의로, 믿는 자들을

44) Cf. M. Brecht, Martin Luther. Sein Weg zur Reformation (Stuttgart: Calwer, 1981), 222.

칭의한다. 두 번째 의는 '첫째 의의 작용, 열매, 결과'로 우리 자신의 고유한 의이며 각자의 실제적인 의이기도 하다.

루터는 두 종류의 의를 다룬 후에, 의로운 행동에 있어 사람을 공적인 사람과 개인, 두 부류로 구분한다. 이들의 행동에는 각각 다른 법칙이 적용된다. 공적인 직무를 가진 사람은 자신의 권력을 공공의 이익과 선을 보호하고 악을 처벌하기 위해 사용하는 반면, 개인으로서의 그리스도인은 이웃과의 화평을 위해 자신의 권리를 관철하는 것을 포기해야 한다. 이 설교는 의라는 맥락에서 그리스도인의 윤리의 핵심을 선포하고 있다.

작품

인간의 죄가 두 종류인 것처럼 그리스도인의 의도 두 가지입니다.

I. 그리스도인의 첫째 의

낯선 의

첫째는 낯선 의이고 외부에서 주입된 의(aliena et ab extra infusa[45])입니다. 이것은 그리스도의 의로, 믿는 사람을 의롭게 하는 의입니다. "너희는 하나님으로부터 나서 그리스도 예수 안에 있고, 예수는 하나님으로부터 나와서 우리에게 지혜와 의로움과 거룩함과 구원함이 되셨으니"라고 고린도전서 1장 30절에서 말하는 것과 같습니다. 또한 그리스도 자신이 이것에 대하여 "나는 부활이요 생명이니 나를 믿는 자는 죽어도 살겠고"(요 11:25), "내가 곧 길이요 진리요 생명이니"(요 14:6)라고 말씀하십니다. 이 의는 사람에게 세례를 통해서, 그리고 진정으로 회개할 때마다 주어집니다.

그리스도는 우리 것이다

우리는 그리스도를 확고하게 신뢰하며 다음과 같이 자랑스럽게 말할 수 있습니다. "그리스도의 삶과 행함과 말씀, 그분의 고난과 죽음은 나의 것입니다. 마치 나 자신이 살고 행하고 말하고 고난받고 죽은

45) 주입(infusa)은 결혼 이미지처럼 그리스도와 신자 사이의 밀접한 연합을 뜻한다.

것과 같습니다"(참조. 롬 6:3~4). 이것은 마치 신랑이 신부의 모든 것을 자신의 것으로 소유하고, 신부도 신랑의 모든 것을 자신의 것으로 소유하는 것과 같습니다. 두 사람의 모든 것이 서로에게 함께 속해 있는 것입니다. 그리스도와 그의 교회가 하나의 영이듯(참조. 엡 5:29 이하; 갈 3:28), 신랑과 신부는 한 몸이기 때문입니다(참조. 창 2:24).[46]

베드로에 따르면 은총의 하나님, 자비의 아버지께서는 그리스도 안에서 우리에게 가장 위대하고 값진 것을 주셨습니다(벧후 1:4). 바울은 "찬송하리로다. 그는 우리 주 예수 그리스도의 하나님이시요 자비의 아버지시요 모든 위로의 하나님이시며"(고후 1:3), "그리스도 안에서 하늘에 속한 모든 신령한 복으로 우리에게 복주시되"(엡 1:3)라고 말합니다.

약속된 그리스도

이러한 은혜와 말로 다 표현할 수 없는 축복은 창세기 12장 3절에 따르면 전에 아브라함에게 이미 약속한 것입니다. "네 씨(그리스도)로 말미암아 천하 만민이 복을 얻을 것이니라"(창 22:18). 그리고 이사야 선지자는 "한 아기가 우리에게 났고 한 아들을 우리에게 주신 바 되었는데"(사 9: 6)에서 '우리에게'라고 말하였습니다. 그리스도를 믿기만 하면 그리스도와 그가 가진 모든 것은 완전히 우리의 것이 됩니다. 이에 대해 바울도 로마서 8장 32절에서 말합니다. "자기 아들을 아끼지 아니하시고 우리 모든 사람을 위하여 내어 주신 이가 어찌 그 아들과 함께 모든 것을 우리에게 은사로 주지 아니하시겠느냐?"

---

46) 루터는 아담과 하와가 한 몸이라는 창 2:24의 결혼 이미지를 그리스도와 교회가 한 영이라는 엡 5:29~32과 연관시킨다. 하나님/그리스도와 인간의 밀접한 연합을 설명하기 위하여 결혼 이미지를 사용한다(창 2, 호 2, 렘 7:34, 아, 엡 5 등).

그리스도에게 속한 것은 모두 우리의 것입니다. 진노와 저주를 받고 지옥에 가는 것이 마땅한 가치 없는 우리에게, 이것은 공짜로 순전한 자비로 주어졌습니다. 그리스도는 아버지의 가장 거룩한 뜻을 행하기 위해 오셨습니다(요 6:38; 히 10:9). 그는 하나님께 순종하셨고(빌 2:8) 자신의 행함이 모두 우리를 위한 것이며 또한 우리의 것이 되기를 원하셨습니다. "나는 섬기는 자로 너희 중에 있노라"(눅 22:27), "이것은 너희를 위하여 주는 내 몸이니라"(눅 22:29; 고전 11:24)고 말씀하신 것처럼 말입니다. 이사야 43장 24절도 "너는 네 죄 짐으로 나를 수고롭게 하며 네 죄악으로 나를 괴롭게 하였느니라"고 말합니다.

믿음으로 우리의 의가 되는 그리스도의 의

간단히 말하면 그리스도를 믿음으로 그리스도의 의는 우리의 의가 됩니다. 그리스도에게 속한 모든 것, 심지어 그리스도 자신까지도 우리의 것이 됩니다. 사도는 그것을 '하나님의 의'라고 부릅니다. "하나님의 의가 나타나서 ... 기록된 바 '의인은 믿음으로 말미암아 살리라'"(롬 1:17)는 말씀처럼 말입니다.[47] 그러한 믿음은 "사람이 의롭다 하심을 얻는 것은 ... 믿음으로 되는 줄 우리가 인정하노라"(롬 3:28)고 말하는 것처럼 '하나님의 의'로 표현됩니다. 이 의는 무한하여 모든 죄를 한순간에 삼켜버립니다. 그리스도에게 죄가 존재한다는 것은 불가능하기 때문입니다. 그리스도를 믿는 자는 그리스도에게 매달려 있고, 그리스

---

47) 루터에 따르면 종교개혁 사상은 롬 1:17을 통해 갖게 되었다. 1545년 소위 '자기 증언'에서 루터는 하나님의 의에 관한 복음이 믿음을 통하여 계시되었다는 바울의 말을 이해할 때까지 "죄인을 처벌하시는 의로우신 하나님을 얼마나 미워했는지"를 회고하였다. "믿음을 통해 의로운 자는 살 것이다"는 말씀을 깨달은 루터의 새로운 통찰은 '하나님의 의로우심'이라는 개념이 죄인에 대한 판결을 의미하지 않고 오히려 하나님께서 죄인을 의롭다고 간주하시는 것을 의미한다는 사실에 있다.

도와 하나가 되며, 그리스도와 동일한 의를 갖고 있습니다.[48] 따라서 그에게 죄가 아직도 남아 있는 것은 불가능합니다. 이것이 바로 첫째 의입니다. 이 의는 각자의 실제적인 의의 근거이며 원인이자 원천(뿌리)입니다. 이 의는 아담 안에서 잃어버린 원래의 의를 위해 실제로 주어지기 때문이며, 그 잃어버린 의가 잃어버리기 전에 행했을 것과 동일하게, 아니 오히려 그 의보다 더 많은 것을 행하기 때문입니다.

"여호와여, 내가 주께 피하오니 나로 영원히 부끄럽게 마시고 주(당신)의 의로 나를 건지소서"(시 31:1)라는 말씀 또한 그런 의미로 이해해야 합니다. 이 말씀에서 기도하는 사람은 '나의 의로'라고 말하지 않고 '당신의 의로'라고 말합니다. 이 말은 다름이 아니라 믿음을 통해, 그리고 하나님의 은혜와 자비로 우리의 소유가 된 '그리스도의 의, 나의 하나님의 의를 통해서'라는 뜻입니다. 이러한 의는 시편에서 자주 주님의 행위, 고백, 하나님의 힘, 자비, 진실, 의로 언급됩니다. 이러한 모든 것은 그리스도를 믿는 믿음을 나타내는 표현일 뿐 아니라, 그리스도 안에 있는 의 자체에 대한 표현이라는 점에서 더욱 중요합니다. 그러므로 바울은 "이제는 내가 산 것이 아니요 오직 내 안에 그리스도께서 사신 것이라"(갈 2:20), 그리고 "믿음으로 말미암아 그리스도께서 너희 마음에 계시게 하기를 하나님께 비노니"(엡 3:17)라고 말합니다.

원죄에 대립하는 낯선 의

이러한 낯선 의, 즉 하늘의 아버지께서 우리를 내적으로 그리스도에게 이끄셔서 우리의 행함 없이 오직 은혜를 통하여 우리에게 주입

48) 믿음이란 루터에게 있어 '붙잡는 믿음'(fides apprenhensiva)이다. 그리스도를 붙잡음으로 그리스도와 하나 되게 한다.

된 의는, 본래의 원죄(原罪)와 대립합니다. 이 원죄 역시 우리의 행위 없이 오직 출생을 통해 물려받고 전달된 것이기에 우리에게는 낯선 것입니다. 그리스도에 대한 믿음과 지식이 자라는 정도에 따라 그리스도는 날마다 아담을 점점 몰아내십니다. 이 의는 즉시로 전부 부어지는 것이 아니라 시작하여 날마다 진보하고 마지막에 죽음을 통해 완성됩니다.

II. 그리스도인의 둘째 의

우리 자신의 의

둘째는 우리 자신의 의입니다. 물론 우리는 홀로 이 의를 성취할 수 없고 첫째의 낯선 의와 더불어 협력하여 성취할 수 있습니다. 선행의 바른 방법은 다음과 같습니다. 우선 자신의 위함과 반대로 육신을 죽이고 모든 정욕을 십자가에 못 박는 것입니다.[49] "그리스도 예수의 사람들은 육체와 함께 그 정욕과 탐심을 십자가에 못 박았느니라"(갈 5:24)고 말하는 것과 같습니다. 둘째는 이웃을 사랑하는 것이고, 셋째는 하나님 앞에서 겸손하며 하나님을 경외하는 것입니다. 사도의 말씀과 성서는 이런 내용으로 가득차 있습니다. 사도는 디도서 2장 12절에서 간략하고 총괄적으로 다음과 같이 말합니다. 즉 '근신하고'(우리 자신의 육신을 십자가에 못을 박는 것에 관하여) '의롭고'(이웃에 대하여) '경건하게'(하나님에 대하여) 우리는 이 세상에서 살아야 합니다.

49) "세 종류의 의에 관한 설교"에서는 죄 된 몸을 죽이는 경건한 행위로 금식, 기도, 구제를 언급한다.

첫째 의의 작용, 열매, 결과인 둘째 의

이러한 의는 갈라디아서 5장 22절이 말하는 것처럼 첫째 의의 성과이자 열매이고 그 결과입니다. "오직 영(그리스도를 믿음으로 되는 영적인 사람)의 열매는 사랑과 희락과 화평과 오래 참음과 자비와 양선과 충성과 온유와 절제니." 이 구절에서 '영'은 '영적인 사람'을 뜻하는 것이 분명합니다. 왜냐하면 이 열매들은 사람의 행위이기 때문입니다. 또한 요한복음 3장 6절은 "육으로 난 것은 육이요, 성령으로 난 것은 영이니"라고 말합니다. 둘째 의는 첫째 의를 (삶에서) 완성합니다.[50)] 그것은 항상 옛 아담을 죽이고 죄의 육신을 파괴하도록 힘쓰기 때문입니다(참조. 롬 6:6). 그러므로 둘째 의는 자기 자신을 미워하고 이웃을 사랑하며 자기 유익 대신에 이웃의 행복을 추구합니다. 바로 이것이 둘째 의의 삶이요 생활방식입니다. 이 의의 본질은 자신을 미워하고 자신의 것을 바라지 않고 스스로 육신을 십자가에 못 박는 것이기 때문입니다. 이 의는 다른 사람의 유익을 추구하며 사랑을 행합니다. 이렇게 하여 둘째 의는 각 영역에서 하나님의 뜻을 행합니다. 즉 자신에게는 근신하고, 이웃에게는 의로우며, 하나님 앞에서는 경건하게 삽니다.

그리스도를 뒤따르는 둘째 의

이렇게 둘째 의는 그리스도의 모범을 뒤따라가고 그리스도의 형상과 닮아갑니다(벧전 2:21. 참조. 요 13:15). 그리스도 자신이 그것을 요구하십니다. 그리스도가 자신의 것보다는 우리의 것을 추구하시고 이로써 하나님께 완전히 순종함으로 모든 것을 우리를 위해 하셨던 것처

---

50) '완성하다'(perficere)는 말은 "둘째 의가 첫째 의를 그리스도인 삶의 실행 가운데 완전한 형상을 갖게 한다"는 의미이다.

럼, 우리도 그의 모범을 따라 이웃에게 행하기를 분명 원하십니다. 이러한 의는 우리 자신의 실제 죄와 반대되는 것으로, 로마서 6장 19절이 말하는 것과 같습니다. "전에 너희가 너희 지체를 부정과 불법에 내주어 불법에 이른 것 같이, 이제는 너희 지체를 의에게 종으로 드려 거룩함에 이르라."

첫째 의를 통하여 "나는 그대의 것이오"라고 영혼에 말하는 신랑의 목소리가 울리는 반면, 둘째 의를 통하여 "나는 당신의 것이오"라고 대답하는 신부의 목소리가 울립니다. 이렇게 되면 해체됨 없는 확고하고 완전한 결혼이 이루어집니다. 이것은 아가서에서 "나의 친구는 내게 속하고 나는 그에게 속했다"(아 2:16)고 말하는 것과 같습니다. 다시 말하면 '나의 친구는 나의 것이요 나는 그의 것'이라는 말입니다.[51] 이제 영혼은 더 이상 스스로 의로워지려 하지 않고 그리스도를 자신의 의로 여기며 오직 다른 사람들의 구원만을 추구합니다. 그러므로 회당의 선지자들을 통하여 주님은 영혼에게서 기쁨의 소리, 신랑과 신부의 목소리가 끊어지게 될 것이라고 경고하십니다(참조. 렘 7:34; 16:9).

하나님의 형체인 그리스도

"너희 안에 이 마음을 품으라"(빌 2:5 이하). 그리스도가 여러분에게 애정을 보여주신 것처럼, 여러분은 서로를 느끼고 서로에게 친절해야 합니다. 그리스도는 어떻게 행하셨습니까? 그는 하나님의 형체(forma dei)시나 하나님과 동등됨을 취할 것으로 여기지 않으시고, 오히려 자기 자신을 비워 종의 형체를 가지셨습니다. 여기서 하나님의 형체란

---

51) 루터는 칭의와 성화를 연결하며 아 2:16의 부부 사랑에 관한 유명한 말을 사용한다.

하나님의 실체(substantia)를 의미하는 것이 아닙니다. 그리스도는 결코 이것을 한 번도 포기하신 적이 없기 때문입니다. 마찬가지로 종의 형체도 인간의 실체로 볼 수 없습니다.[52] 하나님의 형체란 지혜, 능력, 의, 친절과 자유를 의미합니다. 그리스도는 인간으로서 자유하고 강하고 지혜로우며 다른 모든 인간과 달리 어떤 악덕이나 죄에 빠지지 않았음에도 불구하고(말하자면 그는 하나님과 걸맞은 본체(forma)를 갖고 계셨습니다), 이러한 본체를 과시하거나 자만하지 않으셨고 또한 악에 사로잡혀 그것을 행하는 이들을 부끄럽게 하거나 업신여기지도 않으셨습니다. "내가 다른 사람들 같지 않음을 하나님께 감사드립니다"라고 말한 바리새인처럼 행하지 않으셨습니다(눅 18:11). 바리새인은 다른 사람들의 가련함을 즐거워했고 그들이 자신과 같아지는 것을 원하지 않았습니다. 그것은 도둑질입니다. 그는 자신이 가지고 있는 것을 움켜쥐고 소유하며 하나님께 속한 것을 하나님께 돌려 드리지 않았습니다. 자기의 소유물로 다른 이들을 섬김으로 다른 사람과 같아지려고도 하지 않았습니다. 그렇게 바리새인들은 하나님처럼 되기를 원하고 자기만족에 우쭐대며 자신의 명예를 추구하고 누구의 짐도 나눠지려고 하지 않았습니다.

종의 형체인 그리스도

그리스도는 이와 반대로 하셨습니다. 자신의 형체를 하나님 아버지께 돌려 드리고 포기하셨습니다. 그는 우리에게 그런 높은 지위를 사용하려 하지 않으셨고 우리와 다르기를 원치 않으셨습니다. 종의 형

52) 루터는 그리스도의 하나님 실체(substantia Dei)와 인간 실체를 비교하며 이것을 하나님의 형체(forma Dei)와 종의 형체(forma servi)와 혼동해서는 안 된다고 강조한다.

체를 갖고 우리 중 한 사람과 같이 되셨습니다. 스스로 모든 고통에 복종하셨습니다. 그는 자유로웠지만 (바울이 말한 것처럼) 스스로 모든 사람의 종이 되셨고 우리의 모든 고통이 마치 자신의 것인 양 여기셨습니다(고전 9:19). 우리의 죄와 벌들을 스스로 담당하셨고, 그것을 자신을 위한 것처럼 우리를 위해 극복하셨습니다. 우리의 하나님이요 주인일 수 있었던 그는 그것을 원치 않으셨고, 오히려 로마서 15장(1,3절)에서 말하는 것처럼 우리의 종이 되기를 원하셨습니다. "우리는 우리 자신을 기쁘게 하지 말아야 합니다. 왜냐하면 그리스도 역시 자신을 기쁘게 하지 않으셨기 때문입니다." 성서는 "너를 비방하는 자들의 비방이 내게 미쳤다"(시 69:10)고 증언합니다. 이것은 위에서 말한 것과 같은 의미입니다.

하나님과 동등하게 여기지 않으셨다

그리스도가 자신을 하나님과 동등하게 여기지 않으셨다는 말씀은 많은 사람들이 긍정의 의미로 받아들이지만 사실 부정의 의미로 이해해야 합니다. 버나드처럼[53] "당신이 저에게 영광을 돌리지 않으면 저 스스로 영광을 취할 것이다"라고 하나님께 말하는 이들과 그리스도는 다릅니다. 그들은 자만하여 하나님과 동등 됨을 강탈하고자 하지만 그리스도는 그것을 원치 않으셨습니다. 따라서 이 구절을, 그리스도는 자신이 하나님과 동등하다고 생각하지 않았다는, 즉 자신이 하나님과 동등 됨을 강도행위로 여기지 않았다는 긍정(확언)적 의미로 이해하는 것은 적절하지 않습니다. 바울은 인간으로서의 그리스도에게 초점을 맞춰 말하고 있기 때문입니다.

---

53) 버나드(Bernhard von Clairvaux): "하나님을 사랑함에 대하여"(De diligendo deo), 2,4~5.

사도가 원한 것은 그리스도인 개개인이 그리스도의 예를 따라 서로 섬기는 자가 되어야 한다는 사실입니다. 그리스도인들이 다른 사람을 능가하는, 그리고 하나님의 형체와 같음을 자랑할 수 있는 그런 지혜, 의 또는 능력을 지녔다면 그것을 자신들을 위해 소유하지 말고 하나님께 돌려드려야 합니다. 마치 그것을 갖고 있지 않은 것처럼, 아무것도 갖고 있지 않은 자들처럼 행해야 합니다. 이는 각자가 자신을 생각하기보다는, 이웃의 약함과 죄와 어리석음을 자신의 것처럼 여기면서 하나님께서 주신 재능들을 넘겨주며 이웃을 대하기 위함입니다. 따라서 우리는 다른 사람의 하나님이거나 하나님과 동등하기라도 하듯이 자랑하거나 우쭐대지 말아야 합니다. 그를 업신여기거나 승리의 개가를 불러서도 안 됩니다. 왜냐하면 오직 하나님께만 돌려드려야 하는 것을 교만과 자만으로 자신에게 돌리는 것은 강도짓이기 때문입니다.

그렇게 하여 우리는 종의 형체를 갖게 되고 "사랑으로 서로 종노릇 하라"(갈 5:13)는 말씀도 성취됩니다. 이를 로마서 12장(4절 이하)과 고린도전서 12장(12절 이하)에서는 몸의 각 지체를 예로 들어 가르칩니다. 즉 강하고 존경할 만하며 건강한 신체 부위는, 약하고 존중받지 못하고 병든 신체 부위에 대해 마치 하나님인 양 그것을 지배하고 뽐내는 것이 아니라, 그것의 명예, 건강, 능력을 개의치 말고 그것을 섬겨야 합니다. 그 지체가 더 약하고 병들고 존경받을만하지 못할수록 더욱 그래야 합니다. 바울의 말을 빌리면 지체들은 몸의 분쟁이 없도록 서로 돌봐야 하기 때문입니다(고전 12:25). 여기서 우리는 모든 일에 있어 이웃과 어떻게 관계를 맺어야 하는지 분명히 알 수 있습니다.

시몬에게서 의의 형체를 벗기다

우리가 자원하여 하나님의 형체를 벗어 버리고 종의 형체를 갖지 않으면, 우리는 그렇게 하도록 강요받고 오히려 가진 것조차 빼앗기게 될 것입니다. 누가복음 7장(36절 이하)의 말씀을 명심하십시오![54] 여기서 나병환자 시몬[55]은 하나님의 형체 가운데 의로운 자로 스스로 여기고 교만하게 막달라 마리아를 판단하며 멸시합니다. 그는 마리아에게서 종의 형체를 봅니다. 그런데 이 판단하는 사람이 어떻게 되는지 보십시오! 시몬이 마리아를 판단한 즉시 그리스도는 그에게서 의의 형체를 벗기고 죄의 형체를 입히십니다. "너는 나에게 입맞춤도 하지 않았고 나의 머리에 기름을 바르지도 않았다"고 말씀하십니다(눅 7:45).

시몬이 깨닫지 못한 그 죄가 얼마나 큰지 보십시오! 추한 형체를 가졌음에도 자신이 흉물임을 전혀 깨닫지 못합니다. 그의 선행은 기억조차 되지 않습니다. 시몬 스스로 마음에 흡족해하며 자신을 교만하게 여기는 한, 그리스도는 그가 입은 하나님의 형체를 전혀 인정하시지 않습니다. 그리스도는 시몬의 초대를 받아 음식 대접을 받고 존경받은 사실에 대해서는 아무런 말씀도 하지 않으십니다. 의롭다고 잘못 생각한 나병환자 시몬은 이제 단지 죄인일 뿐입니다. 하나님 형체의 영예는 벗겨져 그는 이제 원하든 원하지 않든 불명예와 종의 형체로 앉아 있습니다.

그런데 마리아에게는 정반대의 상황이 펼쳐집니다. 그리스도는 마리아에게 경의를 표하며 하나님의 형체를 입혀주시고 그녀를 시몬보다 높이며 말씀하십니다. "이 여인은 나의 발에 기름을 바르고 입을

54) 루터는 눅 7:36~50의 사건을 마 26:6~13과 막 14:3~9의 베다니 향유사건과 연결하여 설명한다.

55) 막 14:3.

맞추고 눈물로 씻고 머리카락으로 닦아 주었다"(눅 7:44). 마리아와 시몬이 깨닫지 못한 공로를 보십시오! 어느 사람도 마리아가 지은 과거의 잘못을 기억하지 않습니다. 그리스도는 그녀에게서 종의 형체를 보지 않으십니다. 그녀를 통치자의 형체로 높이셨기 때문입니다. 마리아는 의인이며 하나님의 형체로 영예롭게 높여졌습니다.

모범이 되시는 그리스도

이 원리를 그리스도는 우리 모두에게 적용하십니다. 우리가 의, 지혜, 강함으로 우쭐대고, 불의하고 어리석고 우리보다 더 연약한 자들에 대해 격분할 때마다 매우 불합리한 일들이 발생합니다. 즉 의가 의에, 지혜가 지혜에, 힘이 힘에 대항하여 작용합니다. 여러분의 강함은 약한 자를 억압하여 더 약하게 만들기 위한 것이 아니라, 그들을 칭찬하고 옹호하여 강하게 만들기 위한 것입니다. 여러분이 지혜로운 것은 어리석은 자들을 비웃고 더 어리석게 만들기 위한 것이 아니라, 다른 사람들이 여러분에게 해주기를 원하듯(참조. 마 7:12) 그들을 돌봐주며 지혜롭게 하기 위한 것입니다. 여러분이 의로운 것은 불의한 자들을 변호하고 용서하기 위해서이지 그들을 정죄하고 무시하고 심판하며 벌주기 위한 것이 아닙니다. 이것이 바로 그리스도께서 우리에게 보여주신 모범입니다. 그분이 말씀하신 것처럼 "하나님이 그 아들을 세상에 보내신 것은 세상을 심판하려 하심이 아니요, 그로 말미암아 세상이 구원을 받게 하려 하심이라"(요 3:17. 참조. 12:47). 누가복음 9장(55절 이하)에서도 "너희는 무슨 정신으로 말하는지 모르는구나. 인자는 사람의 생명을 멸망시키러 온 것이 아니요, 구원하러 왔노라"[56]고 말씀

56) 개역개정 성경에는 빠져있고 다른 사본에 나와 있다. 난외의 주 참조.

합니다. 그러나 본성(natura)은 격렬하게 그것에 저항합니다. 본성은 처벌하는 것을 매우 즐거워하고 자기 의와 이웃의 불의를 기뻐합니다(참조. 빌 3:19). 또한 자신의 것을 추구하고 자신의 것이 이웃의 것보다 더 나음을 기뻐하면서 이웃을 업신여기고 이웃의 것이 보잘것없기를 바랍니다. 이러한 왜곡은 추악한 죄입니다. 자신의 것을 추구하지 않고 이웃의 것을 추구하는 이웃사랑과 반대됩니다(고전 13:5; 빌 2:4). 우리는 이웃의 것이 우리의 것보다 더 낫지 않음을 가슴 아파해야 하며 그것이 우리의 것보다 더 낫기를 바라야 합니다. 즉 우리의 것이 더 나아서 기뻐하는 것 못지않게 이웃의 것이 더 나은 것에 대해 기뻐해야 합니다. 그것이 율법이요 선지자이기 때문입니다.

공적인 사람과 사적인 사람을 구분하라

당신은 다음과 같이 이의를 제기할 것입니다. "악인을 징계하는 것은 허용되지 않았는가? 죄를 벌하는 것은 옳은 일 아닌가? 의를 옹호할 의무가 있지 않은가? 그것은 죄지을 기회를 제공하는 것과 같다." 이에 대한 대답은 간단하지 않습니다. 우선 사람을 구분해야 합니다. 그가 공적인 책임이 있는 존재인지, 그런 책임에서 자유로운 사람인지 구별할 필요가 있습니다. 공적인 사람, 즉 하나님의 직무가 있거나 공직에 있는 사람에게는 앞에서 말한 것이 적용되지 않습니다. 그의 필요한 직무는 악인을 벌하며 심판하고, 억압받은 자들의 원수를 갚아주고 그들을 보호하는 일입니다. 이것은 그들을 통해 하나님이 행하시는 일입니다. 사도 바울이 로마서 13장 4절에서 "세상의 권세가 공연히 칼을 가지지 아니하였으니"라고 설명하는 것처럼, 그들은 하나님의 심부름꾼으로서 이 직무를 행해야 합니다.

그러나 이 직무는 다른 사람의 일과 관련되는 경우에 수행되어야 하지, 자기 일과 관련해 적용해서는 안 됩니다. 모든 하나님의 대리인은 자신과 자기의 일을 위해서가 아니라 다른 사람을 위해 존재하기 때문입니다. 공적인 사람이 자신의 이해관계와 관련된 문제를 다루어야 한다면, 자신이 아닌 다른 하나님의 대리인을 찾아야 합니다. 이 경우에 그는 더 이상 재판관이 될 수 없습니다. 그러나 이 일에 대해 사람마다 다르게 말합니다. 이것은 너무나 광범위하여 여기서 자세히 다룰 수 없습니다.

하나님의 대리자에게 복수와 심판을 구하는 자

자기 일과 관련하여 개인 자격을 분류하자면 세 종류의 사람으로 나눌 수 있습니다. 첫째는 하나님의 대리자에게 복수와 심판을 구하는 사람입니다. 오늘날 많은 사람이 이에 속합니다. 사도는 고린도전서 6장에서 그들을 수용하지만 인정하지는 않습니다. “모든 것이 가하나 다 유익한 것은 아니다”(고전 6:12). 또한 “너희가 피차 소송을 한 것은 좋지 않은 일이다”(고전 6:7)라고 말합니다. 그는 큰 악행을 피하려고 이런 작은 일들을 참을 뿐입니다. 소송은 사람들이 사적으로 문제에 대응하지 않도록 하기 위한 것이며, 악을 악으로 갚거나 자신의 소유물을 다시 획득하려고 다른 사람에게 무력을 행사하지 않도록 하기 위한 것입니다. 그러나 이런 사람들이 선하게 바뀌지 않고 합법적인 것을 포기하며 자기 자신의 유익들을 좇는다면 하늘나라에 들어가지 못할 것입니다(참조. 고전 6:9). 자신의 유익을 추구하는 성향은 없어져야 하기 때문입니다.

복수를 원하지 않는 자

두 번째는 복수를 원치 않는 사람들입니다. 복음에 따라 이들은 속옷을 가져간 사람에게 기꺼이 겉옷까지 주고자 하며(참조. 마 5:40) 어떤 악행에도 저항하지 않습니다. 이들이 바로 하나님의 자녀이고, 그리스도의 형제, 축복의 상속자입니다(참조. 롬 8:16 이하; 갈 4:7). 그들은 성서에서 고아, 미숙한 자, 과부, 가난한 자들로 불립니다(참조. 시 10:14; 68:5). 하나님께서는 이들의 아버지와 재판장으로 불리기를 원하십니다. 그들은 스스로 복수하려 하지 않기 때문입니다. 심지어 권력을 가진 자들이 그들을 위해 복수하려고 할 때도, 그들은 이것을 원하거나 구하지 않습니다. 그것이 일어나는 대로 맡길 뿐입니다. 그들은 완전하다면 오히려 그것을 금하며 막고자 노력합니다. 심지어 자신의 다른 것도 잃을 것을 각오합니다.

만약 여러분이 "그런 사람은 극소수이다. 어떻게 그렇게 행동하면서 이 세상에서 살 수 있겠는가!"라고 묻는다면 저는 다음과 같이 대답할 것입니다. "구원받는 이는 소수이고 생명으로 인도하는 문은 좁으며 그 문을 찾는 이가 적다는 사실은 오늘날 새로운 말씀이 아니다"(참조. 마 7:14). 아무도 그렇게 행동하지 않는다면, 가난한 자, 미숙한 자, 고아들을 하나님의 백성이라고 설교하는 성서가 어떻게 유효하겠습니까? 두 번째 부류의 사람들은 자기 손해와 곤란보다도 자기에게 불의를 행하는 자들의 죄 때문에 더 괴로워합니다. 그리고 가해진 불의에 원수를 갚기보다는 다른 사람들을 죄로부터 돌아서게 하도록 더욱 노력합니다. 그들은 의의 형체를 벗고 다른 사람들의 형체를 취하고 박해자들을 위해 기도하며 저주하는 자들을 축복합니다. 또한 해를 가한 자들에게 선을 행하며 자기 원수들을 위해 스스로 벌을 받고 그들의 구원을 위해 대가를 치를 준비가 되어 있습니다(마 5:44; 참조. 눅 6:27~28). 이것이 복음이고, 그리스도의 예와 모범입니다(눅 23:34).

악인의 개선을 추구하는 자

세 번째 부류의 사람은 성향상 방금 말한 두 번째 부류의 사람과 같으나 실행 측면에서는 다른 자들입니다. 이들은 자기 것의 반환을 요구하거나 악인의 처벌을 요구합니다. 하지만 이런 처벌과 자기 소유물의 반환이 그들의 직접적인 목표는 아닙니다. 단지 이를 통해, 훔치고 모욕 준 자들의 개선을 촉구하는 것입니다. 세 번째 부류의 사람은 그런 자들이 처벌 없이는 개선될 수 없다고 생각합니다. 이런 사람은 열광주의자로 불리며 성서에서 칭찬을 받기도 합니다. 그러나 이러한 일은 이미 언급된 두 번째 부류 가운데 완전한 자들, 그리고 다음과 같이 훈련받은 자들만이 추구해야 합니다. 즉 분노를 열성으로 오해하지 않고, 분노와 무관용으로 행한 것을 의에 대한 애착으로 행한 것으로 오해하지 않는 자들입니다. 왜냐하면 분노는 열성과 비슷하고 의에 대한 애착은 무관용과 비슷하여 매우 영적인 자들만이 이것을 구별할 수 있기 때문입니다. 그리스도께서 채찍으로 장사꾼과 환전상들을 성전에서 몰아내셨을 때 바로 그런 일을 행하신 것입니다(요 2:14~17). 또는 바울이 "내가 매를 갖고 너희에게 나아가랴"(고전 4:21)라고 물었을 때도 그렇게 행하고자 한 것입니다.

끝.

1519년 비텐베르크.

7. (소)갈라디아서 강해

작품 해설

루터는 면죄부를 비판하는 95개 논제를 작성하기 이전인 1516년 10월 27일~1517년 3월 13일에 비텐베르크대학에서 갈라디아서를 강의하였다. 루터는 학생이 받아 적은 원고를 수정하여 1519년에 『(소)갈라디아서 강해』를 출판하였다. 또한 1523년에 1519년 판을 축소하고 개정하여 새로운 판을 내었다.

루터는 갈라디아서 2장 16절에 관한 강해에서 칭의 사건의 해석을 확대하고 심화한다. 이 구절에 근거하여 율법의 행위에 의한 칭의와 그리스도를 믿는 믿음에 의한 칭의를 대립시킨다. 외적인 칭의, 행위를 통한 칭의, 자신의 힘으로의 칭의는, 내적인 칭의, 믿음으로의 칭의, 은혜로 인한 칭의와 대립한다. 첫 번째 의는 미래의 삶에 아무 기여도 하지 못하고 이생의 삶에 사로잡혀 있으며, 율법 아래의 종에 속한다. 반면 믿음의 의는 자유하고 영원하며 공짜이고 신적인 것이다. 이것은 그리스도로부터 마치 시냇물처럼 흘러나와 우리를 의롭게 만드는 낯선 의이다.

작품

"사람이 의롭게 되는 것은 율법의 행위로 말미암음이 아니요 오직 예수 그리스도를 믿음으로 말미암는 줄 알므로 우리도 그리스도 예수를 믿나니, 이는 우리가 율법의 행위로써가 아니고 그리스도를 믿음으로써 의롭다 함을 얻으려 함이라. 율법의 행위로써는 의롭다 함을 얻을 육체가 없느니라"(갈 2:16).

유대인과 이방인 모두 의롭게 되었다는 말씀의 이해

바울의 말은 다음과 같은 의미이다. "태생이 유대인인 우리는 의로우며 이방인 같이 죄인이 아니다. 우리의 의는 율법의 행위에 근거한 것이 아니다. 이것으로는 누구도 하나님 앞에서 의롭게 되지 못하기 때문이다. 그러므로 이방인처럼 우리도 우리의 의를 배설물로 여기며 그리스도에 대한 믿음으로 의롭다 함을 받고자 한다(빌 3:8). 우리는 이방인과 마찬가지로 죄인이며 또한 의롭다 함을 받았다. 왜냐하면 베드로가 말하는 것처럼(행 15:9) '하나님은 믿음으로 마음을 깨끗이 하셔서 우리와 이방인들을 구별하지 않으셨기 때문이다'."

하지만 이 구절은 아직 바울의 신학에 익숙하지 않은 자들에게는 모순으로 보인다. 제롬(Jerome, 348~420)도 이 구절을 이해하기 위해 많은 애를 썼다. 그래서 교부들의 전통에 관해 앞에서 언급한 해석을 확대하고자 한다. 나는 남아 있는 저자들 가운데 어거스틴을 제외하고는 이 사상을 충분하게 이해한 사람을 발견하지 못했다. 실제 어거스틴조차도 그것에 관해 일반적인 주장을 펼친 것이 아니라 하나님 은혜의 적대자였던 펠라기우스주의자들과 논쟁한 작품들에서만 이에 대해 언급했을 뿐이다. 그렇지만 이 작품들을 통해 어거스틴은 독자들에게 바울의 말을 한층 더 쉽고 명료하게 이해하도록 도왔다.

우선 우리는 두 가지 방식으로 의롭게 되며 이 두 방식은 완전히 상반된다는 사실을 알아야 한다.

행위의 의

첫째, 사람은 외적으로, 행위로, 그리고 자신의 힘으로(ab extra, ab operibus, ex propriis viribus) 의롭게 된다. 흔히 말하듯 이것은 훈련과 습관을 통해 얻어지는 인간의 의로, 시민법과 교회 예식법에 따른 의와, 이성의 목소리와 현명함이 만들어 내는 의가 여기에 속한다. 아리스토텔레스와 다른 철학자들이 서술한 의이기도 하다. 그들은 의로운 일들을 행하여 의롭게 되고 절제의 연습을 통해 절도 있는 사람이 된다고 생각한다.

모세의 율법과 십계명이 이런 의와 관련된다. 즉 벌이 두려워, 또는 약속된 보상 때문에 하나님을 섬기고 하나님의 이름으로 맹세하지 않고, 부모님을 공경하고 사람을 죽이지 않으며 도둑질하지 않고 결혼을 파기하지 않는 등의 일을 행함으로 의를 만들어 내는 것이다. 그것은 의이기는 하지만 하인과 같은, 하루의 품삯에 불과한 의요(참조. 눅 15:17, 19. 요 10:12 이하), 그럴싸하게 보이거나 아름답게 물들여진 의다(참조. 마 23:27). 또한 외적이고 한시적이며 세상적이고 인간적인 의다. 그것은 미래의 영광에 어떤 유익도 가져다주지 못한다. 다만 이생에서 보상, 명성, 부, 명예, 권세, 우정, 건강 또는 최소한의 평화와 평안을 갖게 한다. 또한 그렇지 않게 행하는 이들보다 덜 악하게 될 뿐이다.

그리스도는 바리새인을 그런 자로 묘사하고, 어거스틴은 『신국론』(De civitate Dei) 1권 8장에서 로마인들을 그렇게 그리고 있다. 이 의에 대해 성경으로 가르침을 받지 않으면 지혜롭고 훌륭한 사람들조차도 이런 오류에 빠지게 된다.

이 의는 예레미야서 2장 13절에서 '물을 가두지 못하는 터진 웅덩이'로 불린다. 이 의는 예레미야서 2장 35절에서 말하는 것처럼 부당하게도 사람으로 죄가 없는체하도록 한다. 그것은 사람을 흉내 내는 원숭이에서 관찰할 수 있는 행동, 혹은 무대 위 공연에서 배우가 보여주는 몸짓과 매우 일치하는 것으로, 위선적인 인간과 우상 같은 존재의 특징이기도 하다. 성서는 그것을 거짓과 불의로 언급하며 '불의의 집' 즉 벧아웬(Bethaven)으로도 불렀다.[57] 이러한 부류로부터, 자신의 자유의지를 신뢰하여 (그들 자신이 표현하는 것처럼) 스스로 '선한 의도'를 일깨우고자 하는 마음의 유혹자들이 오늘날에도 생겨난다. 그들은 '모든 것보다 하나님을 사랑하는' 행위를 자기 본성의 능력에서 나온 것으로 착각하며 (극악무도한 불손함으로 가득하여) 이미 하나님의 은혜를 얻었다고 말한다. 이들은 혈루증을 앓는 여인(막 5:25~26)같이 죄 된 양심을 행위로 치유하고자 애쓴다. 하지만 이것은 '가진 것을 다 허비하고 아무 효험이 없는' 결과를 낼 뿐이다.

믿음의 의

둘째로 사람은 내적으로, 믿음에 의해, 은혜로 말미암아(ab intra, ex fide, ex gratia) 의롭게 된다. 이것은 자신이 전에 갖고 있던 인간적인 의

57) 구약의 저자들(수 7:2, 호 4:15, 10:5)은 '벧엘'(하나님의 집)을 '벧아웬'(악한 집)으로 불렀는데, 그 이유는 그곳에서 하나님이 황소의 형상으로 숭배되었기 때문이다.

가 '더러운 옷'(사 64:16)처럼 보여 첫 번째 의(인간 자신의 의)에 완전히 절망할 때 가능하다. 여기서 그는 하나님 앞에 엎드려 겸손하게 탄식하며 자신이 죄인임을 고백하고 세리와 더불어 이렇게 말한다. "하나님, 저 같은 죄인에게 은혜를 베푸소서!"(눅 18:13). 그리스도는 이 사람이 의롭다 함을 받고 집에 내려갔다고 말씀하신다. 왜냐하면 이 의는 하나님의 이름을 부르는 것과 다르지 않기 때문이다. 하나님의 이름은 자비, 진리, 의, 능력, 지혜이다. 그리고 우리의 이름을 고소하고 고발하는 것이다. 우리 자신의 이름은 죄, 거짓, 무가치함, 어리석음이다. 이것은 다음 말씀과 상응한다. "모든 사람이 거짓말쟁이라"(시 116:11). "주께서 나의 날을 한 뼘 길이만큼 되게 하시매, 나의 일생이 주 앞에는 없는 것 같사오니 사람은 그가 든든히 서 있는 때에도 진실로 모두가 허사뿐이니이다"(시 39:5).

그러니 만일 마음(heart)으로 진실하게 하나님의 이름을 부르면 인간의 마음과 주님의 이름은 서로 달라붙어서 하나가 된다. 그러므로 마음이 주님의 이름이 행하는 강력한 역사에 참여하지 못하는 일은 있을 수 없다. 마음과 주님의 이름이 서로 달라붙는 것은 믿음으로 이루어진다. 이 믿음은 그리스도의 말씀을 통해서 오는데, 바로 이 말씀을 통해 주님의 이름이 설교된다(롬 10:13~17). 그래서 시편은 다음과 같이 말한다. "내가 주의 이름을 형제에게 선포하고"(시 22:22). "여호와의 이름을 시온에서, 그 영예를 예루살렘에서 선포하게 하려 하심이라"(시 102:21).

깨끗하며 거룩하고 의롭고 진실하며 선한 주님의 이름은, 사람의 마음을 완전히 자신과 똑같이 만든다. 즉 주님의 이름은 사람의 마음을 어루만지고 또한 (믿음으로 일어나는 것으로) 사람의 마음에 의해 어루만져진다. 그러므로 주님의 이름을 믿는 자들에게는 모든 죄가 용서되고 의롭다고 여겨진다(imputetur). 이는 바로 '주님, 당신의 이름 때문'(시 25:11)이다. 의는 그들 자신의 공로 때문이 아니라 하나님의 이름이 선하기 때문에 그들에게 부여되는 것이다. 그들은 주님의 이름을 들을 자격조차 없다. 그러나 마음이 그의 이름을 믿음으로 의롭다 함을 받으면(iustificatio), 하나님께서는 그들에게 하나님의 자녀가 되는 권세를 주신다(요 1:12). 하나님은 이 일을 그들 마음에 성령을 부어 주심으로 행하신다(롬 5:5). 이 성령이 사랑으로 그들을 충만하게 하고 마음을 평안하고 즐겁게 만들어 그들이 모든 선한 일을 행하고 모든 악을 극복하며 죽음과 지옥조차 두려워하지 않도록 만든다. 여기서 모든 율법과 율법 행위들은 즉시로 중단된다. 이제 모든 것이 자유롭게 되고 율법은 믿음과 사랑으로 성취된다.

보라, 그리스도가 우리에게 주신 것은 주님의 이름, 즉 하나님의 자비와 진리가 설교되어 이것을 믿는 자마다 구원받도록 하는 것이다. 당신의 양심이 당신을 괴롭히고 당신이 죄인임을 깨달아 의롭게 되길 바란다면 당신은 무엇을 하고자 하는가? 혹시 당신이 행할 수 있는 것이 무엇인지, 또는 어디로 달려가야 하는지 찾고 있는가? 그렇다면 주님의 이름을 듣거나 또는 하나님은 의롭고 선하고 거룩하시다는 사실을 생각하라. 그리고 그분께 즉시 매달리고 그분이 바로 당신을 위한 분이라는 사실을 굳게 믿어라! 그러면 당신은 그와 같은 존재가 되고 그를 닮게 될 것이다.

당신이 주님의 이름을 가장 분명하게 인식할 수 있는 곳은 그리스도 안에서이다. 당신은 그 안에서 하나님께서 얼마나 선하고 친절하며 신실하고 의롭고 진실하신지를 알 수 있다. 하나님은 자기 아들조차 아끼지 않으셨기 때문이다(롬 8:32). 하나님은 당신을 그리스도를 통해 자신에게로 이끄신다(요 6:44). 이러한 의 없이 마음이 깨끗하게 되는 것은 불가능하다. 이 때문에 인간의 의는 참된 것일 수 없다. 주님의 이름은 어떤 경우에는 진리를 위해, 어떤 경우에는 무가치함을 위해 사용된다.[58] 인간은 하나님께 영광을 돌리고 자신에게는 치욕을 주기도 하나, 때로는 자신에게 영광을 돌리고 하나님께는 치욕을 주기도 한다. 이것은 주님의 이름에 대한 실제적, 신비적인 관념이고, 유대인들이 미신적인 형태로 말하는 4자 어법(Tetragrammaton)[59]은 아니다. 요컨대 주님의 이름을 믿는 것은 율법의 뜻이자 '율법의 마침'이다(롬 10:4). 그런데 하나님께서는 모세를 통해 미리 말씀하신 바와 같이 이 이름을 그리스도 안에 두셨다(신 18:18 이하).

이러한 의는 자유로이 거저 주어졌으며 은혜로 인한 것이고 변함이 없는 것이다. 그것은 내적이고 영원하며 신실하고 하늘에 속한 신적인 의다. 이것은 이 세상의 삶에서 어떤 보상도 없으며 어떤 것을 받거나 추구하지도 않는다. 더욱이 그 의는 그리스도와, 의가 되는 그의 이름에 놓여 있어 그리스도의 의와 그리스도인의 의는 말로 표현할 수 없는 방식으로 서로 하나가 되어 동일한 것이 된다. 요한이 말하는 것처럼 그 의는 그리스도로부터 흘러 솟아나기 때문이다. "내가 주는 물을 마시는 자는 영원히 목마르지 아니하리니, 내가 주는 물은 그 속에서 영생하도록 솟아나는 샘물이 되리라"(요 4:14).

그러므로 모든 사람이 자신 밖에 있는 죄를 통해 죄인이 된 것과 똑같이, 모든 사람은 자신 밖에 있는 의(aliena iustitia, 낯선 의)로 말미암아

---

58) 루터는 여기서 십계명 제3계명을 염두에 두는 것으로 보인다(출 20:7; 신 5:11).

59) 하나님의 이름이 히브리어로 '야훼'(여호와)로 발음되고 'YHWH' 표기되는 것을 말한다.

의롭게 된다. 로마서는 다음과 같이 말한다. "한 사람의 범죄를 인하여 많은 사람이 죽었은 즉, 더욱 하나님의 은혜와 또한 한 사람 예수 그리스도의 은혜로 말미암은 선물은 많은 사람에게 넘쳤느니라 ... 그런즉 한 범죄로 많은 사람이 정죄에 이른 것처럼 한 의로운 행위로 말미암아 많은 사람이 의롭다 하심을 받아 생명에 이르렀느니라"(롬 5:15~19).

이러한 의는 모든 선지자에 의해 이미 말해진 자비요, 갈라디아서 3장 6~16절에서 볼 수 있는 것처럼 아브라함과 그의 후손에게 약속된 축복이다.

이제 다시 본문으로 돌아가 사도가 얼마나 바르게 말하는지 보자. "사람이 의롭게 되는 것은 율법의 행위로 말미암음이 아니요 오직 예수 그리스도를 믿음으로 말미암는 줄 알므로 우리도 그리스도 예수를 믿나니, 이는 우리가 율법의 행위로가 아니고 그리스도를 믿음으로 의롭다 함을 얻으려 함이라"(갈 2:16). 이 말씀에서 바울은 앞서 언급한 두 종류의 의를 말한다. 그는 첫 번째 의를 거부한 후, 두 번째 의를 붙든다. 사랑하는 형제여, 당신도 그렇게 해야 한다. 우선, '예수'가 구원을 의미하고 '그리스도'가 자비로 기름 부음을 뜻한다는 사실을 들으라. 그런 후에 지금까지 들어보지 못한 이 구원과 자비를 확고하게 신뢰하라. 그러면 당신은 의롭게 될 것이다. 다시 말해 그리스도가 당신을 위해 구원과 자비가 되고자 하신다는 사실만을 믿으라. 그러면 전혀 의심할 바 없이 그가 당신에게 실제 구원과 자비가 되실 것이다. 그런데도 그리스도에 대한 믿음에 관한 가르침을 완전히 무시하고 죄의 용서가 약간의 보상행위들과 강제적인 뉘우침에 의해서도 이루어진다고 설득한다면, 그것은 참으로 불경하고 아주 이교도적인 가르침이다.

오늘날 신학 교사들이 그렇게 가르치는 것을 흔히 들을 수 있다.

여기서 주의를 기울여야 하는 것은 제롬이 이 구절에 대해 가르치는 것처럼, 사도 바울 역시 율법의 행위를 거부하지 않고 율법의 행위에 대한 신뢰만을 거부한다는 사실이다. 즉 그는 행위를 거절하지 않고 행위를 통해 의롭게 될 수 있다는 사실을 거절한다. 따라서 사도가 "사람은 율법의 행위로 의롭게 되는 것이 아니다"라고 말한다면, 이러한 사도의 말을 읽을 때 강조점과 요점이 본질적으로 어디에 놓여 있는지 주목해야 한다. 이것은 다음과 같은 의미이다.

> "나는 사람이 율법의 행위를 해야 한다는 사실을 인정하지만, 율법의 행위를 통해 사람이 의롭게 된다고 의미하는 것은 아니다. 단지 그것을 통해 자신과 사람 앞에서 의로워지고 이생에서 보상을 받게 될 뿐이다. 율법의 행위가 하나님 앞에서 죄이며 참된 행위가 아니라는 사실을 알고만 있다면 율법의 행위는 이로운 것일 수 있다."

이렇게 바울은 우리 자신의 의를 신뢰하는 것을 완전히 근절시킨다. 우리에게는 율법의 모든 행위를 넘어서는 완전히 다른 의, 즉 하나님의 행위와 은혜의 행위가 필요하기 때문이다.

바울이 아주 일반적으로 '행위의 율법'에 관하여, 즉 '예식에 관련된 법'뿐만 아니라 철저하게 십계명을 포함한 모든 행위에 관하여 말하고 있음을 주목해야 한다. 이 행위가 믿음 없이 하나님의 참된 의 밖에서 행해진다면, 그 행위는 불충분하다. 그것은 현혹하는 외모를 통해 위선자들에게 잘못된 신뢰를 하게 하기 때문이다. 구원받고자 하는 자는 자신의 모든 능력과 모든 행위, 그리고 율법에 완전히 절망해야 한다.

또한 우리는 사람들의 친숙한 생각과 달리 '율법의 행위'를 율법의 성취로 이해하지 않는 사도의 특정한 표현방식에 주목해야 한다. 대부분의 사람들이 바울의 말을 이해하지 못하는 이유가 여기에 있다. 사실 율법 자체는 선하고 의로운 것이기 때문에(롬 7:12) 그들은 '율법의 행위'를 의롭고 선한 것으로 생각할 수밖에 없다. 결국 그들은 (바울이 말하는) '율법'을 단지 예식과 관련된 계명으로 이해할 수밖에 없다. 이 계명은 당시 악하고 죽은 것이었다고 생각하기 때문이다. 여기서 그들은 잘못을 범한 것이다. 예식법은 과거와 마찬가지로 오늘날에도 선하고 거룩하다. 바로 하나님이 제정하셨기 때문이다.

사도는 율법이 행위를 통하여 성취된다는 사실을 계속하여 거부한다. 오히려 율법은 오직 믿음을 통하여 성취된다고 말한다. 율법의 성취는 의와 동일하기 때문이다. 하지만 의는 행위가 아니라 믿음으로부터 온다. 그러므로 사도는 '율법의 행위'를 율법을 충족시키는 행위로 이해하지 않는다. 그럼 율법은 어떻게 충족되는가? 사도의 규칙에 따르면 행위가 율법을 성취하는 것이 아니라 율법의 성취가 행위를 만든다. 의로운 행위를 함으로 의롭게 되는 것이 아니라, 의롭게 된 사람이 의로운 행위를 하는 것이다. 행위가 이루어지기 전에, 의와 율법의 성취가 선행(先行)한다. 왜냐하면 의와 율법의 성취에서 비로소 행위가 따라오기 때문이다. 따라서 사도는 '율법의 행위'라는 표현을 '은혜의 행위' 혹은 '하나님의 행위'와 구분하여 사용한다. 율법의 행위는 실제 우리의 것이 아니라 율법에 속한 것이다. 우리의 의지로 그것을 할 용의가 있기 때문이 아니라 율법이 위협을 통하여 강요하거나 약속을 통해 유인하여 율법의 행위가 이루어지기 때문이다. 이처럼 우리의 의지로 자발적으로 이루어지는 것이 아닌, 타인의 강요로 이루어지는 것은 더 이상 우리 행위가 아니라 오히려 '압제자'의 행위이다(사 9:4). 행위는 그것을 하도록 명령을 내린 자에 속하기 때문이다. 여기서 행위는 즐거운 의지가 아니라 율법의 명령으로 행해질 뿐이다. 율법 없이 살 수 있는 선택권이 있는 자라면 자발적으로 율법의 행위를 하지 않을 것이라는 사실이 이것을 증명한다. 그래서 이사야 9장 4절에서는 율법을 '압제자'로 명명하고 있다. "이는 그들이 무겁게 멘 멍에와 그들의 어깨의 채찍과 그 압제자의 막대기를 주께서 꺾으시되 미디안의 날과 같이 하셨음이니이다." 우리가 믿는 '우리에게 주어진 아기'(사 9:6)를 통해서 비로소 우리는 자유하게 되고 율법을 기꺼이 행하고자 하는 마음이 생긴다. 그리고 우리는 더 이상 율법에 속하지 않고 오히려 율법이 우리에게 속하게 된다. 행위 역시 율법에 속하지 않고 은혜에 속하게 된다. 이전에는 율법이 혹독하고 난폭하게 위협하며 행위를 하도록 했지만, 이제 행위는 은혜로 인해 자발적이고 즐겁게 이루어진다.

당신이 행위의 네 가지 종류를 구별한다면 다음 사실을 깨닫게 될 것이다.

첫째, 죄의 행위는 은혜의 저항 없이 악한 정욕의 지배 아래 이루어지는 것이다.

둘째, 율법의 행위는 악한 정욕이 외적으로는 통제되지만, 내적으로는 더욱 불타고 율법을 미워하여 이루어지는 것이다. 다시 말해 그것은 외모로는 선하지만, 마음속에서는 악한 행위로 머문다.

셋째, 은혜의 행위는 악한 정욕이 저항하지만 결국 은혜의 영이 승리할 때 이루어지는 것이다.

넷째, 평화와 완전한 회복의 행위는 악한 정욕이 완전히 사라져 매

> 우 쉽고 즐겁게 이루어지는 행위로, 내세의 삶에서 이루어진다. 이생에서는 시작만 있을 뿐이다.

“율법의 행위로써는 의롭다 함을 얻을 육체가 없느니라”(갈 2:16 하반절). 바울은 로마서 3장 20절에서도 동일한 결론을 내린다. 여기서 바울은 시편 14편 1~3절 및 다른 구절에 근거하여 이것을 자세하게 증명한다(롬 3:9 이하). “의를 행하는 자 ... 선을 행하는 자가 하나도 없다.” 따라서 율법의 행위는 죄일 수밖에 없다. 그렇지 않다면 율법의 행위에는 분명 칭의하는 능력이 있었을 것이다. 그리스도인의 의와 인간의 의는 서로 완전히 다를 뿐 아니라 심지어 완전히 대립한다는 것은 명백한 사실이다. 인간의 의에서는 의가 행위에서 나오지만, 그리스도인의 의에서는 행위가 의에서 나온다. 그러므로 바울의 신학이 완전히 사라졌다는 사실, 아니 그것이 더 이상 이해될 수 없다는 사실은 놀라운 일이 아니다. 오늘날 아리스토텔레스의 덕 이론이 그리스도와 바울의 가르침과 완전히 일치한다는 거짓을 널리 전하는 사람들의 손아귀에 기독교 교육이 넘어가 버렸다. 이 사람들은 아리스토텔레스뿐 아니라 그리스도를 조금도 이해하지 못한다. 우리의 의는 하늘에서 우리에게 내려오지만, 불경건한 사람들은 주제넘게 그들 자신의 의를 가지고 하늘로 올라가 땅 위에서 나온 진리를 제시하기 때문이다.

따라서 바울은 어떤 육체도 율법의 행위로는 의롭게 되지 못한다는 사실을 확고하게 고수한다. 시편 143편 2절도 그렇게 말한다. “주의 목전에는 의로운 인생이 하나도 없나이다.” 따라서 율법의 행위는 의의 행위가 아니며 기껏해야 우리가 스스로 만들어내는 의의 행위에 불과하다.

Ⅲ

복음

8. 쉬펜라인에게 보내는 편지

작품 해설

이것은 1512년 비텐베르크대학에 입학하고 수도원에서 함께 생활하다가 멤밍엔(Memmingen)의 어거스틴회 수도원으로 떠난 수도사 쉬펜라인(Georg Spenlein, 1486?~1563)에게 보낸 루터의 편지이다.

루터는 쉬펜라인의 영혼 상태에 관심을 보이며 영적인 상담을 한다. 그에게 인간의 행위의 의가 아니라 그리스도 안에서 수어진 하나님의 의만을 신뢰하라고 권유한다. 그리스도와 그리스도인 사이의 '즐거운 교환' 사상이 중심적으로 다루어지고, 믿음의 열매로서의 사랑의 삶이 강조된다. 이것은 믿음과 사랑에 대한 루터의 전형적인 이해이자 칭의론의 핵심적인 특징에 속한다.

또한 이 편지는 수도사 루터의 자기 이해에 관한 증언으로 자주 인용되며 루터 이름이 원래 '루더'(Luder)였음을 보여주는 중요한 자료이기도 하다.

작품

멤밍엔 수도원에 사는 어거스틴회 수도사이며
주님 안에서 사랑하는 친구,
경건하고 성실한 형제 쉬펜라인에게.

예수 그리스도.

하나님 아버지와 주 예수 그리스도께서 당신에게 은혜와 평화를 주시기를 기원합니다.

사랑하는 게오르그 형제여, 당신의 물건들을 팔아 2.5굴덴(Gulden)을 마련하였음을 알려드립니다. 브뤼셀(Brüssel)산 수도사복으로 1굴덴을, 아이제나흐(Eisenach)의 신학자의 훌륭한 작품으로 0.5굴덴을,[60] 그리고 외투와 이것저것으로 1굴덴을 받았습니다. 밥티스타(Baptista)[61]의 책 『시선집』(Eclogae)과 당신의 자료수집물 등 많은 것들이 아직 남아 있는데, 이것들은 잃어버린 것으로 간주하는 것이 좋을 듯합니다. 어찌 됐든 우리는 그것들을 지금까지 팔 수가 없었습니다. 우리는 당

60) 아이제나흐 출신 신학자는 트루페터(Jodocus Trufetter)를 말한다. 작품은 1501년 에어푸르트(Erfurt)에서 인쇄된 "Summulae totius logicae, quod opus maius appellitare libuit ..."를 뜻하는 것으로 보인다.

61) Baptista Mantuanus(1447~1516). 당시 저명한 라틴어 시인이었다.

신을 대신하여 2.5굴덴을 존경하는 총대리 사제[62]에게 드렸습니다. 당신이 갚아야 하는 나머지 0.5굴덴에 대해서는, 당신 스스로 갚거나 빚을 탕감받아야 합니다. 제가 알기로 존경하는 신부님께서는 당신에게 호의를 갖고 있기 때문에 당신의 빚을 기꺼이 탕감해 주실 것입니다.

이 외에 제가 기꺼이 알고 싶은 것은 당신 영혼의 상태입니다. 당신의 영혼이 자기의 의에 싫증이 나고 결국 그리스도의 의 안에서 평안을 누리고 그리스도의 의를 확고하게 믿고 있는지 알고 싶습니다. 오늘날 오만불손한 유혹이 많은 사람 가운데, 그리고 무엇보다도 의롭고 선하게 살고자 애쓰는 자들 가운데 번지고 있습니다. 그들은 하나님의 의를 알지 못합니다. 하나님의 의는 그리스도 안에서 우리에게 넘치고 값없이 거저 주어졌습니다. 그들은 가령 덕목과 공로들로 치장하여 하나님 앞에 설 수 있다는 확신을 가질 때까지 오랫동안 스스로의 힘으로 선하게 행하려고 노력합니다. 그러나 그런 일이 일어난다는 것은 불가능합니다. 당신도 우리와 같이 있었을 때 이와 같은 생각, 아니 더 정확히 말해 이러한 오류를 범하였습니다. 저도 그런 잘못 가운데 있었고 여전히 이러한 잘못과 싸우고 있으며, 그 싸움은 아직도 끝나지 않았습니다.

그러므로 사랑하는 형제여, 무엇보다도 그리스도, 십자가에 달리신 분을 알기를 바랍니다. 그리스도를 찬양하고, 당신 자신에 대해서는 절망하며 그분에게 다음과 같이 말하기 바랍니다.

"주 예수 그리스도, 당신이 저의 의입니다. 그러나 저는 당신의 죄입니다(참조. 고후 5:21). 당신은 나의 것을 취하셨고 당신의 것을 저에게 선물로 주셨

62) 쉬타우피츠(Johann von Staupitz).

습니다. 당신은 이전에 가지지 않았던 존재를 취하셨고, 제가 가지지 않았던 존재를 저에게 선물로 주셨습니다."

당신은 자신이 죄인임을 감추거나 죄인이 되지 않고자 순결함을 얻으려고 발버둥 치지 않도록 조심하기 바랍니다. 왜냐하면 그리스도는 오직 죄인 안에 거하시기 때문입니다. 그분은 사실 의인들 가운데 거하셨던 하늘로부터 죄인들 가운데 거처를 삼기 위해 내려오셨습니다. 이러한 그분의 사랑을 항상 기억하기 바랍니다. 그러면 당신은 매우 달콤한 그분의 위로를 경험하게 될 것입니다. 우리가 우리의 노력과 고행을 통하여 양심의 평안에 도달해야 한다면, 예수 그리스도가 왜 돌아가셨겠습니까? 당신은 오직 그리스도 안에서 당신과 당신의 행위에 대해 '담대하게 절망함으로' 평안을 발견하게 될 것입니다. 또한 그리스도께서 당신을 취하시고 당신의 죄를 자기의 것으로 만드신 것처럼, 당신은 그분이 자신의 의를 당신의 의로 만드셨음을 알게 될 것입니다.

당신이 그것을 확고하게 믿는다면(당신은 그렇게 해야 합니다. 그렇지 않으면 당신은 저주받은 것입니다), 당신 역시, 불순종하며 지금까지 잘못을 범하고 있는 형제들을 받아들이고 그들을 인내하며 참기 바랍니다. 그들의 잘못을 당신의 것으로 삼기 바랍니다. 만일 좋은 일이 당신에게 일어나면 그들이 당신과 함께하도록 하기 바랍니다. 왜냐하면 사도가 그렇게 가르치기 때문입니다. "그러므로 그리스도께서 우리를 받아 하나님께 영광을 돌리심과 같이 너희도 서로 받으라"(롬 15:7). 또한 다음과 같이 가르칩니다. "너희 안에 이 마음을 품으라 곧 그리스도 예수의 마음이니, 그는 근본 하나님의 본체시나 하나님과 동등됨을 취할 것으로 여기지 아니하시고"(빌 2:5~6). 만일 당신 자신이 다른 사람들보다 더 낫다고 생각한다면, 당신도 예수님처럼 행동하기 바랍니다. 그 나음을 소위 당신에게만 속한 것처럼 취하지 말고 오히려 당신 자신을 낮추고 비우기 바랍니다(참조. 빌 2:7). 당신이 어떤 사람인지 잊지 말고 그들 가운데 있는 것 같이 하여 그들을 감당하기 바랍니다.

다른 사람들을 인내하고자 하지 않으며 그들을 자기 자신보다 악하다고 간주하는 자의 의는 전혀 쓸모없습니다. 그리고 다른 사람들에게 인내와 기도와 모범을 통하여 개인적으로 도움을 주어야만 함에도 그것을 회피하고 그저 가만히 고요하게 숙고하고자 하는 자의 의는 불경한 것입니다. 이것은 주인의 달란트를 땅에 파묻고(마 25:18) 동료들에게 빚진 것을 주지 않은 종의 행위와 같습니다(마 18:28). 당신이 그리스도의 백합화나 장미라면, 당신은 가시 가운데서 행해야 한다는 사실을 알기 바랍니다(아 2:2). 그러므로 당신은 부족한 인내심이나 섣부른 판단을 통해 또는 은밀한 교만으로 스스로 가시가 되지 않도록 주의하기 바랍니다. 시편 기자가 말하는 것처럼 그리스도는 그의 원수들 가운데서 다스리십니다(시 110:2). 그런데 왜 당신은 친구들 가운데 있다고 생각합니까?

만일 당신에게 무엇인가 부족하다면 주 예수님 발 앞에 엎드려 그것을 구하기 바랍니다. 그분이 당신에게 모든 것을 가르치실 것입니다. 그가 당신과 모든 이들을 위해 행하신 것만을 바라보기 바랍니다. 그러면 당신 또한 다른 사람을 위해 해야 하는 일이 무엇인지 배우게 될 것입니다. 만일 그리스도가 오직 선한 자들 가운데 살고자 하고 오직 친구들을 위해 죽고자 하셨다면, 그는 누구를 위해 돌아가시거나 누구와 함께 사실 수 있었을까요?

사랑하는 형제여, 이렇게 행동하기 바랍니다. 그리고 저를 위해 기도해주시기 바랍니다. 주님이 당신과 함께하시길 기도합니다. 주님 안에서 평안히 지내길 바랍니다.

1516년 부활절 후 둘째 주일 후 화요일 비텐베르크에서
당신의 형제 마틴 루더(Martinus Luder)[63]
어거스틴회 수도사

63) 루터 본래의 성 '루더'(Luder)에 대해서는 권진호, "루터의 개명의 신학적 의미,"「한국교회사학회지」51 (2018), 7~36 참조.

9. (대)갈라디아서 강해 I:

갈라디아서에 대한 마틴 루터의 해설

작품 해설

루터는 1531년 비텐베르크대학에서 갈라디아서에 관해 두 번째로 강의하였다. 강의는 총 41회 이루어졌다(7월 3일~12월 12일). 루터는 이를 정리하여 1535년 라틴어로『갈라디아서 강해』를 출판하였다. 이것이『대갈라디아서 강해』로도 불리는 이유는 1519년의 강해보다 분량이 많기 때문이다. 이 강해의 핵심 주제는 이신칭의이다. 루터는 복음과 율법의 관계를 깊이 숙고하며 칭의의 의미를 다시금 강하게 설파하였다. 오직 믿음으로 의롭게 되지만, 믿음에 의한 의는 그 열매로 행위의 의를 맺는다는 사실을 강조하며 믿음과 행위의 바른 관계를 규명하였다.

여기에 선별된 내용은 루터가 갈라디아서 강의를 시작하면서 강조한 갈라디아서의 요점이다(1531년 7월 3일 월요일 강의). 루터는 여기서 바울이 믿음, 은혜, 죄의 용서 또는 그리스도의 의에 관한 교리의 기초를 세우려 했다고 말하며 그리스도의 의와 그 밖의 다른 모든 의를 구별해야 한다고 강조한다. "능동적인 의와 수동적인 의, 이 두 종류의 의를 정확히 구분하는 방법을 통해 삶과 믿음, 행위와 은혜, 세상 정부와 예배(하나님 섬김)를 서로 섞지 않도록 가르치는 것"이 신학의 임무라고 강조하였다.[64] 이렇게 두 의는 구분되어야 하면서도 모두 필요하며 각자의 한계 내에 머물러야 한다. 그리스도의 의는 새사람에게, 율법의 의는 혈육으로 태어난 옛사람에 속해 있기 때문이다. 루터는 수동적인 의의 우선성과 절대성을 강조하면서도 능동적인 의를 거부하거나 소홀히 여기지 않았다.

---

64) WA 40I,45,24-26.

작품

이제 우리는 주님의 이름으로 다시 바울의 갈라디아서를 강해하기 시작했다.[65] 그 이유는 우리가 새로운 소식이나 알려지지 않은 깨달음을 전하고자 하기 위함이 아니라(사실 하나님의 은혜로 여러분에게 이미 바울의 모든 것이 알려져 있고 친숙하다), 내가 종종 권고하는 것처럼 마귀가 믿음에 대한 순전한 가르침을 빼앗고 행위와 사람의 전승에 관한 가르침을 다시 주입하려는 위험이 너무나 크고 가까이에 있기 때문이다. 그러므로 믿음에 관한 가르침을 끊임없이 공적으로 낭독하고 들리게 하는 것은 매우 유익하다. 우리가 그것을 아무리 깊이 알고 배운다고 할지라도 우리의 적대자 마귀는 죽지 않고 항상 배회하면서 우리를 삼키려 한다(참조. 벧전 5:8). 우리의 육신도 여전히 살아 있다. 실제로 모든 종류의 시련이 사방에서 우리를 에워싸고 압박한다. 그러므로 이 가르침을 아무리 많이 다루고 가르쳐도 충분하지 않다. 이 가르침이 무너지거나 사라지면 이와 더불어 진리의 모든 지식도 무너지거나 사라질 것이다. 그러나 그 가르침이 왕성하면, 선한 모든 것, 종교, 참된 문화, 하나님 경외, 모든 사회적 신분과 사물에 대한 확고한 지식도 왕성하게 된다. "사람이 모두 끝났다고 생각했을 때 그것은 시작에 불과하며"(집회 18:7)라는 말씀에 따라 우리가 태만하지 않기 위해 다시금 시작하고자 한다.

---

65) 루터는 이미 1516~1517년에 갈라디아서 강의를 하였다.

바울의 갈라디아서의 요점

1. 무엇보다도 바울이 이 서신에서 다루고 있는 근본적인 내용에 관하여 말하고자 하는데, 그 요점은 다음과 같다. 바울은 믿음, 은혜, 죄의 용서 또는 그리스도의 의에 관해 분명하게 가르쳐 완전한 지식을 가짐으로 그리스도의 의와 그 밖의 다른 의들을 구분할 수 있도록 한다. 의는 다양하게 이해되어야 한다. 우선 정치적인 의부터 다루고자 한다. 이것은 이 세상의 황제와 제후, 철학자와 법률 교사들이 다루는 의의 유형이다. 그 다음은 예식에 관련된 의이다. 이 의에는 교황의 전승과 같은 인간 전승의 가르침이 포함된다. 가장과 교육자들이 이러한 의를 가르치는 것은 위험하지 않다. 하나님과 화평을 이루고 은혜를 받게 하는, 죄에 대해 보상하는 힘이 그 의에 있다고 여기지 않기 때문이다. 예식들은 단지 도덕과 특정한 규율들을 바르게 세우는 데에만 필요하다. 이러한 두 가지 의 외에 다른 하나의 의가 있는데, 바로 모세가 가르치는 율법의 의 또는 십계명의 의이다. 이것은 믿음에 관한 가르침 이후에 가르쳐지기도 한다.

2. 이러한 의 건너편에, 이러한 의 위에 믿음의 의 또는 그리스도의 의가 있다. 이것은 앞서 언급된 의들과 매우 신중하게 구분되어야 한다. 앞서 언급된 의들은 믿음의 의와 완전히 상반되기 때문이다. 우선 그것들은 황제의 법, 교황의 전승, 그리고 하나님의 계명에서 나오고, 우리 행위로 구성된다. 또한 궤변론자들이 말하는 것처럼 순전히 본성적인 능력에서이든, 하나님의 선물(이 행위의 의는 우리가 가진 다른 것들과 마찬가지로 하나님의 선물임)로부터이든 우리가 행하는 것이다.

3. 반면 믿음의 의는 하나님이 그리스도로 말미암아 우리의 행위 없이 우리의 것으로 인정하신 매우 값진 것이다. 이것은 세상 왕국의 유형도, 경건한 예식의 유형도, 하나님의 율법의 유형도 아니다. 우리의 행위 영역에서 이루어지는 것이 아니며 오히려 이것과 완전히 다르다. 다시 말해 이 의는 완전히 수동적이다.[66] 이와 반대로, 앞에서 언급된 의의 유형은 모두 능동적이다.[67] 그리스도의 의와 관련하여 어떤 것도 하나님 앞에 내어놓을 수 없다. 오히려 우리는 단지 받는 자이며 우리 안에서 활동하시는 다른 존재, 즉 하나님을 경험할 뿐이다. 따라서 우리는 이 믿음의 의 또는 그리스도의 의를 기꺼이 수동적인 의라고 말한다.

4. 이 의는 세상이 알지 못하며 비밀로 감추어져 있다. 심지어 그리스도인조차 이것을 충분하게 이해하지 못하고 시련 속에서도 이 의를 파악하기 어렵다. 따라서 이 의는 항상 새롭게 새겨야 하고 끊임없이 사용해야 한다. 왜냐하면 이러한 수동적인 의보다 더 확고하고 안전한 양심의 위로는 없기 때문이다. 고난과 양심의 두려움 가운데 이 의를 확고하게 붙잡지 않거나 이해하지 못하는 자는 결코 고난과 두려움을 견딜 수 없다.

5. 그러나 인간의 약함과 비참함은 너무나 커서, 양심이 두려움 가운데 있고 죽음의 위험 가운데 있을 때 우리는 우리의 행위와 가치, 그리고 율법만을 바라볼 뿐이다. 율법이 우리 죄를 보여주면, 곧바

66) 이 의는 받는 것이지 우리에 의해서 이루어지는 것이 아니다.

67) 이것들은 우리의 행위에서 나온다.

로 우리의 지난 삶이 얼마나 악했는지를 기억한다. 죄인은 여기서 커다란 마음의 고통 가운데 신음하며 이렇게 반성의 태도를 보인다. "아, 내가 얼마나 잘못 살아왔는가! 혹시라도 더 오래 살게 된다면 삶을 개선하고 싶다." 인간의 이성은 이렇게 능동적인 의 또는 자신의 의의 시각에서 벗어날 수 없으므로 수동적인 그리스도의 의를 생각할 수 없고 오히려 단지 능동적인 의만 의존한다. 이러한 악은 우리 속에 깊이 뿌리를 내리고 있고, 우리는 이러한 불행한 행동방식을 반복할 뿐이다.

6. 마귀는 본성의 약함을 악용하여 이러한 생각을 확대하고 심화시킨다. 그러면 양심은 더욱 떨고 낙담하며 놀랄 수밖에 없다. 인간의 영이 스스로 위로를 얻는 것과, 죄책감과 두려움 속에서 은혜를 바라보거나 행위의 가치에 대한 논쟁을 단호하게 거부하는 것은 불가능하기 때문이다. 이러한 일은 인간의 능력과 생각과 이해력, 심지어 하나님의 율법을 넘어서는 것이다. 율법은 세상에서 가장 뛰어날지라도 두려워하는 양심을 평화롭게 할 수 없고 오히려 슬픔을 증대시키고 절망으로 이끌기 때문이다. 죄는 율법을 통해 비로소 온전히 죄가 된다(롬 7:13).

7. 따라서 시련을 겪는 양심에게 그리스도 안에서 주어진 은혜의 약속, 즉 믿음의 의를 붙잡는 것 외에는 절망과 영원한 죽음에서 나오게 하는 다른 구원의 수단은 없다. 이것을 붙잡는 양심은 평안하며 확신을 가지고 다음과 같이 말할 수 있다.

"나는 능동적 의를 가져야 하고 행해야 하지만 그것을 추구하지는 않는다. 그것을 가지고 있고 행한다고 해도 나는 그것을 신뢰할 수 없고 그것을 통하여 의로운 하나님 앞에 설 수도 없다. 따라서 나는 모든 능동적 의, 즉 나 자신의 의와 율법의 의를 포기하고 오직 은혜의 의, 자비의 의, 죄 용서의 의인 수동적인 의를 붙잡는다."

요약하면 그리스도의 의와 성령의 의는 우리가 행하는 것이 아니라 경험하는 것이요, 가지고 있는 것이 아니라 받는 것이다. 다시 말해 하나님 아버지가 예수 그리스도를 통하여 우리에게 주시는 것이다.

8. 땅은 스스로 비를 내리게 하지 못하고, 자체의 행위 또는 경작이나 힘으로 비를 얻을 수도 없다. 단지 하늘의 선물로 위로부터 비가 내리듯이, 우리 행위와 공로 없이 하나님으로부터 하늘의 의가 우리에게 주어진다. 따라서 건조한 땅이 때를 따라 비를 풍부하게 얻는데 기여할 수 없듯이, 우리 인간도 우리 능력과 행위로 하늘의 영원한 하나님의 의를 얻을 수 없다. 아니 우리는 값없이 (우리의 것으로 간주하는) 전가 및 (말로 다 표현할 수 없는) 선물을 통해 이 의를 얻을 수 있을 뿐이다. 그러므로 특히 양심이 하나님의 심판으로 고군분투할 때 율법이나 행위나 능동적 의는 우리에게 아무 소용이 없음을 기억해야 한다. 이것이 그리스도인의 최고의 기술이자 지혜이다. 반면 하나님의 백성이 아닌 사람들은 율법, 행위, 능동적인 의를 알고 주시하는 것을 최고의 지혜라고 생각한다.

9. 그리스도인에게 율법에 무지하고 마치 율법이 전혀 없는 것처럼 하나님 앞에서 살라고 가르치는 것은 괴이한 일이고 세상에서 들어보

지 못한 내용이다. 만일 당신이 마치 율법은 없고 오직 은혜만 있기라도 한 것처럼 율법을 무시하고 당신의 생각을 은혜로 향한다면, 당신은 구원받을 수 없다. "율법을 통해서는 죄를 깨닫는다"(롬 3:20).

10. 이와 반대로 세상에서는 마치 약속이나 은혜가 전혀 없는 것처럼 율법과 행위를 주장해야 한다. 이것은 완고하고 교만하고 무정한 사람들 때문이다. 이들 앞에 율법을 바로 세워 그들이 놀라고 겸손해지도록 해야 한다. 율법이 주어진 것은 이들을 두렵게 하고 죽이며 옛사람을 괴롭게 하기 위함이다. 사도의 말에 따라 은혜와 진노라는 두 단어는 바르게 구분되어야 한다(딤후 2:25~26).

11. 여기서 율법을 자기 한계 내에 머물도록 조절할 수 있는 지혜롭고 신실한 지도자가 필요하다. 사람들에게 율법을 통해 하나님 앞에서 의롭게 될 수 있다고 가르치는 것은 율법의 한계를 넘어서는 것이며 능동적인 의와 수동적인 의, 이 두 가지를 뒤죽박죽 섞는 것이다. 이렇게 하는 자는 바르게 분간하지 못하는 무지한 궤변가에 불과하다.

12. 율법과 행위는 옛사람에게, 약속과 은혜는 새사람에게 귀속시키는 자는 바르게 구분한 것이다. 육신이나 옛사람은 율법 및 행위와 연결되어 있고, 영이나 새사람은 약속 및 은혜와 연결되어 있기 때문이다. 그러므로 죄를 깊이 뉘우치는 사람이 율법으로 억압받고 죄에 놀라 위로를 갈망한다면, 그의 시야에서 율법과 능동적인 의를 제거하고 복음으로 수동적인 의를 제시해야 한다. 이 수동적인 의는 모세와 그의 율법을 배제하고, 슬퍼하는 자와 죄인을 위해 오

신 그리스도의 약속을 보여준다. 여기서 우리는 일으켜 세워져 소망을 얻으며 더 이상 율법 아래에 있지 않고 은혜 아래에 있게 된다. 이에 대해 사도 바울이 다음과 같이 말한다. "죄가 너희를 주장하지 못하리니, 이는 너희가 법 아래에 있지 아니하고 은혜 아래에 있음이라"(롬 6:14). 어떻게 율법 아래에 있지 않게 된 것인가? 율법이 적용되지 않는 새사람이 되었기 때문이다. 율법은 그리스도가 오실 때까지만 적용된다. "그리스도는 ... 율법의 마침이 되시니라"(롬 10:4; 갈 3:17,19,24)고 바울이 말하는 것과 같다. 그리스도가 오심으로 모세의 시대는 율법, 할례, 희생제사, 안식일, 그리고 모든 예언자와 더불어 끝났다.

13. 우리의 신학은 능동적인 의와 수동적 의, 두 가지 의를 정확히 구분하는 방법을 가르쳐 삶과 믿음, 행위와 은혜, 세상 정부와 예배를 서로 섞지 않도록 한다. 두 의는 물론 필요하지만, 각자의 한계 내에 머물러야 한다. 그리스도의 의는 새사람에 속하지만, 율법의 의는 혈육으로 태어난 옛사람에 속한다. 옛사람에게는 마치 나귀처럼 짓누르는 짐이 부과되어야 한다. 그는 그리스도에 대한 믿음을 통하여 먼저 새사람을 입어야 영의 자유와 은혜의 자유를 누릴 수 있다(물론 이것은 이생에서는 완전하게 되지는 않는다). 새사람이 된 이후에 비로소 말로 다 표현할 수 없는 은혜의 풍성함과 선물을 누리게 된다.

14. 이러한 사실을 말하는 이유는 교황주의자들이 거짓으로 우리를 비난하는 것처럼 우리가 선행을 배척하거나 막는다고 생각하지 않

도록 하기 위함이다. 그들은 자신이 말하는 것과 가르치는 것조차 이해하지 못한다. 그들은 율법의 의만 알고 있음에도 율법을 훨씬 뛰어넘는, 육적인 사람은 판단할 수 없는 가르침에 대해 판단하고자 한다. 그러므로 그들은 실족할 수밖에 없다. 율법 그 이상을 볼 수 없기 때문이다. 율법을 뛰어넘는 것은 그것이 무엇이든 그들에게 매우 커다란 걸림돌이 된다.

15. 하늘의 세계와 땅의 세계, 두 세계를 떠올려보라! 이 두 세계에 우리는 두 가지 상이하고 서로 분명히 구별되는 의를 배치할 수 있다. 율법의 의는 땅에 속하며 이 세상의 것들과 관련이 있고, 우리는 이 이름으로 선행을 한다. 그러나 먼저 하늘에서부터 물로 적셔지고 비옥하게 되지 않는다면 땅은 열매를 맺지 못한다. 땅은 하늘을 판단하거나 새롭게 하거나 지배할 수 없다. 오히려 하늘이 땅을 판단하고 새롭게 하며 지배하고 비옥하게 하여, 땅은 주님이 원하시는 것을 행할 수 있다. 마찬가지로 우리가 먼저 우리의 행위나 공로 없이, 이 세상의 능동적인 의인 율법의 의와 아무 관련이 없는 그리스도의 의를 통하여 의롭게 되지 않는다면, 우리는 율법의 의를 가지고 (아무리 많은 행위를 한다고 할지라도) 아무것도 이루지 못하며 율법을 성취하려고 해도 할 수 없다. 그러나 하늘의 의, 수동적인 의는 우리 스스로 갖는 것이 아니라 하늘로부터 받는 것이고, 우리가 성취하는 것이 아니라 믿음으로 붙잡는 것이다. 우리는 믿음의 능력으로 모든 율법과 행위 위로 올라간다. 바울은 "우리가 흙에 속한 자의 형상[이 땅에 속한 아담의 형상]을 입은 것 같이 또한 하늘에 속한 이의 형상[하늘에 속한 아담의 형상]을 입으리라"

고 말한다(고전 15:49).[68] 이것은 새로운 세상에서의 새사람을 말한다. 새 세상에는 율법, 죄, 양심의 가책, 죽음이 없고 그 대신 완전한 즐거움, 의, 은혜, 평화, 생명, 구원, 영광만이 존재한다.

16. 그렇다면 이러한 의를 얻기 위하여 행하거나 수행해야 할 것은 무엇인가? 전혀 없다. 왜냐하면 이 의는 율법이나 행위와 관련해 어떤 것을 행하지도, 듣지도, 알지도 못하기 때문이다. 이 의는 다만 다음 사실을 알고 믿는다. 즉 그리스도는 아버지에게 가셔서 지금은 보이지 않으며, 하늘에 오르사 아버지 우편에 앉아 계신다. 그는 심판자가 아니며 오히려 하나님에 의해 우리에게 지혜와 의와 거룩과 구속함이 되셨다(고전 1:30). 요약하면 그리스도는 우리를 변호하시고 은혜를 통해 우리 안에서, 우리를 다스리시는 우리의 대제사장이다. 여기서는 어떤 죄도 보이지 않으며 어떤 공포나 양심의 상처도 느끼지 않는다. 이 그리스도의 의에는 죄가 들어설 수 없기 때문이다. 율법이 없는 곳에는 범죄 함도 없다(롬 4:15). 죄가 들어설 여지가 없기에 양심의 가책도, 두려움도, 슬픔도 분명 없다. 그러므로 요한은 다음과 같이 말한다. "하나님께로서 난 자마다 죄를 짓지 아니하나니"(요일 3:9).

17. 그러나 양심의 가책이나 두려움은 하늘의 의가 물러나고 은혜가 사라지고 그리스도가 감춰져 보이지 않게 되었다는 표시이다. 그리스도가 실제 보이는 곳에서는 주님 안에서 누리는 완전하고 충만한 즐거움과 양심의 평화가 있을 수밖에 없다. 왜냐하면 양심은

68) 루터는 불가타 성서에 따라 "하늘에 속한 아담의 형상을 지니도록 하자"라고 인용한다.

다음과 같이 확신하기 때문이다.

"비록 나는 율법에 따라 죄인이고 율법의 의가 없을지라도 절망하거나 죽지 않을 것이다. 왜냐하면 나의 의이시요 하늘의 영원한 생명이신 그리스도가 살아계시기 때문이다. 이 의와 생명 안에서 내게 어떤 죄도, 양심의 가책도, 죽음도 없다. 나는 현재의 삶과 의에 따르면 아담의 자손으로 죄인이다. 여기에서 율법은 나를 고소하고 이로 인해 죽음이 지배하며 궁극적으로 나를 삼키려고 한다. 하지만 나는 이러한 삶을 뛰어넘어 다른 의, 다른 삶을 가지고 있는데, 바로 하나님의 아들 그리스도이다. 그는 죄와 죽음을 알지 못하고 오히려 의와 영생이 되신다. 그분으로 말미암아 나의 죽은 몸도 부활하고 율법과 죄의 노예 신분으로부터 자유롭게 되는 동시에 성령으로 거룩하게 될 것이다."

18. 내가 이 땅에 사는 동안 이 두 가지는 계속된다. 육신은 능동적인 율법의 의에 의해 고발당하고 괴로움을 받고 우울해지고 굴욕감을 느끼게 된다. 그러나 영은 수동적인 의를 통해 살고 즐거워하고 구원받는다. 왜냐하면 영은 자신이 하늘의 하나님 우편에 앉아 계시는, 율법과 죄와 죽음을 폐하시고 모든 악을 짓밟고 사로잡으셔서 승리를 거두신 주님을 갖고 있음을 알기 때문이다(골 2:15).

19. 그러므로 이 서신에서 바울은 가장 영광스러운 그리스도의 의에 관한 완전한 지식으로 우리를 온전하게 가르치며 굳건하고 확고하게 하고자 한다. 칭의론을 잃어버리는 것은 기독교의 가르침 전부를 잃는 것이기 때문이다. 이 세상에는 이 가르침을 확고히 붙들지 않는 사람들이 많다. 유대인, 터키인, 교황주의자, 분파주의자들이 그런 부류이다. 능동적 율법의 의와 수동적인 그리스도의 의, 이 두 의 사이에 중간이란 없다. 따라서 그리스도의 의로부터 벗어난

자들은 능동적인 의로 떨어질 수밖에 없다. 다시 말해, 그리스도를 잃은 자는 행위를 신뢰할 수밖에 없다.

20. 우리는 이러한 것을 오늘날 열광주의자들과 분파주의자들에게서 찾을 수 있다. 이들은 은혜의 의에 관해서는 어떤 것도 가르치지 않으며 바르게 가르칠 수도 없다. 사실 그들은 우리의 입과 글에서 내용을 취했으나 그저 말하고 쓸 뿐이다. 그들은 본질 자체를 전달하거나 명확히 가르치거나 명료하게 할 수 없다. 본질을 이해하지 못하며 또한 이해할 수도 없기 때문이다. 그들은 오직 율법의 의에만 매달려 있어 행위를 하는 자로 머물고, 그러한 능동적인 의를 넘어 위로 오를 수 없다.

21. 따라서 그들은 교황 아래 있었을 때와 똑같이 머문다. 새로운 이름과 새로운 행위를 하지만 본질은 변함이 없다. 터키인들이 교황주의자들과 다른 행위를 하고 교황주의자들이 유대인들과 다른 행위를 하는 것처럼 말이다. 그러나 어떤 사람이 다른 사람보다 더 훌륭하고 위대한 행위를 통해 그를 아무리 능가할지라도, 그 행위의 본질적인 내용은 동일하고 다만 행위의 양식만 다를 뿐이다. 행위는 단지 외관과 이름만 다를 뿐 사실 모두 행위이고, 그것을 행하는 자는 그리스도인이 아니라 행위성인(聖人)에 불과하다. 그들이 유대인이든 회교도이든, 교황주의자이든 또는 분파주의자이든 마찬가지이다.

22. 따라서 우리는 믿음의 교리 또는 그리스도의 의를 이처럼 계속 반복하고 강조하여 각인시킴으로 이것이 지속적으로 실행되어 능

동적인 율법의 의와 정확히 구분될 수 있도록 해야 한다. 왜냐하면 이러한 가르침에 의해 그리고 이러한 가르침에서만 교회는 세워지고 존속하기 때문이다. 그렇지 않으면 우리는 참된 신학을 가질 수 없고 즉시로 법률가, 의식주의자, 율법주의자, 교황주의자가 되며, 그리스도는 그 즉시 모호해지고 누구도 교회에서 바르게 가르침을 받거나 세워질 수 없게 된다. 따라서 우리가 다른 이들의 설교자와 교사이고자 한다면 이 일에 매우 큰 관심을 기울여야 하고, 율법의 의와 그리스도의 의의 차이를 확고히 해야 한다. 사실 이러한 구분에 대해 말하기는 쉽지만, 당신이 그러한 구분을 매우 신중하게 숙고하고 그 일에 매달린다고 해도 그 구분을 실제 경험과 실천에서 적용하는 것은 매우 어렵다. 죽음이나 양심의 고뇌의 순간에 두 가지 의는 당신이 원하거나 바라는 것보다 훨씬 더 가까이 밀접해 있기 때문이다.

23. 그러므로 내가 사람들, 특히 양심을 인도하는 교사가 될 자들에게 권하고 또한 모든 각 사람에게 전하는 것은 이 조항을 연구와 독서, 그리고 묵상과 기도를 통해 연습하고 학습하라는 것이다. 또한 시련을 겪는 자신과 다른 이들의 양심을 가르치고 위로하며 그들을 율법에서 은혜로, 능동적인 의에서 수동적인 의로, 간단히 말해 모세로부터 그리스도에게 이끌어야 한다. 마귀는 고난과 양심의 갈등 상황에서 율법을 통해 우리를 두렵게 한다. 또한 우리의 양심 앞에 우리의 죄, 우리의 수치스러운 삶, 하나님의 진노와 심판, 지옥과 영원한 죽음을 지속적으로 제시하여 우리를 절망하게 하고 마귀에게 굴복시켜 그리스도로부터 떼어놓으려고 한다. 심지

어 그리스도가 우리에게 행위를 요구하고 이것을 행하지 않은 자들에게 분명하게 저주로 위협하는 성경 구절들을 우리에게 제시하기까지 한다. 만약 여기서 이러한 두 의를 구분할 수 없다면, 그리고 하나님의 우편에 앉아 계시는, 우리의 생명과 의이시며 또한 우리 가련한 죄인을 위해 하나님 곁에서 변론하시는 그리스도를 믿음으로 붙잡지 못한다면, 우리는 은혜 아래가 아니라 율법 아래에 있으며 그리스도는 구원자가 아니라 율법 수여자로 머물게 된다. 여기에 구원이란 없으며 분명 절망과 영원한 죽음만 뒤따라올 뿐이다. 그러므로 우리는 이러한 두 의를 구분하는 기술을 열심히 배워서 율법에 어느 정도 순종해야 하는지 알아야 한다.

24. 그러나 앞(11번, 12번)에서 율법은, 그리스도인 안에서 자신의 한계를 넘어서지 않고 오히려 율법에 종속되어 율법 아래에 머무르는 육신에 대해서만 지배할 수 있다고 언급했다. 이 경우가 율법이 자신의 한계 안에 머무는 것이다. 그러나 율법이 양심을 취하여 양심을 다스리고자 한다면, 당신은 스스로 좋은 변론가가 되어 둘 사이를 바르게 구분해 율법에 주어져야 할 그 이상을 허락하지 말고 다음과 같이 말하라.

> "오, 율법이여, 너는 양심의 왕국으로 기어올라 거기서 지배하며 죄 때문에 양심을 고소한다. 그리스도를 믿음으로 가지고 있는 내 마음의 기쁨을 빼앗고자 한다. 또한 나를 절망에 빠지게 하여 나를 멸망으로 이끈다. 이것은 네 임무를 넘어서는 일이다. 너의 한계 안에 머물러 육신을 지배하고 내 양심은 건드리지 말라. 나는 세례받았고 복음을 통하여 의와 영생의 공동체로 부름을 받았으며 나의 양심이 쉼을 누릴 수 있는 그리스도의 나라로 부름을 받았다.

여기에 율법은 없고 대신 순전한 죄의 용서, 평안, 안식, 즐거움, 구원, 영생만 있다. 이러한 일들로 나를 방해하지 마라! 가혹한 폭군이자 잔인한 압제자인 율법이 내 양심을 지배해서는 안 된다. 양심은 그리스도, 하나님의 아들, 평화와 의의 왕, 가장 달콤한 구원자, 중재자의 거처이자 성전이기 때문이다. 그리스도는 건전하고 순수한 복음의 가르침과 수동적인 의에 대한 지식 안에서 내 양심을 즐겁고 평온하게 하실 것이다."

25. 이 의를 마음에 갖고 있다면, 나는 땅을 비옥하게 하는 비처럼 하늘로부터 내려온다. 다시 말해 나는 다른 왕국으로 나아가 기회가 주어질 때마다 선행을 한다. 내가 말씀을 섬기는 자이면, 나는 설교하며 상한 마음을 위로하고 성례전을 베풀 것이다. 내가 가장이라면, 내 집과 가정을 다스리고 자녀들에게 경건과 경외의 삶을 살도록 교육할 것이다. 내가 공무원이라면, 하나님이 내게 명하신 직무를 수행할 것이다. 내가 하인이라면, 신실하게 주인의 일을 돌볼 것이다. 짧게 말해 그리스도가 자신의 의임을 확실하게 알고 있는 자는, 진정한 마음과 즐거움으로 자신의 직업 안에서 선행을 한다. 또한 사랑을 통하여 당국자들에게 복종하되, 심지어 그들의 불경건한 법, 현재 삶의 모든 의무와 위험들도 필요하다면 감수한다. 왜냐하면 그리스도인은 하나님이 그것을 원하시고 그러한 순종을 마음에 흡족해하심을 알기 때문이다.

26. 지금까지 이 서신이 다루고 있는 것에 관하여 충분히 언급하였다. 거짓 교사들은 믿음의 의를 갈라디아인들에게 바르게 가르치지 않았다. 이들에 대항해 바울은 자신의 권위와 직무를 변호하고 옹호한다.

10. 슈말칼덴 신조

작품 해설

“슈말칼덴 신조”는『대교리문답』및『소교리문답』과 더불어 루터교 신앙고백서에 포함될 정도로 중요한 의미를 지닌다. 1537년 5월 23일 만투아(Mantua)에서 개최되는 공의회를 위해 프로테스탄트 진영에서 루터에게 신앙고백서를 작성해 달라고 요청했다. 루터는 교리적 명제들로 “슈말칼덴 신조”를 작성했다. 이 신앙고백은 가톨릭교회와 루터교회의 가르침의 차이점을 분명하게 드러내며 루터교의 교리를 명확하게 정리하고 있다.

작품

제2부

제1항. 그리스도에 관하여

첫째 되고 중심되는 조항은 우리의 하나님이자 주인이신 예수 그리스도가 "우리의 죄를 위하여 죽으시고 우리의 의를 위해 부활하셨다"(롬 4:25)는 사실, 예수 그리스도만이 "세상의 죄를 지고 가는 하나님의 어린 양"(요 1:29)이시고 "하나님은 우리의 모든 죄를 그에게 담당시키셨다"(사 53:6)는 사실, 그리고 "모든 사람이 죄를 범하였으매 하나님의 영광에 이르지 못하더니 그리스도 예수 안에 있는 속량으로 말미암아 하나님의 은혜로 값없이 의롭다 하심을 얻은 자 되었느니라"(롬 3:23~24)는 말씀 등이다.

이 가르침은 믿음의 대상이고 믿음 이외의 행위, 율법, 공로로는 얻거나 붙잡을 수 없다. 로마서 3장이 말하듯이 믿음만이 우리를 의롭게 하는데 바울은 다음과 같이 말한다. "사람이 의롭다 하심을 얻는 것은 율법의 행위에 있지 않고 믿음으로 되는 줄 우리가 인정하노라"(롬 3:28), 그리고 "자기의 의로우심을 나타내사 자기도 의로우시며 또한 예수 믿는 자를 의롭다 하려 하심이라"(롬 3:26).

하늘과 땅 혹은 유한한 것들이 다 무너진다고 할지라도, 우리는 이 조항에서 조금이라도 벗어나거나 그것을 포기할 수 없다. 왜냐하면 베드로가 말하는 것처럼 "구원을 받을 만한 다른 이름을 우리에게 주신 일이 없기"(행 4:12) 때문이다. 그리고 "그가 채찍에 맞으므로 우리는 나음을 입었기"(사 53:5) 때문이다.

이 조항에는 우리가 교황, 악마, 세상에 대항할 수 있는 가르침과 삶의 모든 것이 들어 있다. 이 조항은 의심하지 말고 확신해야 한다. 그렇지 않으면 우리는 모든 것을 잃게 되고 교황과 악마와 모든 것의 지배 아래에 놓이게 될 것이다.

제3부

제1항. 죄에 관하여

사도 바울이 로마서 5장에서 말하는 것처럼(롬 5:12) 죄는 아담 한 사람으로부터 유래했다고 고백해야 한다. 아담의 불순종으로 모든 인간은 죄인이 되었고 죽음과 악마에게 종속되었다. 이것은 원죄 혹은 주요한 죄로 불린다.

이 죄의 열매는 악한 행위이다. 악한 행위는 십계명에서 금지된 것, 즉 불신앙, 잘못된 믿음, 우상숭배, 하나님을 경외하지 않는 것, 오만, 절망, 맹목 등이다. 간단히 말해 하나님을 모르거나 존중하지 않는 것이다. 또한 거짓말, 하나님 이름으로 맹세하는 것, 기도하지 않는 것, 하나님을 부르지 않는 것, 그리고 하나님의 말씀에 주목하지 않는 것, 부모에게 불순종하는 것, 살인, 음탕함, 도둑질, 사기 등도 여기에 해당한다.

원죄는, 이성이 인식하지 못할 정도로 본성이 깊고 악하게 타락한 것이다. 원죄는 시편 51편, 로마서 5장, 출애굽기 32장, 창세기 3장과 같은 성서의 계시를 근거로 믿을 수밖에 없다(시 51:5; 롬 5:12 이하; 출 32:1 이하; 창 3:6 이하).

스콜라 신학자들이 경시한 죄

이 조항에 관하여 스콜라 신학자들이 가르친 다음 내용들은 순전히 오류이고 맹목적이다.

1. 아담의 타락 이후 인간이 타고난 능력은 전적으로 부패하지 않았으며, 헬라 철학자들이 가르치듯이 인간은 본성상 바른 이성과 선한 의지를 갖고 있다.
2. 또한 인간은 선을 행하고 악을 그만두거나, 반대로 선을 그만두고 악을 행할 자유의지를 가지고 있다.
3. 인간은 타고난 능력으로 하나님의 모든 계명을 수행하고 지킬 수 있다.
4. 인간은 또한 타고난 능력으로 모든 것보다 하나님을 더 사랑하고 이웃을 자신처럼 사랑할 수 있다.
5. 인간이 할 수 있는 것을 행한다면, 하나님은 그에게 반드시 은혜를 주실 것이다.
6. 또한 인간이 성례에 참여하고자 한다면 선을 행하고자 하는 선한 결심이 필요한 것이 아니라, 죄를 짓고자 하는 악한 의도를 갖지 않는 것으로 충분하다. 그럴 정도로 본성은 매우 선하고 성례는 강력하다.
7. 선행을 위해 성령이 은혜와 더불어 필요하다는 사실은 성서 어디에도 근거가 없다.

이러한 가르침 및 이와 유사한 많은 가르침은 죄뿐만 아니라 우리의 구세주 그리스도를 이해하지 못하고 깨닫지 못함에서 유래한다. 이것은 용납할 수 없는 이교도적인 가르침이다. 만일 이러한 가르침이 옳다면 그리스도는 헛되이 죽은 것이 된다. 인간에게 그리스도가 돌아가셔야만 하는 결함이나 죄가 없는 것이 되기 때문이다. 또는 그는 영혼이 아니라 오직 몸을 위해서만 죽은 것이 되는데, 영혼은 온전하고 오직 몸만 죽기 때문이다.

제2항. 율법에 관하여

하나님이 율법을 주신 이유는 우선 처벌의 위협과 두려움으로, 그리고 은혜와 자비의 약속과 이를 주심으로 죄악을 막기 위한 것이다. 하지만 이 율법은 죄가 인간 안에서 일으킨 악함 때문에 두 종류의 나쁜 결과를 가져왔다. 우선 인간은 율법으로 인해 더 악하게 되었다. 왜냐하면 율법은 사람이 기꺼이 행하고 싶은 것은 금지하고 원하지 않은 것은 명령하기에 사람은 율법에 적대적일 수밖에 없기 때문이다. 그러므로 인간은 벌을 피할 수 있다면 가능한 한 이전보다 더욱 율법에 어긋나게 행할 뿐이다. 인간은 기회와 여건이 주어지기만 하면 악을 행하는 거칠고 악한 자이다. 또 하나는 위에서 스콜라 신학자들이 말한 것처럼, 인간은 자신의 능력으로 율법을 지켰고 또한 지킬 수 있다고 생각하는 눈멀고 뻔뻔한 자들이 되었다. 여기에서 위선자와 거짓 성자들이 생겨난다.

율법의 가장 중요한 임무 혹은 능력은 원죄와 이에 따른 모든 열매를 드러내고(롬 3:19~20; 7:7) 본성이 얼마나 깊고 심하게 타락하고 부패하였는지를 보여주는 것이다. 왜냐하면 율법은 사람이 하나님을 모시고 있지 않으며 하나님을 주목하지 않고 낯선 우상들을 숭배하고 있다고 말하기 때문이다. 사실 인간은 율법이 있기 전에는, 그리고 율법 없이는 이러한 사실을 깨닫지 못했을 것이다. 인간은 율법을 통해 놀라고 겸손해지고 낙담하고 절망한다. 그는 기꺼이 도움받고자 하지만 어디에 도움이 있는지 알지 못한다. 오히려 하나님께 적대적이고 투덜대기 시작한다. 이것은 바울이 로마서에서 말한 것과 같다. "율법은 진노를 이룬다"(롬 5:15); "율법이 들어온 것은 범죄를 더하게 하려 함이라"(롬 5:20).

제3항. 회개에 관하여

이러한 율법의 기능(죄를 깨닫도록 하는 것)은 신약성서에도 포함되어 있으며 동일하게 작용한다. 이것은 바울이 로마서 1장에서 말한 바와 같다. "하나님의 진노가 하늘로부터 모든 인간에게 계시된다"(롬 1:18), "무릇 율법이 말하는 바는 율법 아래에 있는 자들에게 말하는 것이니 이는 모든 입을 막고 온 세상으로 하나님의 심판 아래에 있게 하려 함이라. 그러므로 율법의 행위로 그의 앞에 의롭다 하심을 얻을 육체가 없나니 율법으로는 죄를 깨달음이니라"(롬 3:19~20). 그리스도도 다음과 같이 말씀하신다. "그(성령)가 와서 죄에 대하여, 의에 대하여, 심판에 대하여 세상을 책망하시리라"(요 16:8).

율법은 하나님의 '벼락'인 셈이다. 하나님은 이것으로 명백한 죄인뿐만 아니라 거짓된 성자까지도 한 번에 멸하시며 누구도 옳다고 인정하지 않으신다. 하나님은 그들을 모두 공포와 낙담에 빠지게 하신다. 율법은 예레미야에 따르면 '망치'이다. "내 말이 ... 바위를 쳐서 부스러뜨리는 방망이 같지 아니하냐"(렘 23:29). 이것은 '적극적인 뉘우침'

(activa contritio) 혹은 스스로 깨달은 뉘우침이 아니라 '수동적인 뉘우침'(passiva contritio), 즉 마음의 진정한 슬픔, 고난과 죽음의 느낌이다.[69]

이것은 참된 회개의 시작을 의미한다. 여기서 인간은 다음과 같은 판단을 받는다.

> "분명 죄인이든 성인이든 그것은 중요하지 않다. 별것 아닌 너희는 모두 지금과는 다르게 되고 다르게 행동해야 한다. 너희가 아무리 위대하고 지혜로우며 강하고 거룩하게 보일지라도 사실은 결코 경건하지 못한 자들이다."

하지만 신약성서는 이러한 율법의 직무(죄를 깨닫게 하는 것)에, 복음을 통해 우리가 믿어야 하는 은혜에 대한 위로의 약속을 신속히 추가한다. 그리스도는 "회개하고 복음을 믿으라"(막 1:15), 즉 이전과 다르게 되고 다르게 행하고 자신의 약속을 믿으라고 말씀하신다. 그리스도의 길을 예비한 요한은 회개의 설교사로 불리는데, 그 회개는 죄의 용서를 위한 것이었다. 즉 요한은 모든 이를 벌하고 죄인으로 만들어 그들 자신이 하나님 앞에서 타락한 인간임을 인식하도록 한다. 그렇게 하여 은혜를 받도록, 그리고 주님에게서 죄의 용서를 받도록 준비시킨 것이다. 그리스도 자신도 다음과 같이 말씀하신다. "또 그의 이름으로 죄 사함을 받게 하는 회개가 예루살렘에서 시작하여 모든 족속에게 전파될 것이 기록되었으니"(눅 24:47).

그러나 율법이 복음의 협력 없이 홀로 이러한 직무를 행하는 곳에는 죽음과 지옥이 있을 뿐이며, 여기서 인간은 사울과 유다처럼 절망

---

69) 루터에게 뉘우침은 '행해진 뉘우침'이 아니라 양심의 고뇌라 할 수 있는 '경험된 뉘우침'이다. 회개는 인간 자신이 아니라 하나님의 율법을 통해 이루어지는 것이기 때문이다.

할 수밖에 없다(삼상 31:4; 마 27:5). 바울은 이러한 의미로 "율법은 죄를 통해 죽인다"(참조. 롬 7:10)고 말한다. 반면 복음은 위로와 용서를 한 가지 방법으로만 주는 것이 아니라 (앞으로 듣게 될 것처럼) 말씀과 성례전 등을 통하여 준다. 죄라는 커다란 감옥에 맞서 시편 130편이 말하듯이 "여호와께서는 인자하심과 풍성한 속량"(시 130:7)으로 우리를 대하신다.

교황주의자들의 잘못된 회개에 관하여

교황을 따르는 신학자들이 죄를 바르게 깨닫지 못하는 한, 회개에 관하여 바르게 가르친다는 것은 불가능한 일이다. 앞서 말한 것처럼 그들은 원죄를 바르게 평가하지 못하여 인간의 자연적인 능력은 타락하지 않은 채 온전하게 머무르고 이성은 바르게 가르칠 수 있고 인간의 의지는 이에 따라 바르게 행할 수 있다고 말한다. 따라서 인간이 이러한 자유의지를 가지고 최선을 다하면 하나님께서 반드시 은혜를 주신다는 것이다.

이러한 사실로부터 내릴 수 있는 결론은 오직 실제로 행해진 죄에 대해서만 회개하면 된다는 것이다. 스스로 동의한 악한 생각(악한 충동, 쾌락, 자극은 죄가 아니기 때문)이나 자유의지로 하지 않을 수도 있었던 악한 말과 악한 행위에 대한 회개가 이에 속한다.

이러한 회개를 위해 그들은 회오, 고해, 보속(보상행위)이라는 세 부분을 정하고 다음과 같은 위로와 약속을 한다. 바르게 뉘우치고 고해하고 보상행위를 하는 자는 이것을 통해 용서함을 받고 하나님에 대한 죗값을 치렀다는 것이다. 그래서 그들은 회개하는 사람들에게 자신의 행위를 신뢰하도록 지시한다. 따라서 청중에게 공동의 고해가 말해질 때 강단에서는 다음과 같은 말이 이어졌다. “여호와 하나님, 제가 죄의 대가를 치르고 행동을 개선할 때까지 저의 삶을 연장하소서.”[70] 여기에 그리스도나 믿음에 대한 언급은 없다. 오히려 하나님 앞에서 자신의 행위로 죄를 극복하고 없애기를 희망한다. 이러한 의도로 우리도 성직자와 수도사가 되어 죄를 스스로 저지하려고 한 것이다.

그들은 회오(통회)에 대해, 누구도 자기의 모든 죄(특히 그가 한 해 동안 지은 죄)를 기억할 수 없기에 다음과 같은 출구를 제시한다. 의식하지 못했던 죄가 후에 깨달아지면 그것 역시 회개하고 고백해야 하지만, 깨닫기 전까지는 죄는 하나님의 은혜에 맡겨져 있다는 것이다.

하나님 앞에서 충분한 회오가 되기 위해 회오를 얼마나 많이 해야 하는지 아무도 알 수 없기에, 그들은 다음과 같은 위로를 또한 제공한다. 통회, 즉 회오(contritio)를 할 수 없는 자는 충분하지 못한 회오(attritio)라도 해야 한다는 것이다(나는 이것을 ‘절반의 회오’ 또는 ‘회오의 시작’이라 부르고 싶다). 왜냐하면 그들 자신이 두 가지 모두 이해하지 못했고 또한 오늘날에도 그것이 의미하는 것을 나보다도 모르고 있기 때문이다. 이러한 불충분한 회오는 사람들이 고해하러 갈 때 충분한 회오로 간주되었다.

누군가 자신은 (마치 매춘이나 복수에서처럼) 죄에 대해 회개하거나 슬퍼할 수 없다고 말하는 경우, 적어도 회오를 원하거나 실제로 바랐는지 그에게 질문한다. 그가 ‘원한다’고 말하면(‘그렇지 않다’고 대답하고자 하는 자는 마귀 자신밖에 없을 것이다), 그들은 그것을 회오로 받아들이고 그러한 선한 행위를 근거로 그들의 죄를 용서한다. 이를 위해 그

70) 이 말은 사제가 예배에서 회중의 이름으로 말한 공적인 죄의 고백에서 나온 것이다.

들은 성 버나드를 예로 제시하였다.[71)]

여기서 우리는 눈먼 이성은 하나님의 일에 대해 이리저리 더듬을 뿐이며, 자기 생각에 따라 자기 행위로 위로를 찾고 그리스도나 믿음에 대해서는 전혀 생각할 수 없음을 본다. 이것을 빛 가운데 눈여겨본다면 이러한 회오는 스스로 만들고 고안한 생각이고, 믿음 없이 그리고 그리스도에 관한 바른 지식 없이 자신의 능력으로 인한 것이다. 이러한 상황에서 가련한 죄인은 때때로 탐욕이나 복수를 떠올릴 때 울기보다 코웃음을 칠 것이다. 여기에 예외가 있다면, 율법을 바르게 이해한 자이거나 마귀에 의해 헛되이 슬픈 마음으로 괴로움을 당하는 자들이다. 그 외의 경우에서의 회오는 분명 위선이며 죄의 정욕을 죽이지 못한다. 그들은 당연히 회오를 해야 했다. 하지만 그들에게 자유가 있었다면 오히려 죄를 짓고자 하였을 것이다.

고해에 대해 다음 내용이 주장되었다. 모든 사람은 자신의 모든 죄를 열거해야 했다. 하지만 이것은 불가능한 일이고 엄청난 괴로움이었다. 잊었던 죄가 갑자기 생각날 때는 그것을 고백하는 조건으로 죄 용서를 받았다. 이런 상황에서 누구도 자신이 언제 매우 충분하게 고백했는지 또는 고백을 언제 끝내야 하는지 결코 알 수 없었다. 그런데도 그는 자신의 행위를 참조하도록 지시받았다. 그리고 좀 더 완전하게 고해하고 더욱 부끄러워하고 성직자 앞에서 자신을 더욱 낮출수록, 죄를 위한 보속행위를 더 잘 수행하는 것이라 하였다. 그러한 겸손이 하나님께로부터 반드시 은혜를 얻게 하기 때문이었다.

여기에 그리스도나 믿음은 역시 없었다. 사면(죄의 면제)의 힘에 대

---

71) 버나드의 "Tractatus de gratia et libero arbitrio" IV, 10 참조.

해서는 그에게 전혀 말해지지 않았고, 오히려 죄의 열거와 이에 대한 부끄러움을 근거로 위로가 주어졌을 뿐이다. 그러한 고해가 만들어 낸 고통, 악행, 우상숭배에 대해서는 일일이 설명할 수 없을 정도이다.

보속행위는 더욱 복잡하다. 누구도 모든 죄는 물론 하나의 죄에 대해서도 어느 정도로 그 행위를 해야 하는지 알 수 없기 때문이다. 여기서 그들은 편법을 발견하였다. 예를 들어 주기도문으로 다섯 번 기도하는 것, 하루 동안 금식하는 것 등 쉽게 지킬 수 있는, 단지 적은 보속행위를 부과한 것이다. 그 외에 부족한 회개에 대해서는 연옥에 가서 해결하도록 지시하였다.

여기에 역시 비참함과 고통이 남을 뿐이었다. 어떤 이들은 그들이 연옥에서 결코 나올 수 없을 것으로 생각했다. 왜냐하면 고대 교회법의 규정에 따라 죽음에 이르게 하는 죄에는 7년간의 회개가 요구되었기 때문이다. 그런데도 우리의 보속행위 역시 신뢰의 근거가 되었다. 보속행위가 완전할 수 있었다면, 그것은 신뢰의 온전한 근거가 되었을 것이고 믿음이나 그리스도는 아무 도움도 되지 않았을 것이다. 그러나 그것은 불가능하다. 누군가 100년 동안 이러한 방식으로 회개를 한다고 할지라도, 그는 언제 대가를 충분히 치렀는지 알지 못할 것이다. 이것은 항상 회개를 하지만 결코 회개에 도달하지 못한다는 사실을 의미한다.

여기서 로마의 거룩한 주교(교황)는 가련한 교회를 도와 면죄부를 고안해냈다. 이를 통해 그는 보속행위를 면제해 주고 폐지하였다. 경우에 따라 7년, 100년 등 보속행위를 면제해 주었다. 그는 면죄부를 추기경과 주교들에게 분배하여 어떤 이에게는 100년을, 다른 이에게는 100일을 면죄부로 보속할 수 있도록 허가하였다. 그러나 이 모든 것을

보속할 수 있는 면죄부의 부여는 교황의 고유권한이었다.[72)]

면죄부가 돈벌이의 수단이 되기 시작하고 면죄부 판매가 교황 교서를 근거로 잘 이루어지자, 교황은 희년을 고안하고[73)] 이것을 로마와 결부시켰다. 이것은 모든 처벌과 죄책의 용서를 의미하였다. 사람들은 이것을 향하여 달려들었다. 왜냐하면 모든 사람이 중하고 감당할 수 없는 짐으로부터 해방되길 간절히 원했기 때문이다. 이것은 땅의 보물을 발견하고 파내는 것으로 불렸다. 즉시로 교황은 여러 희년을 계속 연달아 정하였다. 그는 돈을 더욱 많이 얻을수록 그의 입(욕심)은 더욱 커졌다. 그는 모든 교회와 집이 희년으로 가득할 때까지 사절단을 각 지역으로 파송했다. 마침내 연옥의 죽은 자들에게까지 돌진하였다. 우선, 죽은 자를 위한 미사와 철야기도를 통해, 그 후에는 면죄부와 희년을 통해서였다. 결국 한 영혼의 구원에 드는 비용이 6페니히(Pfennig)일 정도로 영혼의 가치는 떨어졌다.

그러나 이러한 수단은 별 도움이 되지 못했다. 교황은 사람들에게 이러한 면죄부를 의지하고 신뢰하도록 가르쳤지만, 다른 한편으로 스스로 불확실함을 키우는 불씨가 되었기 때문이다. 그는 다음과 같은 칙령을 선포했다.

> "면죄부나 희년에 참여하고자 하는 자는 통회와 고해를 하고 돈을 내야 한다."[74)]

---

72) 모든 것을 보속하는 면죄부는 1095년 우르반 2세에 의해, 제1차 십자군 전쟁의 맥락에서 제정되었다.

73) 참조. DH 868.

74) 예를 들어 1517년 면죄부 선전에 이렇게 나와 있다.

앞에서 이미 들은 것처럼, 회오와 고해는 이것을 행하는 이들에게 불확실하고 위선적인 것에 불과했다. 누구도 어떤 영혼이 연옥에 있는지 알지 못했고, 연옥 안에 있는 이들 중에 누가 바르게 회오하고 고해했는지 알 수 없었다. 아무튼 교황은 돈을 받았고 권위와 면죄부로 그들을 위로했고, 다른 한편으로 그들에게 자신들의 불확실한 행위를 바라보도록 지시하였다.

생각과 말, 그리고 행위의 죄에 대해 잘못이 있다고 생각하지 못한 몇 사람들이 있었다. 이들은 나처럼 수도원과 종교재단에서 수도사와 성직자이기를 원했다. 우리는 금식, 철야, 기도, 미사, 조야한 의복과 침대 등으로 악한 생각에 저항했고 진지하고도 강하게 거룩하기를 원했다. 그러나 유전되어 타고난 악은 잠을 자는 가운데서도 자신의 본성을 드러냈는데, 이를 어거스틴과 제롬이 다른 이들과 함께 고백했다.[75] 그렇지만 죄 없이 신행으로 가득할 정도로 거룩한 사람 몇몇은 존재한다고 모든 사람이 확신했다. 그래서 우리는 하늘나라에 가는데 필요한 것 외에 여분의 선행을 다른 사람에게 전하고 팔았다. 이것은 모두 사실이며, 이를 증명하는 봉인, 서신, 예들이 존재한다.

이 사람들에게 회개는 필요하지 않았다. 그들이 악한 생각에 동의조차 하지 않는데 무엇을 크게 뉘우치려 했겠는가? 악한 행동을 피했는데 무엇을 고해하고자 했겠는가? 잘못하지 않았고 심지어 다른 가련한 죄인들에게 자신의 잉여의 의를 팔 정도였는데 무엇을 위해 보속행위를 하고자 했겠는가? 그리스도 시대의 바리새인들과 서기관들 역시 그러한 성자들이었다.

75) Augustinus, Confessiones X, 30; Hieronymus, Epistolae XXII, 7.

여기서 참된 회개의 설교자이자 불같은 천사 요한(참조. 계 10:1)이 와서 천둥으로 양쪽 모두를 덮치며 "회개하라!"(마 3:2)고 말한다. 한쪽 사람들은 "우리는 회개를 했다"고 생각하고, 다른 쪽 사람들은 "우리는 회개가 필요하지 않다"고 생각한다. 그러나 요한은 다음과 같이 말한다. "너희 모두 회개하라, 왜냐하면 전자는 거짓된 참회자들이고, 후자는 거짓 성자들이기 때문이다. 너희 모두 죄의 용서가 필요하다. 왜냐하면 너희 모두는 죄를 회개하거나 죄를 피하는 것은 말할 것도 없고 죄가 참으로 무엇인지도 아직 모르기 때문이다. 너희 가운데 누구도 선하지 않다. 너희는 하나님과 하나님 뜻에 관하여 믿거나 이해하거나 알지 못한다. 현존하시는 그의 충만함으로부터 우리 모두는 은혜 위에 은혜를 받아야 하기 때문이다(요 1:16). 어떤 사람도 그리스도 없이는 하나님 앞에서 의로울 수 없다. 그러므로 너희가 회개하고자 한다면 바르게 회개하라. 너희 회개는 그렇지 못하다. 회개가 필요하지 않다고 여기는 위선자들아, 독사의 자식들아(마 3:7; 눅 3:7), 누가 너희에게 장차 올 진노를 피할 것이라고 확신하게 했는가?"

바울도 로마서 3장 10~12절에서 같은 내용을 가지고 설교하며 다음과 같이 말한다. "의인은 없나니 하나도 없으며 깨닫는 자도 없고 하나님을 찾는 자도 없고, 다 치우쳐 함께 무익하게 되고 선을 행하는 자는 없나니 하나도 없도다." 사도행전 17장 30절에서는 "하나님이 간과하셨거니와 이제는 어디든지 사람에게 다 명하사 회개하라 하셨으니"라고 말한다. 그는 '모든 사람'이라는 말로 어떤 인간도 예외가 없음을 가리킨다. 그러한 회개가 우리에게 죄를 인식하도록 가르친다. 다시 말해 우리는 쓸모 없고 우리에게는 선한 것이 전혀 없으며, 우리는 전적으로 새로워져야 하고 지금과 다른 인간이 되어야 한다는 것이다.

이것은 실제로 행해진 죄에 대해서만 회개하고자 하는 부분적이거나 가련한 회개가 아니며 불확실한 회개도 아니다. 왜냐하면 그것은 죄가 무엇이고 죄가 아닌 것이 무엇인지 토론하지 않고 모든 것을 하나로 만들며 다음과 같이 말하기 때문이다.

> "우리는 모두 죄인일 뿐이다. 그런 우리가 오랫동안 무엇을 추구하거나 나누거나 구별하고자 하는가?"

따라서 여기서도 회오는 확실하다. 왜냐하면 우리가 죄를 배상하기 위해 선한 것을 생각해 내도록 하는 것은 없기 때문이다. 오히려 우리가 존재하고 생각하고 말하고 행하는 것에 대한 명백한 낙담만이 있을 뿐이다.

마찬가지로 고백 역시 거짓되거나 불확실하거나 부분적일 수 없다. 자신에게 있는 모든 것은 단지 죄뿐이라고 고백하는 사람은, 모든 죄를 붙잡고 어떤 죄도 생략하지 않으며 어떤 죄도 잊지 않기 때문이다. 또한 보속도 불확실할 수 없다. 보속은 우리의 불확실하고 죄된 행위에 근거하지 않고 세상 죄를 지시는 하나님의 흠 없는 어린양의 고난과 피에 근거하기 때문이다(요 1:29).

이러한 회개에 관하여 요한이 설교하였고, 그 후에 그리스도가 복음서에서 설교하셨고 우리도 설교한다. 복음적 회개로 우리는 교황을 무너뜨리고 선행에 근거한 모든 것 또한 무너뜨린다. 선행 또는 율법이라고 불리는 약하고 무익한 기초 위에 모든 것이 세워져 있기 때문이다. 실제로 선행은 없고 악한 행위만 있다. 또한 그리스도가 요한복음 7장 19절에서 말씀하신 것처럼 모든 사람은 율법을 행하지 않고 율법을 어긴다. 건물이 가장 거룩하고 아름다운 곳에 세워졌을지라도 그것은 기만하는 거짓과 위선에 불과하다.

회개는 그리스도인들에게 죽을 때까지 계속된다. 왜냐하면 회개는 일생에 걸쳐 육신 안에 남아 있는 죄와 싸우는 것이기 때문이다. 로마서 7장 23절에서 증언하는 것처럼 바울은 그의 지체 속의 율법과 싸운다. 이 싸움은 자신의 능력이 아니라 죄의 용서에 뒤따르는 성령의 선물을 통해 이루어진다(롬 8:2). 이 선물이 남아 있는 죄를 정결하게 하고 매일 쓸어내어 사람을 의롭고 순결하고 거룩하게 한다.

이것에 관하여 교황, 신학자들과 법학자들, 그리고 어떤 인간도 알지 못한다. 오히려 그것은 복음을 통해 계시된, 하늘로부터 온 가르침이다. 이 가르침을 불경건한 성자들은 이단으로 부르기도 했다.

다른 한편으로 열광주의자들이 나타날 수 있다. 이미 몇 명이 존재했고, 소용돌이의 시기[76]에 직접 목격하기도 했다.[77] 성령이나 죄의 용서를 받거나 믿음을 갖게 된 자들은, 그 후에 죄를 지을지라도 믿음 안에 머물며 그런 죄가 전혀 그들에게 해를 주지 않는다고 이들은 생각한다. 그들은 다음과 같이 외친다.

> "당신이 하고 싶은 것을 행하라! 당신이 믿는다면 모든 것은 아무 문제 되지 않는다. 믿음이 모든 죄를 근절한다."

그들은 여기에 더하여, 누군가 믿음과 성령을 받은 이후 죄를 짓는다면 그는 성령과 믿음을 실제로 가진 것이 아니라고 주장한다. 나는 이런 어리석은 자들을 많이 만났고, 이런 자들 가운데 몇 명은 마귀의

76) 농민전쟁(1525년)을 예로 들 수 있다.

77) 1525년 농민전쟁 기간에 루터는 순례설교를 통하여 평화를 이루고자 원했다.

계략에 넘어간 것은 아닐까 걱정스럽다.

그러므로 다음과 같은 사실을 알고 가르치는 것이 필요하다. 거룩한 이들은 여전히 원죄가 있다고 느끼며 이 죄를 위해 날마다 회개하고 이 죄에 대항해 싸운다. 그렇다손 치더라도 그들이 공공연한 죄에 빠진다면(가령 다윗이 간음과 살인, 신성모독에 빠진 것처럼)(삼하 11:1~27), 믿음과 성령은 그들로부터 떠나 있는 것이다. 왜냐하면 성령은 죄가 지배하고 난무하여 죄를 범하게 하시는 것이 아니라, 오히려 조정하고 방어하여 죄가 원하는 것을 행하지 않도록 하기 때문이다. 죄가 원하는 것을 행하는 곳에 성령과 믿음은 함께하지 않는다. 요한이 "하나님께로부터 난 자마다 죄를 짓지 아니하나니, 이는 하나님의 씨가 그의 속에 거함이요 그도 범죄하지 못하는 것은 하나님께로부터 났음이라"(요일 3:9; 5:18)고 말하기 때문이다. 그렇지만 요한이 기록하고 있는 다음 말씀 역시 진리이다. "만일 우리가 죄가 없다고 말하면 스스로 속이고 또 진리가 우리 속에 있지 아니할 것이요"(요일 1:8).

제4항. 복음에 관하여

이제 다시 복음으로 돌아가고자 한다. 복음은 죄에 맞서 한 가지가 아니라 여러 방식으로 권고와 도움을 준다. 하나님의 은혜는 매우 풍성하기 때문이다.

첫째, 죄의 용서가 온 세상에 설교되는 구술의 말씀을 통해서이다. 이것은 복음의 본질적인 직무에 속한다(proprium officium).

둘째, 세례를 통해서이다.

셋째, 성만찬을 통해서이다.

넷째, 열쇠의 권세(죄를 용서하고 죄의 용서를 유지하는 능력. 참조. 마

16:19; 18:18)와 형제들 간의 대화와 위로를 통해서이다. "두세 사람이 내 이름으로 모인 곳에는 나도 그들 중에 있으리라" (마 18:20).

제5항. 세례에 관하여

세례는 그리스도가 제정하고 명령하신 것으로, 물 가운데 있는 하나님 말씀이다.[78] 또는 바울이 말하는 것처럼 '말씀 안에서 물로 씻는 것'(물로 씻어 말씀으로 깨끗하게 하사 거룩하게 하시고. 엡 5:26)이다. 어거스틴도 이런 의미로 말했다. "말씀이 요소(떡, 포도주, 물)에 더해져 성례가 된다."[79] 그러므로 우리는 '하나님의 제정'(하나님 말씀)이라는 말을 잊어버린 채 하나님이 죄를 씻어버리시는 영적인 능력을 물에 부과하셨다고 말하는 토마스 아퀴나스(Thomas von Aquin, 1225~1274)[80]와 도미니크회 수도사들(Ordo praedicatorum)의 말에 우리는 동의하지 않는다. 또한 세례는 하나님의 의지의 도움으로 죄를 씻어 내는 것으로, 이러한 씻음은 말씀이나 물을 통해서가 아니라 오직 하나님의 의지를 통해서만 일어나는 것이라고 가르치는 스코투스(Duns Scotus, 1266~1308)[81]와 프란시스코회 수도사들(Ordo Fratrum Minorum)의 가르침에도 동의하지 않는다.

우리는 어린아이도 세례를 받아야 한다는 사실을 옳다고 여긴다.[82]

---

78) 세례는 물과 연결된 말씀이지 사물이 아니다.

79) Tractatus 80 in Joh. cap. 3: "Accedit verbum ad elementum et fit sacramentum."

80) Summa theologiae III q 62 art. 4.

81) Sententiae IV dist. 1 q 2 이하.

82) 뮌처와 재세례파는 유아세례를 거부하였는데, 유아는 믿음을 갖고 있지 않다는 이유 때문이었다(막 16:16). 그러나 막 10:14~15에 따르면 하나님의 나라는 유아에게도 속해

어린아이도 그리스도에 의해 이루어진 구속의 약속에 포함되기 때문에 교회는 어린이에게 세례를 베풀어야 한다.

제6항. 제단의 성례에 관하여

우리는 성만찬의 떡과 포도주가 그리스도의 참된 몸, 참된 피라는 사실을 인정한다. 또한 이것은 경건한 그리스도인만이 아니라 악한 그리스도인에 의해서도 베풀어지고 받는다.[83)]

우리는 성만찬을 한 종류(떡)로만 베풀어서는 안 된다고 가르친다. 스콜라 신학자들과 콘스탄츠 공의회(1414~1418)의 가르침처럼 떡의 성찬(일종성찬)이 떡과 포도주의 성찬(이종성찬)만큼 많은 것을 포함한다고 가르치는 학문은 필요 없다.[84)] 일종성찬이 이종성찬만큼 많은 것을 포함한다는 사실이 참일지라도, 일종성찬은 그리스도에 의해 제정되고 명령된 온전한 규정과 제정이 아니다. 이종성찬식을 난넘하는 사들뿐만 아니라 독단적으로 이종성찬을 금지하고 정죄하고 이단이라고 비방하여[85)] 우리의 주 그리스도와 하나님께 대항하며 그 위에 서고자 하는 자들을, 우리는 하나님의 이름으로 정죄하고 저주한다.

화체설(化體說)과 관련하여, 떡과 포도주가 본성적인 본질을 벗어나거나 잃어버려 떡의 형태와 색만 유지될 뿐이고 더 이상 실제 떡은 아

있다. 마 28:19의 세례 명령에 따르면 모든 백성은 세례를 받아야 하기에, 어린아이도 세례를 받아야 한다.

83) 떡과 포도주가 그리스도의 몸과 피와 동일하다는 사실에서 그리스도의 몸과 피는 악한 자들이나 불신앙인들에 의해서도 분배되고 받는다는 사실이 도출될 수 있다(고전 11:27).

84) 중세의 스콜라 신학자들은 성만찬에서 그리스도의 피가 특별하게 분배될 필요는 없다고 주장했다. 그리스도의 피는 이미 그리스도의 몸에 함께 포함되어 있기 때문이다.

85) 콘스탄츠 공의회(DH 1200)와 트리엔트 공의회(DH 1731~1733).

니라고 가르치는 자들의 현학적인 궤변을 우리는 조금도 중요하게 여기지 않는다. 떡은 떡으로 머문다는 것이 성서에 가장 잘 일치하기 때문이다. 바울 자신도 그렇게 언급한다. '우리가 떼는 떡'(고전 10:16), '사람이 이 떡을 먹고'(고전 11:28).

제7항. 열쇠에 관하여

'열쇠'[86]는 그리스도가 교회에게 죄를 매고 풀도록 주신 직무이자 권세이다(마 16:19; 18:18). 이것은 중대하고 알려진 죄뿐 아니라 하나님만 아시는 미묘하고 은밀한 죄까지도 포함한다. "자기 허물을 능히 깨달을 자 누구리요"(시 19:12)라고 말씀하고 있으며, 바울은 로마서 7장에서 자신이 육신으로 '죄의 법'을 섬긴다고 한탄한다(롬 7:25). 죄가 얼마나 크고 많은지 판단하는 것은 우리의 소관이 아니며 오직 하나님에게 달린 것이다. 다윗은 "주의 종에게 심판을 행하지 마소서. 주의 눈 앞에는 의로운 인생이 하나도 없나이다"(시 143:2)라고 말하고 있다. 바울도 고린도전서 4장에서 다음과 같이 말한다. "내가 자책할 아무것도 깨닫지 못하나, 이로 말미암아 의롭다 함을 얻지 못하노라. 다만 나를 심판하실 이는 주시니라"(고전 4:4).

제8항. 고해에 관하여

그리스도에 의해 복음 안에서 제정된 사면[87]이나 열쇠의 능력은 죄와 악한 양심에 대하여 도움과 위로가 되기 때문에, 교회에서 고백이나 사

86) 열쇠라는 개념은 마 16:19에서 나온 것이다. 이것은 죄를 용서하고 유지하는 말씀 봉사자의 전권을 나타낸다.

87) 고해에서 죄책을 사면하는 것을 말한다.

면을 결코 멀리해서는 안 된다. 특히 약한 양심을 위해서 필요하다. 기독교 가르침을 듣고 배우는 젊고 미숙한 자들을 위해서도 마찬가지이다.

죄를 열거하든 열거하지 않든, 그것은 각자의 재량에 맡겨야 한다.[88] 육신 안에 있는 한 "나는 죄로 가득한 가련한 사람이다"라고 말하는 것은 거짓말이 아니기 때문이다. "내 지체 속에서 한 다른 법이 내 마음의 법과 싸워 내 지체 속에 있는 죄의 법으로 나를 사로잡는 것을 보는도다"(롬 7:23). 사적인 사면(absolutio privata)[89]은 열쇠의 직무로부터 유래하기에 그것을 소홀히 하지 말고 오히려 기독교 교회의 다른 직무들처럼 훌륭하고 귀한 것으로 간주해야 한다.

구술로 된 외적인 말씀과 관련하여 기억해야 할 사실은, 하나님은 성령 혹은 은혜를 주시되, 선행(先行)하는 외적인 말씀을 통하지 않는 한, 그리고 그 말씀과 함께하지 않는 한 그 누구에게도 주시지 않는다는 것이다. 이것으로 우리는 열광주의자들을 저지한다. 그들은 하나님의 말씀 없이, 말씀 이전에 영을 가졌다고 자랑하고 그에 따라 성서 혹은 구술로 된 말씀을 자신들 취향에 따라 판단하고 해석하고 왜곡한다. 바로 뮌처(Thomas Müntzer, 1490~1525)가 그러했고 오늘날 많은 이들이 그렇게 행하고 있다. 그들은 영과 문자를 엄격하게 구별하고자 하면서도 정작 자신이 말하거나 제시하는 것이 무엇인지 모른다.

---

88) 중세의 전통적 실행에 따르면, 고해자는 사제 앞에서 죽음에 이르는 대죄를 완전하게 열거해야 할 의무가 있었다. 이것은 1551년 트리엔트 공의회에서 다시 주장되었다(DH 1679~1680).

89) 이것은 공동체의 공적인 고해 및 하나님 앞에서 개인이 행하는 마음의 고해와 달리 상담자 앞에서 행하는 사적인 고해 또는 입으로의 고해(Ohrenbeichte)를 의미한다. 사적인 고해나 입으로의 고해는 종교개혁에 의해 폐지되지 않았지만, 대죄는 적어도 일 년에 한 번은 고해해야 한다는 (죽음의 죄에 대해서는 의무로 여기는) 규정은 폐지되었다.

교황제도 역시 열광주의에 지나지 않는다. 왜냐하면 교황은 모든 법이 자신의 마음 안에 있다고 자랑하고,[90] 교회를 통하여 판단하고 명령하는 것이 (비록 성서 혹은 구술로 된 말씀을 거스르거나 그것을 뛰어넘는다고 할지라도) 영이고 법이라고 주장하기 때문이다. 이 모든 것은 옛 마귀이고 옛 뱀이다. 마귀는 아담과 하와를 열광주의자로 만들어 하나님의 외적인 말씀에서 이탈하여 자기 의견을 따르도록 하였다. 이것은 다른 외적인 말씀을 통해서도 이루어졌다. 오늘날 열광주의자들도 외적인 말씀을 정죄하지만, 정작 침묵하지 않고 오히려 잡담과 글로 세상을 가득 채운다. 성령은 성서의 문자와 말씀을 통해 오신다. 그런데 그들은 성령이 성서나 사도들의 구술로 된 말씀을 통하여 올 수 없는 것처럼 주장한다. 왜 그들은 성령이 오시기 전까지 설교와 글쓰는 일을 중단하지 않는가? 그런데도 그들은 성령이 성서의 설교 없이도 자신들에게 온다는 사실을 자랑한다. 이것에 관하여 여기서 논의하기에는 시간이 부족하다. 다른 곳에서 이미 이 사실에 대해 충분히 다루었다.[91]

세례를 받기 전에 믿는 자들 또는 세례를 통해 믿음을 가지게 되는 자들 역시 선행(先行)하는 외적인 말씀을 통하여 이루어진 것이다. 이 성적인 어른이 처음에 믿음이 없다가 십 년 후에 성령과 세례를 받았을지라도 그는 "믿고 세례를 받는 자는 구원을 얻으리라"(막 16:16)는 말씀을 이전에 들었음이 틀림없다. 사도행전 10장의 고넬료는 오시는 메시아에 관하여 오래전에 유대인에게서 들었다(행 10:1 이하). 이를 통

90) 보니파키우스 8세의 주장.

91) 예를 들어 1524/1525년에 나온 "Wider die himmlischen Propheten, von den Bildern und Sakrament"(WA 18,62~84/ 134~214)라는 작품이 있다.

하여 그는 하나님 앞에서 의로웠고, 그의 기도와 구제는 믿음을 통하여 하나님께 상달되었다. 누가는 그를 의롭고 하나님을 경외하는 자로 부른다. 그는 선행(先行)하는 말씀 혹은 들음이 없이는 믿을 수 없었고 의롭게 될 수 없었다. 베드로는 고넬료가 지금까지 '오실 분'으로 믿었던 메시아가 이제 오셨다는 사실을 전해주어야 했다. 오실 메시아에 대한 믿음은 그를 강퍅하고 불신앙적인 유대인들의 믿음에 머물게 하지 않았다. 오히려 그는 현재의 메시아를 통해 구원받아야 하고 또한 유대인들이 한 것처럼 메시아를 부인하거나 박해해서는 안 된다는 사실을 알았다.

짧게 말해 열광주의는 세상 시작부터 마지막까지 아담과 그의 자손 안에 잠재되어 있다. 그것은 교황제도 및 마호메트와 더불어 모든 이단의 근원이자 힘과 능력으로, 옛 용에 의해 심어지고 주입되었다. 그러므로 하나님이 외적인 말씀과 성례를 통하지 않고는 우리 인간에게 행하시지 않는다는 사실을 확고히 붙들어야 한다. 말씀과 성례를 떠나 성령에 관하여 자랑하는 모든 것은 악마에게 속한 것이다. 하나님은 모세에게도 먼저 불타는 가시덤불과 구술의 말씀을 통하여 나타나고자 하셨고(출 3:2,4 이하), 엘리야나 엘리사 같은 선지자도 십계명 밖에서나 십계명 없이는 성령을 받지 못했다. 세례 요한도 앞서 온 가브리엘의 말씀 없이는 잉태되지 못했고(눅 1:13 이하) 마리아의 음성 없이는 자신의 어머니 태중에서 기뻐 뛰놀지 못했을 것이다(눅 1:41,44). 베드로는 이에 대해 다음과 같이 말한다. "예언은 언제든지 사람의 뜻으로 낸 것이 아니요, 오직 성령의 감동하심을 받은 사람들이 하나님께 받아 말한 것임이라"(벧후 1:21). 예언자들은 외적인 말씀 없이는 거룩하지 못했다. 하물며 그들이 아직 거룩하지 않았을 때 성령은 그들을 말하도록 감화시키지 않으셨을 것이다. 베드로는 성령이 그들을 통해 말씀하셨을 때 그들은 거룩했다고 말한다.

제9항. 파문에 관하여

교황이 말하는 중대한 파문은 순전히 세상적인 처벌이다. 그것은 교회의 봉사자인 우리와는 아무런 관련이 없다. 이와 달리 사소한 파문, 즉 바른 기독교적인 파문은, 공공연하고 고집 센 죄인이 개선되고 죄를 피하기까지는 성례 혹은 교회의 다른 공동체에 참가하지 못하게 한다. 설교자는 이러한 영적인 벌인 파문과 세상의 처벌을 섞어서는 안 된다.

제10항. 서임과 부르심

주교들이 올바르며 교회와 복음을 떠맡는다면, 그리고 그들이 비기독교적인 본질과 낭비의 모든 허상과 거짓 행위들을 제거한다면, 우리는 사랑과 일치를 위해 (물론 필연성에서가 아니라) 그들이 우리와 우리 설교자들을 서임하고 직무를 부여하는 것을 허락할 수 있다. 하지만 지금 그들은 바른 주교가 아니거나 그렇게 되기를 전혀 원하지 않는다. 오히려 그들은 자신을 세상의 주인과 제후들로 여기며 설교나 가르치는 일에 소홀하고 세례와 성만찬을 베풀지 않는다. 그 외에 교회의 일이나 직무도 수행하기를 원하지 않는다. 게다가 그들은 그러한 직무를 추구하는 부름 받은 자들을 박해하고 저주한다. 그렇다 해도 교회는 말씀의 봉사자 없이 머물러서는 안 된다.

그러므로 교회와 교부들의 옛 범례에 따라, 우리는 유능한 사람들을 이러한 직무에 서임하고자 하고 또한 그렇게 해야 한다. 교황주의자들은 자신의 법으로 우리가 그렇게 하는 것을 금하거나 막아서는 안 된다. 그들의 법에 따르면 이단에 의해 서임을 받은 자들도 서임 받았다고 말하고 인정해야 하기 때문이다. 제롬은 알렉산드리아의 교회가 급한 대로 주교 없이 사제와 설교가들에 의해 공동으로 인도되었다고 편지를 썼다.

제11항. 성직자 결혼에 관하여

그들에게는 성직자의 결혼을 금지하며 성직자의 신적인 신분에 영속적인 순결을 요구하여 해를 끼칠 권한이 전혀 없었다. 그러나 그들은 반기독교적이고 불경건한 폭군과 같은 악당으로 행동했다. 또한 갖가지 끔찍하고 소름 돋는 수없이 많은 부정한 죄를 짓게 하는 계기를 제공했다. 오늘도 그들은 여전히 이러한 죄에 붙잡혀 있다. 우리나 그들에게는 남성의 본질을 여성의 본질로, 여성의 본질을 남성의 본질로, 또는 두 본질을 무익한 것으로 만들 힘이 없듯이, 하나님의 이러한 피조물들을 갈라놓거나, 존경하며 결혼하여 서로 함께 사는 것을 금지할 권한 역시 없다. 그러므로 우리는 그들의 불쾌한 독신주의에 동의하거나 그것을 참을 수 없고, 오히려 결혼이 하나님이 규정하고 세우신 대로 자유로운 것이 되기를 원한다. 우리는 하나님의 일을 부수거나 막기를 원치 않는다. 바울은 그것을 마귀의 가르침이라고 말한다(딤전 4:1 이하).

제12항. 교회에 관하여

우리는 교황주의자들이 교회임을 인정하지 않는다. 그들은 교회가 아니다. 우리는 그들이 교회의 이름 아래 명하거나 금하는 것을 듣고자 하지 않는다. 다행스럽게도 일곱 살 난 아이조차 교회가 무엇인지를 안다. 즉 교회란 목자의 음성을 듣는 거룩한 신자와 양들이다(요 10:3). 어린아이는 다음과 같이 기도한다. "저는 거룩한 기독교 교회를 믿습니다." 이러한 거룩함은 예식가운, 삭발, 긴 상의, 그리고 그들이 성서를 뛰어넘어 꾸며낸 다른 여러 예식에 있는 것이 아니다. 거룩함은 바로 하나님의 말씀과 참된 믿음 안에서 이루어진다.

제13항. 하나님 앞에서 의롭게 되는 방법과 선행에 관하여

내가 지금까지 가르쳐 온 사실은 결코 변경해서는 안 된다. 베드로가 말하는 것처럼(행 15:9) 우리는 믿음을 통하여 이전과는 다르고 새롭고 깨끗한 마음을 갖는다. 하나님은 우리의 중재자 그리스도로 인하여 우리를 완전히 의롭고 거룩하다고 인정하길 원하시고 또한 그렇게 인정하신다. 비록 죄가 육신 안에서 아직 완전히 제거되거나 죽지 않았을지라도, 하나님은 죄를 계산하거나 고려하지 않으신다.

그러한 믿음, 갱신, 죄의 용서에는 선행(善行)이 뒤따른다. 선행이 아무리 죄 되거나 불완전할지라도, 그리스도로 인하여 죄나 불완전함으로 인정되지 않는다. 오히려 그 사람은 그의 인격뿐만 아니라 그의 행위 측면에서 전체적으로 의롭고 거룩한 자로 불린다. 또한 그리스도 안에서 부어지고 펼쳐진 순전한 은혜와 자비로 말미암아 의롭고 거룩하게 된다. 그러므로 우리 자신의 행위가 하나님의 은혜와 자비 없이 고려되는 한, 그 행위의 공로는 어떤 찬양도 받을 수 없다. 오히려 기록되어 있는 대로 "자랑하는 자는 주님을 자랑해야 한다"(고전 1:31). 다시 말해 은혜로우신 하나님을 소유하고 있다는 사실, 이 하나만으로도 충분하다. 이에 더하여 다음과 같이 말해야 한다.

"선행이 뒤따르지 않는다면 믿음은 거짓되고 바르지 못한 것이다."

Ⅳ

칭의의 본질

11. 로마서 강해

작품 해설

『로마서 강해』는 루터가 비텐베르크대학에서 두 번째로 한 강의이다. 이것은 루터의 종교개혁 신학의 발전을 파악하는 데 가장 중요한 작품으로 꼽힌다. 『로마서 강해』는 루터의 신학적 발전에 영향을 주었을 뿐 아니라, 중세 가톨릭교회의 면죄부와 참회이해 및 성례론과 은혜론을 비판하도록 한 칭의론을 새롭게 깨닫도록 하는 도화선이 되었다.

루터는 로마서가 하나님의 은혜로운 행동인 칭의에 관한 복음으로 인도한다는 사실을 강조한다. 그런데 복음을 바르게 이해하기 위한 전제조건은 인간 자신에 바른 인식, 즉 죄 인식이다. 루터는 강의 첫 부분에서 '죄를 확인하고 증가시키고 크게 하는 것'(peccata ... stauere, augere et magnificare)이 로마서의 본질적인 주제라고 언급한다. 다시 말해 인간의 죄와 미련함을 확인하고 그것을 증가시키고 크게 하여 인간의 의와 지혜를 파괴하고 결국 그 대신에 그리스도와 그의 의가 필요함을 보여주는 것이 바울이 로마서에서 보여주고자 한 핵심이다.[92]

92) 참조. WA 56,3,6 이하.

여기 선별된 부분에서 루터의 종교개혁사상의 핵심인 '하나님의 의' 사상과 '하나님을 의롭다 함'(하나님의 칭의)을 통한 칭의의 본질을 이해할 수 있다. 루터의 칭의론의 중요한 특징에 속하는 '의인인 동시에 죄인'(simul iustus et peccator)의 의미 또한 발견할 수 있다.

작품

* "복음에는 하나님의 의가 나타나서 믿음으로 믿음에 이르게 하나니 기록된 바 오직 의인은 믿음으로 말미암아 살리라 함과 같으니라"(롬 1:17).

인간의 가르침에는 인간의 의가 드러나고 제시된다. 즉 누가 어떻게 자신과 사람들 앞에서 의로우며 또한 의롭게 되는가에 관해 제시된다. 오직 복음에만 누가 어떻게 하나님 앞에서 의롭다 함을 받고 의롭게 되는지에 관한 '하나님의 의'가 계시된다. 그것은 바로 하나님의 말씀을 믿는 믿음을 통해 이루어진다. 이것은 "믿고 세례를 받는 사람은 구원을 얻을 것이요 믿지 않는 사람은 정죄를 받으리라"(막 16:16)는 말씀과 같다. 하나님의 의는 구원의 근거다. '하나님의 의'는 인간 자신이 아니라 하나님에 의해 의롭게 되는 것으로 이해해야 한다.[93] 의롭게 됨은 복음을 믿음으로 이루어진다. 어거스틴은 그의 책『영과 문자에 관하여』제11장에서 다음과 같이 말한다.

"의를 하나님의 의로 부르는 이유는, 하나님이 이것을 인간에게 주심으로 인간을 의롭게 만드시기 때문이다. 마치 '주님의 구원'이란 주님이 사람을 구원하심을 의미하는 것처럼 말이다."[94]

93) 이러한 새로운 발견, 즉 '하나님의 의' 개념을 새롭게 깨닫고 회심한 사건은 1545년 루터의 "비텐베르크 라틴어 전집 제1권 서문"(앞 4장 참조)에 서술되어 있다.

94) De spiritu et littera 11, 18.

그는 『영과 문자에 관하여』 제9장에서도 동일하게 말한다.[95] 그 의는 하나님의 의로서, 아리스토텔레스가 『윤리학』 제3권에서 분명하게 서술하고 있는, 행위에 기인한 인간의 의와 구별된다. 아리스토텔레스의 견해에 따르면, 인간의 의는 행위에서 비롯된, 행동을 통한 결과물이다.[96] 그러나 하나님의 의는 행위보다 앞서기 때문에 행위는 의에서 비롯된다. 누군가 먼저 주교나 사제로 서임을 받지 않는다면(서임을 받고 거룩하게 되지 않는다면) 주교나 사제의 행위를 할 수 없는 것과 같은 이치이다. 의롭지 않은 자가 행하는 의로운(즉 의로워 보이는) 행위는, 아직 사제가 아닌 사람이 사제나 주교의 직무를 수행하는 것과 같다. 그러한 행위는 협잡꾼의 술수에 견줄만한 어리석은 것이며 조롱거리가 된다.

* "그럴 수 없느니라 사람은 다 거짓되되 오직 하나님은 참되시다 할지어다. 기록된 바 주께서 주의 말씀에 의롭다 함을 얻으시고 판단 받으실 때에 이기려 하심이라 함과 같으니라"(롬 3:4).

"당신은 당신 말씀에 의롭다 함을 얻으시고 판단 받으실 때에 이기려 하심이라." 우리가 약속의 성취에 관한 복음과 관련하여 하나님을 믿어 하나님을 참되고 의로운 자로 간주할 때, 하나님은 하나님 말씀으로 의롭다 함을 얻으신다. 그가 말씀에 의롭다 함을 얻으시는 것은 우리가 (약속의 성취에 관한) 하나님의 복음을 믿으며 하나님을 참되고 의롭다고 여길 때 가능하다. 반면 하나님은 판단 받으실 때, 즉 그리스도가 약속대로 오셔서 약속을 성취했다는 사실을 부인하는 이들에 의해 하나님이 버림받으실 때, 그는 승리하시게 될 것이다. 이들은 이 말

---

95) De spiritu et littera 9, 15.

96) 아리스토텔레스, "니코마코스 윤리학", III, 7.

씀을 판단하고 저주하며 절대 인정하지 않고 또 그 말씀이 바르고 진리라는 사실을 믿지 않는다. 오히려 말씀 안에서 하나님을 판단하고 저주한다. 이들은 하나님을 의롭다 하는 자들보다 우위를 차지하지 못한다. 하나님은 이기시고 그의 승리는 계속될 것이다. 그들이 아무리 부인한다고 해도 하나님에 대한 믿음, 즉 '그의 말씀에 의한 하나님의 칭의'(하나님 말씀에 대한 신실한 신뢰)는 지속된다. 하나님을 의롭다 하는 것과 하나님을 믿으며 신뢰하는 것은 같은 것이기 때문이다. 믿음은 승리하고 지속되며 또한 하나님을 믿지 않는 자들이 쇠하고 사라지는 곳에서 더욱 왕성할 것이다.

"하나님이 그의 말씀에 의롭다 함을 얻으신다"는 것은 하나님 자신이 그의 말씀 안에서 참된 것으로 여겨지거나 그의 말씀이 의롭고 참된 것으로 나타난다는 의미이다. 이것은 우리가 그 말씀을 믿고 받아들이며 그것을 참되고 의롭다고 간주할 때 이루어진다. 이러한 칭의에 유일하게 저항하는 것은 불신앙으로 인한 인간 마음의 교만이다. 이 교만은 말씀을 옳다고 인정하지 않고 저주하기에 그것을 믿지 않는다. 오히려 말씀과 직접적으로 모순되는 자신의 생각을 참되다고 여긴다. 마찬가지로 "하나님이 말씀 안에서 판단 받으신다"는 것은 하나님 자신, 즉 그의 말씀이 저주받아 거짓되고 불의하게 되는 것을 의미한다. 이것은 교만한 불신앙과 하나님에 대한 반역으로 일어난다. 따라서 그러한 하나님의 칭의와 하나님의 유죄판결은 하나님과 그의 말씀 밖에서, 다시 말해 인간에게서 이루어지는 것임이 분명하다. 하나님과 그의 말씀은 그 자체가 의롭고 참될지라도 우리의 지혜와 지식이 그 말씀에 굴복하지 않거나 믿음으로 말씀을 받아들이지 않는다면, 우리 안에서 그의 말씀은 아직 의롭거나 참되지 않기 때문이다. 시편은 "내가 주께만 범죄하여"(시 51:4)라고 말한다. 즉 "내가 죄인이며 불의하고 거짓됨을 고백하며 당신의 말씀을 대적하고 저주했던 내 의와 생각을 포기합니다. 그로 인해 당신의 말씀이 내 안에 거하며 참되게 되고 참된 것으로 인정받습니다." 결국 당신의 말씀은 우리 안에서 원래의 모습대로 의롭게 됩니다.

추가

이러한 '하나님의 칭의'(하나님이 의롭다 함을 받으심)를 통해 우리는 의롭게 되고, 하나님의 수동적 칭의(하나님이 우리에 의해 의롭게 되는 것)는 곧 우리 자신의 (능동적) 칭의가 된다. 즉 하나님은 우리에게 행하시면서 이 칭의를 성취하신다. 하나님은 자신의 말씀을 칭의(옳다고 인정)하는 믿음을 의로 여기시기 때문이다. 이것은 로마서 4장 5절과 로마서 1장 17절에서 말씀하는 것과 같다. "일을 아니할지라도 경건하지 아니한 자를 의롭다 하시는 이를 믿는 자에게는 그의 믿음을 의로 여기시나니," "의인은 믿음으로 산다." 반대로 하나님이 불신앙인들에게 저주받으시며 이루어지는 유죄판결(즉 하나님의 수동적 저주)은 그들 자신에 대한 저주가 된다. 왜냐하면 하나님은 자신의 말씀을 정죄하고 저주하는 불신앙을 불의와 저주로 간주하시기 때문이다. 이것이 "내가 주께 범죄하였사오니 당신은 의롭다 하시리라,"[97] 즉 "당신이 판단 받으실 때 당신 말씀 안에서 칭의를 이루시고 순전하게 하시리라"는 히브리어 원문과 일치한다.

하나님은 우리를 말씀처럼 의롭고 참되고 지혜롭게 하실 때에 말씀

97) 로이흘린(Reuchlin)의 "7개의 히브리어 참회시편"(Septem psalmi poenitentiales hebraici, 1521)에 이렇게 되어 있다. 참조. WA 56,227 각주 1.

으로 의롭다 하신다(그리고 승리하신다). 여기서 하나님은 우리를 자신의 말씀처럼 변화시키시는 것이지, 그의 말씀을 우리에게 맞춰 변화시키시는 것이 아니다. 하나님이 우리를 그렇게 만드시는 것은, 우리가 하나님의 말씀을 의롭고 참된 것으로 믿는 경우이다. 그렇게 믿을 때 말씀과 믿는 자는 서로 닮게 되기 때문이다. 이것은 여기에 진리와 의가 존재한다는 것을 의미한다. 따라서 하나님은 의롭다 함을 얻으실 때 의롭다 하시고(칭의하시고), 의롭다 하실 때 의롭다 함을 얻으신다(칭의하실 때 의롭다 함을 받으신다).

하나님은 또한 이기시는 분이다. 다시 말해 하나님은 우월하신 분으로서, 믿지 않는 모든 자, 즉 하나님을 자기 판단으로 더럽힌 모든 자를 거짓말쟁이요 어리석은 자로 드러내신다. 이들의 모습은 현재 유대인에게서 볼 수 있고 마지막 심판날에 더욱 드러날 것이다. 이와 관련된 히브리어 본문은 다음과 같다. "주께서 판단 받으실 때 ... 주께서 순전하게 하실 것이다. 즉 주께서 정결하게 하실 것이다." 다시 말해 "주께서는 자기 자신과 말씀뿐 아니라 그것을 믿는 자들을 깨끗하게 하시고, 그들을 불신앙인들이 제기하는 거짓이라는 비난에서 자유롭게 하실 것이다. 또한 불신앙인들을 추악한 거짓말쟁이로 드러나게 하여 혐오스럽게 만드실 것이다." 이것은 그들의 불신앙이 하나님의 신실하심을 훼손할 수 없다는 사실을 의미한다.

하나님의 수동적 칭의와 능동적 칭의, 그리고 믿음, 하나님에 대한 신뢰는 동일한 것이다. 우리가 그의 말씀을 칭의하는 것(옳다고 인정하는 것)은 그의 선물이기 때문이다. 이 선물로 하나님은 우리를 의롭다고 인정하신다(칭의하신다). 우리가 오직 그의 말씀을 옳다고 믿을 때 그의 말씀을 칭의하는 것이다.

* "일한 것이 없이 하나님께 의로 여기심을 받는 사람의 복에 대하여 다윗이 말한바"(롬 4:6).

이 구절은 다음과 같이 나눌 수 있다. "그의 믿음이 의로 간주된다"; "다윗이 말한 것처럼 인간의 복은 하나님께서 '일한 것이 없는' 그를 의롭다 여기시는 것이다."

앞부분의 '일한 것이 없이'에서 '일'이란 사람이 일을 행했기 때문에 의롭게 된 것인 양, 또는 그가 일을 하기 때문에 하나님이 그를 의롭다고 간주하고 받아주시는 것인 양, 사람이 한 일을 근거로 의를 이미 얻었고 의를 갖고 있다고 생각하게 만드는 것이다. 그러나 그것은 옳지 않다. 하나님은 행위 때문에 인격(사람)을 받으시는 것이 아니라, 인격 때문에 행위를 받으시기 때문이다. 다시 말해 하나님은 행위 이전에 먼저 사람을 보시고 행위를 받으신다. "여호와께서 (먼저) 아벨과 (그 후에) 그의 제물은 받으셨으나"(창 4:4)라는 말씀이 이를 보여준다. 즉 정죄를 받는 것은 행위가 아니라, 사람이 행위에 대해 갖는 어리석은 생각이나 판단이다. 의로운 자들도 불의한 자들과 동일한 행위를 하지만, 마음은 그들과 같지 않다. 즉 의로운 자들은 행위로 의를 추구하며 그 의를 얻으려고 노력하지만, 불의한 자들은 행위로 의를 과시하며 그 의를 이미 발견한 것처럼 여긴다. 불의한 자들은 자신의 외적 행위에 만족하고 내적인 것은 사소한 것이라도 전혀 신경 쓰지 않는다. 이들은 겉으로는 의인과 유사하지만, 그들의 속사람은 의롭지 않은 위선자이자 허풍선이다. 욥기 39장 13절은 이에 대해 "타조는 즐거이 날개를 치나 학의 깃털과 날개 같겠느냐"라고 말한다. 타조는 학이나 매처럼 날아 먹이를 얻을 수 없다. 어떤 이들은 자신을 의롭다고 여기고, 어떤 이들은 하나님에게 의롭다 함을 받고자 한다. 전자는 "이것저것 행한 사람이 의롭다"라고 듣고 가르친다. 후자는 "하나님이 죄가 없다고 여기시는" 자가 의롭다는 사실을 듣고 가르친다. 전자는 의롭게 되기 위해서 무엇을 얼마나 많이 행해야 하는지를 안다. 그러나 후자는 언제 의롭게 되는지 알지 못한다. 왜냐하면 하나님의 간주하심으로만 의롭게 되는 것을 알지만, 오직 요청하고 기대해야 하는 그 하나님의 간주하심이 언제 어떻게 이뤄지는지 전혀 알 수 없기 때문이다. 따라서 전자는 간혹 자신이 더 이상 죄인이 아니라고 여기기도 하지만, 후자는 항상 자신을 죄인이라고 생각한다.

뒤따르는 "불법이 사함을 받고 죄가 가리어짐을 받는 사람들은 복이 있고"(롬 4:7)라는 구절을 바르게 이해하기 위해서는 다음 사실을 염두에 두어야 한다.

1) 성자들은 내적으로 항상 죄인이다. 따라서 그들은 항상 자신 밖에서 의롭게 된다. 그러나 위선자들은 내적으로 항상 의롭다. 따라서 그들은 항상 자신 밖에서 죄인이다.

'내적으로'란 우리 안에 있는 대로, 우리 눈에 보이는 대로, 우리 생각대로의 우리 모습을 의미한다. '자신 밖'이란 하나님과 그분의 판단에 따른 우리의 모습을 뜻한다. 우리가 우리 자신이나 행위로가 아니라 오직 하나님의 간주하심으로만 의로울 때, 우리는 우리 자신 밖에서 의로운 것이다. 하나님의 간주하심은 우리에게 달려 있지 않으며 우리의 능력에 놓여 있지도 않다. 이에 대해 호세아는 "이스라엘아, 네가 패망하였나니, 이는 너를 도와 주는 나를 대적함이니라(네 구원은 오직 나에게 있기 때문이다)"(호 13:9)고 말하고, 시편 121편 2절은 '나의 도움은' 나 자신에게서가 아니라 '천지를 지으신 여호와에게서로다'라고 말한다. 우리는 내적인 상호관계의 법에 따르면 죄인이다. 하나님이 의롭다고 간주하시는 한에서만 우리가 의롭다면, 사는 동안에 우리는 의롭지 못한 것이 되기 때문이다. 우리는 내적으로, 그리고 우리 자신으로부터 항상 악하다. 시편 51편 3절에서 "무릇 나는 내 죄과를 아오니 내 죄가 항상 내 앞에 있나이다"라고 말한다. 다시 말해 나는 나의 눈 앞에서 항상 죄인이다. "내가 주께만 범죄하여(즉 나는 죄인이다) 주의 목전에 악을 행하였사오니, 주께서 말씀하실 때에 의로우시다 하고 주께서 심판하실 때에 순전하시다 하리이다"(시 51:4). 반대로 상호관계의 법과 내적인 필연성에 따라 내적으로 의로운 위선자들이 외적으로, 즉 하나님의 간주하심에서 보면 불의하다. 이것은 시편 95편 10절에서 말하는 것과 같다. "그들은 마음이 미혹된 백성이라 내 길을 알지 못한다." 이들은 "내 죄가 항상 내 앞에 있나이다"와 같은 성서의 말씀을 뒤엎고 다음과 같이 말한다. "내 의가 항상 내 앞에 있고(즉 나는 의를 눈 앞에 갖고 있다) 의의 행위를 하는 자들은 구원을 받는다. 나는 주께 (죄를 짓지 않았고) 의롭게 행한다." 심지어 그들은 자기 눈에 자신들이 의롭게 행한다고 말한다.

2) "하나님, 당신은 거룩한 자들에게 놀라운 분이시다"(루터역. 시 68:35). 하나님 앞에서 그들은 의로운 동시에 불의하다.

그리고 하나님은 위선자들에게 놀라운 분이시다. 하나님 앞에서 그들은 불의한 동시에 의롭다.

성자들은 자신의 죄를 눈 앞에 갖고 있고 하나님의 자비하심에 따라 하나님께 의를 간청하여 얻기 때문에, 그들은 하나님에게 항상 의롭다 함을 받는다. 그들은 자신의 눈에 그리고 실제로 불의하지만, 죄의 고백 때문에 그들을 의롭다고 간주하시는 하나님 앞에서 의롭다. 그들은 실제로 죄인이지만, 그들을 불쌍히 여기시는 하나님의 은혜로운 간주하심으로 의롭다. 그들은 부지불식중에 의인이지만 알고 있는 바로는 죄인이고, 또한 실제 죄인이지만 소망 가운데 의인이다. "불법이 사함을 받고 죄가 가리어짐을 받는 사람들은 복이 있고"(롬 4:7; 시 32:1)라고 말한 바울의 고백은 이런 의미를 내포한 것이다. 후에 "내 허물을 여호와께 자복하리라"(즉 내 죄를 항상 눈 앞에 두어 내 죄를 당신에게 고백하리라)는 말씀이 뒤따르는 것도 이런 이유에서이다.

"주께서 내 죄악을 사하셨나이다"(시 32:5)는 말씀처럼 하나님은 나뿐만 아니라 모든 사람의 죄를 사해주신다. 그래서 "이로 말미암아 모든 경건한 자는 ... 주께 기도할지라"(시 32:6)라고 권고하고 있다. 보라, 모든 경건한 자는 죄인이고 자신의 죄를 위해 기도한다. 또한 다른 말씀에서도 "의인은 자신의 죄를 위해 기도하리라"(집회 39:7), "내 죄악을 아뢰고 내 죄를 슬퍼함이니이다"(시 38:18)라고 말한다. 여기서 우리를 죄인인 동시에 죄인이 아닌 것으로 간주하시는 하나님의 자비하심이야말로 놀랍고 감미롭다. 죄는 우리에게 머무는 동시에 머무르지 않는다. 이것은 시편 38편의 제목에 따라 이해되어야 한다. 반면 하나님의 진노는 특별하고 무서운 것이다. 하나님은 불경건한 자들을 의로운 동시에 불의한 자로 간주하신다. 그들의 죄는 제거되는 동시에 제거되지 않는다.

추가

사도 바울은 여기서 행위와 말과 생각의 죄만이 아니라 로마서 7장 20절에서 말하는 죄의 '불쏘시개'(부싯돌)에 대해서도 말하고 있다. "만일 내가 원하지 아니하는 그것을 하면, 이를 행하는 자는 내가 아니요 내 속에 거하는 죄니라." 그는 이러한 불쏘시개를 '죄의 정욕'으로 부르기도 한다. 그것은 죽음에 이르게 하는 죄 충동, 욕망, 성향이다. 신학자들이 언급하는 자범죄(peccatum actuale)는 죄의 행위와 열매의 의미에서 진짜 죄이다. 이와 달리 죄 자체는 욕정, 탐욕(불쏘시개), 죄의 정욕 또는 악의 성향, 그리고 선에 대한 저항이다. "내가 탐심이 죄라는 사실을 알지 못하였으리라"(롬 7:7)는 구절에서 말하는 것과 같다. 탐심은 우리 육신 안에 열매를 맺으며 작용하기에 그 자체는 행위가 아니다. 또한 열매를 맺도록 작용하기에 열매 자체도 아니다.

하나님께로부터 오는 우리의 의는 선으로 향하는 것, 다시 말해 악에서 돌아서는 것이다. 그것은 은혜로 이루어진 내적인 선물이다. 여기서 나오는 행위는 의의 열매이다. 마찬가지로 죄는 선으로부터 돌아서고 악으로 향하는 것이다. 그리고 이 죄의 열매가 죄의 행위이다. 이러한 사실은 로마서 7장 5~6절과 8장 1~2절에서 보다 정확하게 볼 수 있다. 이러한 의미의 죄에 관하여 앞서 말한 모든 것이 적용된다. 즉 "허물의 사함을 받고 자신의 죄가 가려진 자는 복이 있도다"(시 32:1), "내가 이르기를 내 허물을 여호와께 자복하리라"(시 32:5), "모든 경건한 자는 주를 만날 기회를 얻어서 주께 기도할지라"(시 32:6), 그리고 "무릇 나는 내 죄과를 아오니 내 죄가 항상 내 앞에 있나이다"(시 51:3), "내가 주께만 범죄하여 주의 목전에 악을 행하였사오니"(시 51:4). 이것들은 실제 죄이다. 이 죄가, 죄를 깨닫고 고백하고 미워하며 이로부터 치유되기를 갈망하는 모든 자에게 하나님이 자비로 말미암아 '죄로 간주하지 않으심'으로 용서하시는 대상인 것이다.

"만일 우리가 죄가 없다고 말하면 스스로 속이고"(요일 1:8)라는 말씀에서 악이 행위를 통해 치유될 수 있다고 생각하는 것은 오류이다. 우리가 아무리 열심히 선행을 한다고 할지라도 악을 향한 죄 된 욕망은 계속 머무르며, 누구도, 심지어 태어난 지 하루밖에 안 된 갓난아기라도 죄의 욕망에서 벗어나지 못함을 경험이 증언한다. 이러한 악이라도 하나님을 부르며 악에서 구원받고자 탄식하는 자들의 죄를 죄로 간주하지 않는 것은, 하나님의 자비하심 때문이다. 이들은 기꺼이 의롭게 되기를 원하기 때문에 선행에 주의와 열심을 기울인다. 우리가 우리 자신 안에서 죄인이지만, 하나님이 우리를 의롭다고 간주하시는 한 우리는 믿음으로 의로운 존재이다. 참고 견디면 구원하신다고 약속하신 분을 믿기 때문이다. 하나님은 죄가 지배하는 것이 아니라 하나님이 죄를 제거하실 때까지 우리가 죄에 저항하기를 원하신다.

이것은 환자가 건강을 확실하게 약속하는 의사를 신뢰하고 약속된 건강을 소망하며 그의 명령에 순종하고 금지된 것을 피하는 것과 같다. 환자는 의사가 약속한 것이 성취될 때까지 회복을 위태롭게 하거나 병을 악화시키는 행위를 하지 않는다. 이 환자는 지금 건강한가? 아니다. 그는 아픈 동시에 건강한 것이다. 실제로는 아프지만, 의사의 확실한 약속 때문에 건강하다. 그가 자신이 이미 건강하다고 여기는 것은, 의사가 자신을 고칠 것을 확신하기 때문이다. 의사는 그를 이미 고치기 시작했고 그의 질병을 죽음에 이르는 것으로 간주하지 않는다. 이와 마찬가지로 우리의 사마리아인인 그리스도 역시 절반은 죽은 거나 다름없는 환자에게 영생에 이르는 완전한 건강을 약속하셨다. 그 후에 그를 여관으로 데려가 치유하기 시작하셨다. 그리스도는 탐욕이라는 인간의 죄를 죽음으로 간주하지 않으신다. 또한 인간이 약속된 건강을 소망하는 동안 회복에 장애가 되는 일을 막으시며, 탐욕을 악화시키는 죄를 그냥 내버려 두시지 않고 금하신다. 이런 상황에 있는 인간은 완전히 의로운 것인가? 아니다. 오히려 그는 죄인인 동시에 의인이다. 실제로는 죄인이지만, 하나님의 간주하심에 근거하여, 그리고 하나님이 죄인을 완전히 치유하실 때까지 그를 죄로부터 구원하고자 하신다는 확실한 약속에 근거하여 의롭다. 그는 소망 가운데 온전하지만 실제로는 죄인인 셈이다. 하지만 그는 의의 첫 열매를 가지고 있고(실제로 의롭게 되기 시작했고), 항상 더 의로워지기를 추구한다. 그러나 만일 환자가 자신의 약함을 사랑하여 온전히 치유되기를 원치 않는다면 죽지 않겠는가? 세상에서 악한 욕망을 뒤좇는 자들 역시 이와 같다. 또한 환자가 자신은 아프지 않고 건강하다고 착각하며 의사를 거부하는 것은, 자신의 행위로 의롭게 되고 건강하고자 하는 것과 같다.

* "그러므로 우리가 믿음으로 의롭다 하심을 받았으니 우리 주 예수 그리스도로 말미암아 하나님과 화평을 누리자.[98] 또한 그로 말미암아 우리가 믿음으로 서 있는 이 은혜에 들어감을 얻었으며 하나님의 영광을 바라고 즐거워하느니라"(롬 5:1~2).

"그러므로 우리가 믿음으로 의롭다 하심을 받았으니 우리 주 예수 그리스도로 말미암아 하나님과 화평을 누리자"(롬 5:1)는 말씀처럼, 사도 바울은 '우리 주 예수 그리스도로 말미암아'와 '믿음으로'를 매우 유익하게 서로 묶는다. 우선, 믿었다는 사실 자체만으로 충분하다고 본다. 대신 그리스도 없이 하나님께 나아갈 수 있다고 신뢰하는 오만한

98) "또는 우리로 믿음으로 서 있는 이 은혜에 들어감을 얻게 하신 우리 주 예수 그리스도로 말미암아 하나님으로 더불어 화평을 누리며"(루터역).

자들에 대해 사도는 반대한다. 이들은 그리스도를 통해서가 아니라, 그리스도를 지나쳐 오직 믿음을 통해서만 하나님께 나아가고자 한다. 그들은 칭의하는 은혜를 받은 이후부터는 그리스도를 더 이상 필요로 하지 않는 것처럼 행한다. 오늘날 많은 사람들이 믿음의 행위를 율법의 행위와 문자의 행위로 만드는 것처럼 말이다. 이들은 세례와 회개를 통해 믿음을 받아들인 이후 그리스도를 통하지 않고 스스로 하나님의 마음에 들고자 원한다. 그들은 믿음을 갖는 것과 동시에 믿음 안에서 중재자 그리스도를 영원히 갖는 것, 이 두 가지 모두 필요하다는 사실을 간과한다.

시편 91편 1절은 "지존자의 은밀한 곳에 거주하며 전능자의 그늘 아래에 사는 자여"라고 말한다. 믿음은 삶의 장소를 마련해 주지만, 그늘과 은밀한 곳이 되시는(삶의 장소를 보호하고 삶의 목적이 되시는) 분은 그리스도이다. 시편 기자는 계속하여 고백한다. "그가 너를 그의 깃으로 덮으시리니 네가 그의 날개 아래에 피하리로다. 그의 진실함은 방패와 손 방패가 되시나니"(시 91:4). 말라기 4장 2절은 "내 이름을 경외하는 너희에게는 공의로운 해가 떠올라서 치료하는 광선을 비추리니, 너희가 나가서 외양간에서 나온 송아지 같이 뛰리라"고 말씀한다. 시편 31편 3절은 "주는 나의 반석과 산성이시니, 그러므로 주의 이름을 생각하셔서 나를 인도하시고 지도하소서," 즉 그리스도가 바로 내가 거하는 곳이 된다고 말한다. 시편 90편 1절은 "주여, 주는 대대에 우리의 거처가 되셨나이다"라고 말한다. 사도 바울은 다른 유사한 구절들을 설명하고 또한 율법의 비유적인 의미를 지닌 다른 많은 구절을 설명한다.

그러나 오늘날 위선자와 율법적인 사람들은 매우 놀랄 정도로 교만하다. 그들은 그리스도를 믿기 때문에 자신은 이미 구원받았고 이미 충분히 의롭다고 착각한다. 또한 자신이 불의하고 어리석은 자임을 인정하지 않으며 죽은 자가 되고자 하지도 않는다. 이것은 그리스도의 보호하심을 던져버리고 오직 믿음으로만, 하지만 그리스도를 통하지 않고 하나님께 나아감을 얻고자 하는 것이다. 여기에는 실제 믿음은 없다. 단지 외관상의 믿음에 불과할 뿐이다. 마치 태양이 지면 태양의 빛과 밝음이 함께 사라지는 것과 같다. 지혜로운 자라면 태양은 별개로 하고 빛을 중시하는 것이 아니라, 태양과 빛을 동시에 기꺼이 갖고자 할 것이다. 그들은 믿음을 통해 나아가지만 동시에 그리스도를 통해서는 나아가지 않는다. 그들은 실제 그리스도에게서 벗어나 있다.

사도 바울은 믿음 때문이 아니라, 그리스도 때문에 매우 안심하는 자들을 비판한다. 이들은 마치 자신이 그리스도를 통하여 구원받아서 자신들은 더 이상 행할 필요가 없으며 믿음의 어떤 증거도 보일 필요가 없다고 생각한다. 이런 사람들은 너무나 큰 믿음을 가지고 있거나, 반대로 전혀 믿음을 갖고 있지 않은 것이다. 그러므로 '믿음으로 말미암아'와 '그리스도를 통하여', 둘 다 필요하다. 우리는 그리스도에 대한 믿음 안에서 우리가 성취하며 행하고 견디어야 하는 모든 것을 가져야 한다. 그럼에도 우리는 우리 자신을 모든 면에서 무익한 종으로 인식해야 하고 오직 그리스도를 통해서만 하나님께 나아갈 수 있는 자격을 가질 수 있다는 사실을 확고하게 신뢰해야 한다. 왜냐하면 믿음의 모든 행위에서 중요한 것은 우리의 피난처이고 보호자이신 그리스도와 그의 의에 합당하게 되는 것이기 때문이다. "우리는 믿음으로 의롭다 함을 받았고" 죄의 용서하심에 참여하여 "은혜에 들어감과 평안을 갖게 되었으니" 바로 "우리의 주 예수 그리스도를 통해서이다."

12. 로마서 3장 28절에 관한 토론 논제

작품 해설

로마서 3장 28절은 종교개혁 주장의 핵심을 담고 있는 표제어와 같다. 이 구절에 대한 루터의 번역 역시 역사적으로 유명하다. '믿음'이라는 말에 헬라어 원문에 없는 '오직'이란 말을 추가하여 번역함으로 당시 교회와 신학에 엄청난 논쟁을 불러일으켰다.[99)]

루터가 활동하던 당시 대학에서 중요한 의미를 지닌 하나의 수업 형태는 '토론'(disputatio)이었다. 비텐베르크 대학이 설립된 초기에 토론이 이루어지다가 중단된 후 1535년부터 다시 규칙적으로 토론이 이루어졌다. 여기서 루터는 비텐베르크 대학 신학대학장으로 1537년까지 로마서 3장 28절을 근거로 칭의론과 인간론을 주제로 토론을 이끌었다.[100)] 토론을 위해 작성된 일련의 다섯 논제는 1538년에 한 작품으로 출판되었다.

첫 번째 토론 논제와 두 번째 토론 논제는 벨러(Hieronymus Weller, 1499~1572)와 매들러(Nikolaus Medler, 1502~1551)의 박사학위토론을 위

99) Cf. 권진호, "오직, 믿음이다", 「기독교세계」 1073 (2021.3), 42~45.

100) 이에 관해서는 우선 권진호, "'로마서 3장 28절에 관한 토론 논제'에 나타난 루터의 칭의론", 「장신논단」 54.3 (2022), 9~35 참조.

해 1535년 9월 11일 작성되었다. 두 논제는 "믿음에 관하여"(de fide)와 "율법에 관하여"(de lege)라는 제목으로 인쇄되어 출간되기도 하였다. 세 번째 토론 논제와 네 번째 토론 논제는 1536년 초에 작성된 것이고, 다섯 번째 토론 논제는 1537년 6월 1일 팔라디우스(Petrus Palladius, 1503~1560)가 토론한 내용을 다룬 것이다. 이 논제는 "율법의 행위들과 은혜에 관하여"(De operibus legis et gratiae)라는 제목의 전단(傳單)으로도 간행되었다.

이러한 다섯 토론 논제의 공통점은 그리스도인의 믿음에 관한 내용이다. 이 논제들은 루터의 믿음 및 율법 이해뿐만 아니라 칭의론에 대한 포괄적인 내용을 담고 있어 루터의 칭의론을 이해하는데 결정적인 중요성이 있다.

작품

1) 로마서 3장 28절에 관한 첫 번째 토론 논제

주제: 사람이 의롭다 하심을 얻는 것은 율법의 행위에 있지 않고 믿음으로 되는 줄 우리가 인정한다.

믿음에 관하여

1. 여기서 믿음은 참된 믿음이자 성령의 선물로 이해되어야 한다(참조. 엡 2:8).
2. 바울이 '획득된 믿음'(fides acquisita)[101] 또는 '역사적인 믿음' (fides historica)을 말하는 것이라면, 바울의 노력은 완전히 헛되다.
3. 왜냐하면 이것에 대해 전혀 알지 못하는 스콜라 신학자들조차 그러한 믿음은 의롭다 함을 얻지 못한다고 인정하기 때문이다.
4. 심지어 이들은 성령을 통하여 주입된 믿음(infusa spiritu Sancto fidem)이라도 사랑으로 형성되지(formata charitate) 않으면 의롭다 함을 얻지 못한다고 가르친다.
5. 그들에 따르면 주입된 믿음은 죽을 죄(大罪)와 공존할 수 있고 저주받을 수 있기 때문이다.

---

101) 믿음의 대상 그리스도에 대한 동의와 신뢰가 없는 지적인 수용을 의미한다. 즉 자신의 노력에 의해 얻어진 것을 말한다.

6. 여기서 도출되는 결론은 다음과 같다. 만일 바울이 이러한 믿음에 관하여 말하고 있다면, 그는 아무 일도 하지 않는 가상의 그리스도를 선포하는 것이 된다.
7. 왜냐하면 그리스도는 악마와 저주받은 자들과 동일하게 그런 믿음을 가진 자들에게 전혀 도움과 유익이 되지 않기 때문이다.
8. 하지만 바울은 칭의가 믿음에 기인하는 것으로 여기고 있음을 상세히 보여주었기 때문에, 여기서 필연적으로 도출되는 결과는 다음과 같다. 바울은 획득된 믿음 또는 주입된 믿음, 형성되지 않은 믿음 또는 형성된 믿음, 명백한 믿음 또는 암시적인 믿음, 보편적인 믿음 또는 특수한 믿음으로 표현되는 소위 믿음의 형태에 관하여 말하는 것이 아니다.
9. 그들은 악마와 매우 악한 사람조차도 획득된 믿음을 갖고 있다고 인정한다(참조. 약 2:19).
10. 따라서 바울은 우리 안에서 죽음과 죄와 율법에 대해 그리스도가 일하시도록 하는 다른 믿음에 관하여 말하고 있음이 틀림없다.
11. 이 믿음은 우리를 악마나 지옥으로 달려가는 자들과 닮게 하지 않고 오히려 거룩한 천사나 하늘로 올라가는 하나님의 자녀들과 닮게 한다.
12. 이 믿음은 (우리가 부르는 것처럼) 우리의 죄를 위해 죽으시고 우리의 의를 위해 부활하신 그리스도를 붙잡는다(롬 4:25).
13. 이 믿음은 유대인들과 빌라도가 그리스도의 십자가 죽음에서 행한 일, 또는 그리스도의 부활에 관한 이야기를 알 뿐만 아니라,
14. 당신의 죄를 위해 죽으신 그리스도를 통하여 당신을 구속하시고 구원하실 하나님 아버지의 사랑을 깨닫는다.
15. 바울은 성령이 복음의 설교에 근거하여 믿는 자의 마음에 이러한 믿음을 불러일으키고 믿음을 유지하게 한다고 선포한다.

16. 이것은 사실 '주입된 믿음'으로 간주하여야 하며 우리의 힘으로 획득할 수 없는 믿음이다.
17. '획득된 믿음' 혹은 스콜라 신학자들의 이해에 따른 '주입된 믿음'은 그리스도에 관하여 다음과 같이 말한다. "나는 하나님의 아들이 고난받으시고 부활하셨음을 믿는다." 그리고 이것으로 끝이다.
18. 그러나 참된 믿음은 다음과 같이 말한다. "나는 하나님의 아들이 고난받고 부활하셨으며, 이 모든 것이 나를 위해, 내 죄를 위해 이루어졌음을 확고하게 믿는다. 이것을 나는 확신한다.
19. 왜냐하면 그는 온 세상의 죄를 위해 죽으셨기 때문이다(참조. 요 1:29). 내가 세상의 일부인 것이 매우 확실하기에, 그가 내 죄를 위해 죽으셨다는 사실 또한 확실하다."
20. '획득된 믿음'은 그리스도가 겪으신 고난을 단지 이론으로 여길 뿐이다. 참된 믿음은 그리스도의 고난으로부터 생명과 구원을 붙잡는다.
21. 획득된 믿음은 손을 겨드랑이에 낀 채 게으른 사람처럼 서서 다음과 같이 말한다. "그것은 나와 상관없어."
22. 참된 믿음은 자신을 위해 죽으신 하나님의 아들을 팔을 벌려 즐겁게 껴안고 다음과 같이 말한다. "내 사랑하는 자는 나의 것이고, 나는 그의 것이다"(아 2:16).
23. 이를 위해 바울은 갈라디아서에서 자신을 예로 제시한다. "그분은 나를 사랑하셨고 나를 위해 자신을 주셨다"(갈 2:20).
24. 따라서 '나를 위해' 또는 '우리를 위해'라는 말은 (우리가 이것을 믿으면) 참된 믿음을 갖게 하고 이 믿음을, 일어난 것을 단지 아는 믿음과 구분한다.
25. 이것만이 그리스도 안에서 우리에게 전해진 하나님의 자비를 통하여 율법과 행위 없이 우리를 칭의하는 믿음이다.

26. 그리스도가 우리의 죄를 위해 희생하심으로 충분하다는 것과, 우리가 율법을 통하여 죄에서 의롭다 하심을 얻는다는 두 주장은 서로 모순된다.
27. 왜냐하면 그리스도가 우리의 죄를 위해 희생하지 않으셨거나, 우리가 율법을 통하여 무죄 판결받는 것이 아니기 때문이다(참조. 사 53:5,6).
28. 성서는 우리의 모든 죄가 그리스도에게 놓였고 그리스도가 하나님 백성의 죄를 위해 찔림을 당하셨고, 우리가 그의 상처를 통하여 나음을 받았다고 증언한다(사 53:5,8).
29. 하지만 은혜로 의롭다 하심을 얻은 후에 우리는 행위(선행)를 한다. 아니, 그리스도 자신이 우리 안에서 모든 것을 행하신다(참조. 갈 2:20).
30. 왜냐하면 어떤 행위도 뒤따르지 않는다면, 우리 마음에 거하는 것은 그리스도를 믿는 믿음이 아니라 소위 '획득된 믿음'이라고 하는 죽은 믿음임이 확실하기 때문이다(참조. 엡 3:17).
31. "그 소리가 온 땅에 퍼진다"는 말씀처럼 모든 사람이 말씀을 듣는다(시 19:5; 롬 10:18).
32. 하지만 "누가 우리의 설교를 믿었는가?"(사 53:1; 요 12:38; 롬 10:16)는 말씀처럼 모든 사람이 믿음을 갖지는 않는다(살후 3:2).
33. 행위로 하나님 앞에서 칭의를 받는다고 말하는 자는 그리스도나 믿음에 관하여 알지 못하는 것이다.
34. 우리는 선행이 믿음을 뒤따라야 한다고 고백한다. 아니, 좋은 나무는 좋은 열매를 맺어야 하는 것이 아니라 자연스럽게 좋은 열매를 맺듯이, 선행은 믿음을 '뒤따라야 하는' 것이 아니라 자연스럽게 뒤따른다(마 7:16~20).
35. 그리고 좋은 열매가 좋은 나무를 만드는 것이 아닌 것처럼, 선행은

사람을 칭의하지 못한다.

36. 오히려 선행은 믿음으로 이미 칭의된 사람이 수행하는 것이다. 마치 좋은 열매가 이미 본질에 근거하여 좋은 나무에서 열리는 것처럼 말이다.

37. 철학에서도 선행 없이, 선행에 앞서 바른 이성과 선한 의지가 있어야 한다는 사실이 유효하다.

38. 바른 이성과 선한 의지는 행위에서 나오는 것이 아니라 오히려 행위가 바른 이성과 선한 의지에서 나온다.

39. 건축가의 설계 역시 집이나 건물로부터 나오는 것이 아니다. 건물 없이, 건물이 있기 이전 건축가의 마음에 있는 설계도로부터 건물이 세워지는 것이다.

40. 요약하면 그리스도는 종이 아니라 주인이다. 안식일의 주인이며 율법과 만물의 주인이다(마 12:8).

41. 성서는 그리스도에 거슬러 해석되어서는 안 되고 그리스도를 위하여 이해되어야 한다. 다시 말해 성서를 그리스도와 관련시키든지, 아니면 그것을 바른 성서로 인정하지 않든지 해야 한다.

42. 예를 들어 "율법을 지켜라"(참조. 전 12:13; 마 19:17)는 말씀은 그리스도가 주(主)라는 전제하에 이해되어야 한다. 즉 "율법을 지키되, 그리스도 안에서, 그리스도에 대한 믿음 안에서 하라."

43. "네 주 하나님을 사랑하라"(신 6:5; 마 23:27; 막 12:30; 눅 10:27)는 말씀은 그리스도 안에서, 그리스도에 대한 믿음 안에서 행해져야 한다. "왜냐하면 나 없이는 너희가 아무것도 할 수 없기 때문이다" (요 15:5).

44. "그것을 행하라, 그러면 네가 살리라"(눅 10:28)는 말씀은 "내 안에서 그것을 행하라, 그렇지 않으면 너는 명령을 행하는 것이 아니라 오히려 정반대로 행하는 것이다"를 의미한다.

45. "구제로 너의 죄를 다시 선이 되게 하라"(참조. 단 4:27)는 말씀은 "그리스도 안에서, 그리스도에 대한 믿음 안에서 행하라. 그렇지 않으면 네 구제는 죄가 될 것이다"는 의미이다.
46. 그러므로 히브리서는 깊은 깨달음으로 모든 성자의 행위 앞에 '믿음을 통하여'를 첨가한다(히브리서 11장).
47. 왜냐하면 우리가 계시된 그리스도 안에서 행하듯이, 옛 언약의 모든 성자도 약속된 그리스도 안에서 살고 행해야 하기 때문이었다(참조. 히 11:39~40).
48. 그리스도는 하나님에 의해 의와 생명의 우두머리와 인도자가 되셨기 때문에, 우리는 그분을 통하여, 그분 안에서 살고 구원받는다(참조. 히 2:10).
49. 적대자가 그리스도보다 성서를 더 강조한다면, 우리는 성서보다 그리스도를 더 강조한다.
50. 우리는 주인을 갖고 있으나 적대자들은 종을 갖고 있고, 우리는 머리를 갖고 있으나 적대자들은 발이나 지체를 갖고 있다. 머리가 몸을 지배하고 몸보다 우선한다.
51. 만일 그리스도와 율법 가운데 하나를 포기해야 한다면 그리스도가 아니라 율법을 포기해야 한다.
52. 왜냐하면 우리가 그리스도를 확고히 붙들면 율법은 수월하게 되고 우리는 모든 것을 바르게 판단할 수 있기 때문이다(참조. 고전 2:15).
53. 우리는 심지어 새 십계명을 제시할 수 있다. 마치 바울과 베드로가 서신에서, 그리고 그리스도가 복음에서 하신 것처럼 말이다.
54. 이 십계명은 모세의 십계명보다 더 탁월하다. 그리스도의 용모가 모세의 얼굴보다 더 빛나는 것처럼 말이다(참조. 고후 3:7,9; 4:6).
55. 이방인들이 타락한 본성에도 불구하고 하나님에 관하여 생각할

수 있고 자기 자신이 율법이 될 수 있다면(롬 2:14),

56. 바울이나 온전한 그리스도인은 얼마나 더 성령에 충만하여 새로운 십계명을 제시하며 모든 것을 매우 바르게 판단하지 않겠는가!
57. 모든 선지자와 족장도 그리스도의 영 안에서 성서에 포함되어 있는 모든 것을 말했다.
58. 그렇지만 우리는 모두 때때로 동일한 영을 갖고 있지 않고 육이 영과 다투기 때문에(갈 5:17) (또한 열광주의자들 때문에), 교회가 찢어지지 않도록 사도의 확고한 율법과 서신에 머물러야 한다.
59. 우리 모두가 하나님의 명백한 명령에 근거하여 오류 없는 교사로 보내진 사도는 아니다.
60. 따라서 우리는 사도들과 달리 잘못할 수 있고 믿음 안에서 넘어질 수 있다. 왜냐하면 우리는 그러한 명령을 받지 않았기 때문이다.
61. 그러므로 사도들 이후로 보편적 교회를 제외하고는 누구도 믿음 안에서 오류를 범하지 않는다고 주장해서는 안 된다.
62. 요약하면 하나님께서는 모든 사람에게 긍휼을 베푸시기 위해 모든 것을 불신앙 속에 가두어 두셨다(롬 11:32). 따라서 우리가 의로운 것은 우리 노력 때문이 아니라 불쌍히 여기시는 하나님 때문이다(롬 9:16).
63. 행위를 하는 자가 아무리 거룩하고 지혜롭고 의로우며 자신이 원하는 모습일지라도 믿음이 없으면, 그는 진노 아래에 있고 저주받는다(참조. 요 3:36).
64. 왜냐하면 다음 언급이 유효하기 때문이다. 하나님께서는 몇몇 사람을 불쌍히 여기시는 것이 아니라 모든 사람을 불쌍히 여기신다. 그리고 오직 하나님의 자비만이 우리의 의이며, 우리 행위는 우리의 의가 될 수 없다.
65. 칭의는 사실 새로운 존재로의 중생이다. 이것은 "그의 이름을 믿

는 자들에게는 ... 하나님께로부터 태어난 자이다"(요 1:12, 13; 요일 5:1)라는 요한의 말과 같다.

66. 바울 역시 세례를 중생의 씻음과 갱신(새롭게 됨)의 씻음이라고 부른다(딛 3:5). 그리스도는 다음과 같이 말씀하신다. "만일 누군가 새롭게 태어나지 않는다면, 그는 하나님의 나라를 볼 수 없다"(요 3:3).
67. 따라서 행위를 통하여 의롭다 함을 받는 것은 불가능하다. 우리는 행위로 태어날 수 없고, 오히려 우리 행위는 우리로부터 태어난다.
68. 의롭게 된 자들은 동일한 영(성령)으로 하나님의 '새로운 피조물'(고후 5:17), 하나님의 '창조의 첫 열매'로 불린다. 하나님이 그의 뜻대로 말씀을 통해 우리를 낳으셨기 때문이다(약 1:18).
69. 우리의 행위가 우리를 만든다거나 우리가 우리 행위의 피조물이라는 모욕적인 말을 누가 감당할 수 있겠는가?
70. 만일 그렇게 할 수 있다면 우리는 선지자들에 대항해 "우리가 우리 자신을 만든 것이지 하나님이 우리를 만든 것이 아니다"(참조. 말 2:10; 시 100:3)라고 말할 수 있을 것이다.
71. '우리가 우리 자신의 신이고 창조자이며 창시자이다'라는 주장이 불경한 것처럼, '우리가 행위를 통하여 의롭게 된다'는 주장 역시 불경하다.

2) 로마서 3장 28절에 관한 두 번째 토론 논제

율법에 관하여

1. 우리는 율법의 행위가 아니라 믿음으로 의롭다 함을 받는다(칭의)고 주장한다(롬 3:28).
2. 율법의 행위란 공로 혹은 최상의 행위로 불리는 것일 뿐이다.
3. 그렇지 않다면 악한 행위 없는 인간이 의롭게 된다는 사실을 의미해야 하지 않겠는가?
4. 바울은 간단하고 포괄적으로 율법, 특히 도덕법 혹은 십계명에 관해 말한다.
5. 그가 예식법을 말하고 있다고 생각하는 자는 완전히 오류를 범하는 것이다.
6. 로마서 7장에서 바울은 분명 도덕법을 제시하는 것이다. "율법이 탐내지 말라 하지 아니하였더라면 내가 탐심(탐심이 죄인)을 알지 못하였으리라"(롬 7:7).
7. 바울이 "율법의 행위로는 누구도 의롭다 함을 받지 못하기 때문에 온 세상이 하나님 앞에서 죄가 있다"(참조. 롬 3:10~20)고 말할 때, 그는 그리스도를 통하여 구원받아야 하는 온 세상의 죄와 죽음을 분명 다루는 것이다.
8. 하지만 예식법은 단지 유대인에게만 적용된다.
9. 그는 (율법에 관한) 자세한 설명에서 어떤 예식법도 인용하지 않는다.
10. 그가 인용하는 할례(롬 3:1)는 모세로부터가 아니라 족장들로부터 기인한다. 요한복음 7장 22절.

11. 그런 점에서 할례는 모세로부터 시작한 예식법보다 더 중요하다.
12. 예식이 있기 전, 그리스도는 세상 처음부터 모든 세상의 죄를 위해 죽으셨다.
13. 그러므로 바울이 율법과 온 세상의 죄가 처음부터 있었다는 사실을 전제로 말하고 있음을 이해해야 한다.
14. 그러나 바울을 오직 예식법과 관련해 이해하고자 고집하는 자들은, (율법과 죄가 서로 연관되어 있기에) 바울이 단지 예식법에 대한 죄만 말하고 있다고 인정할 수밖에 없다.
15. 그들은 계속하여 바울이 예식법의 죄로 인한 죽음과 처벌에 관하여 말하고 있으며
16. 그리스도의 은혜가 바울에게는 '예식의 의'로 이해되어야 한다고 인정할 수 밖에 없다.
17. 율법이 어떠하듯 죄도 그러하다. 죄가 어떠하듯 죄의 처벌과 용서도 그러하다.
18. 이럴 경우 내려지는 결론은, 그리스도는 죽으심으로 유대인만을 예식법으로부터 자유하게 하셨거나 오직 예식법만을 폐지하셨고
19. 그리스도는 도덕법에 대한 죄를 위해 죽으신 것이 아니기에 유대인을 위해서도 헛되이 죽으셨다는 사실이다.
20. 다시 말해 그리스도는 유대인들을 주로 예식법을 어긴 과거의 죄에서 자유하게 하신 것이 아니라, 사람이 범할 수 있는 율법을 폐지하여 유대인들이 더 이상 죄짓지 않도록 하며 이들을 미래의 예식법에 대한 죄에서 자유케 하신 것이다.
21. 그러면 그리스도에 의한 칭의와 구속사역은 결국 예식법을 폐지하며 유대인들을 예식법으로부터 자유하게 한 것이 된다.
22. 여기서 이방인들에게는 예식법이나 예식법에 대한 죄가 적용되지 않기 때문에, 그리스도는 이방인에게 아무 의미가 없게 된다.

23. 이방인에게 그리스도와 그의 죽음은 쓸모없게 된다.
24. 바울이 유대인에 따라 헬라인에게 말하며 이들이 갖지 않은 율법과 죄에서의 자유를 선포한다면, 이방인 가운데 하는 그의 노력은 헛될 뿐이다.
25. 바울뿐만 아니라 선지자들이 율법과 죄와 죽음으로 이방인들을 공포에 빠지게 하고 그리스도를 통한 구속을 약속한다면, 바울과 선지자들은 거짓말하는 것이다.
26. 왜냐하면 그들은 이 모든 것이 오직 예식법에 매여 있는 유대인들에게만 유효하다는 사실을 알기 때문이다.
27. 바울이 예식법에 대해서만 말하고 있다고 가르치는 자들은, 그리스도를 복음과 함께 세상에서 즉시로 추방하는 것이며
28. 우리에게 도덕법이나 십계명의 행위를 통해 의롭다 함을 받도록 인도하는 것이 분명하다.
29. 인간이 그리스도 없이도 예식법을 지킬 수 있었다면, 하나님의 아들은 왜 죄를 위한 대속물로 희생되셔야 했겠는가?
30. 왜냐하면 이방인들이 행하듯이 한 사람이 그리스도 없이도 염소의 젖을 짜거나 말을 먹이거나 집을 지을 수 있는 것처럼,
31. 그리스도와 선지자들을 죽인 불경건한 사제들이 행하듯이 그 역시 그리스도 없이 (정결을 위해) 빨래하거나 이발하거나 축제일을 기념하거나 희생제물을 드리거나 불을 켤 수 있기 때문이다.
32. 이것은 그리스도가 죽으신 목적이 염소의 젖을 짜거나 다른 집안일을 하는 것이 더 이상 필요하지 않도록 하기 위함이라고 주장하는 것과 다르지 않다.
33. 그러나 그리스도가 온 세상 모든 인간의 구원자라면, 바울이 율법과 온 세상 모든 인간의 죄에 대해 말하고 있음이 분명하다.
34. 바울은 분명 도덕법뿐 아니라 이 법의 모든 능력과 힘에 관하여 말

하고 있다.

35. 인간은 이성을 가진 존재일지라도 이러한 힘을 깨닫지 못하며 이것에 관하여 바르게 판단하거나 가르칠 수 없다.
36. 율법의 힘과 능력은 죽이는 것이거나, 죄는 영원한 죽음으로 처벌받아야 한다는 사실을 보여주는 데 있다.
37. 성령이 책망하여 알려주심으로(참조. 요 16:7~8) 율법의 힘을 느끼고 깨닫기 시작하자마자 인간은 하나님의 자비에 절망하게 된다.
38. 그러나 하나님의 자비에 절망하는 것은 최고의 죄이며, 하나님이 적절한 시기에 그것을 되돌리지 않는 한 용서받을 수 없다.
39. 이것은 인간이 참으로 하나님의 도덕법에 따라 행하는 최고의 행위이다.
40. 이에 관하여 바울은 율법으로 말미암아 죄가 심히 죄가 되고(롬 7:13) 죄가 기회를 타서 율법으로 말미암아 나를 죽이고(참조. 롬 7:11) 율법이 진노를 이룬다(롬 4:15)고 말한다.
41. 인간이 율법을 인식하고 깨닫기 시작하는 순간보다 더 끔찍하게 죄를 짓는 경우는 없다.
42. 요약하면 인간은 율법을 깨닫지만 하나님의 은혜를 알지 못하여 절망하거나, 율법을 깨닫지 못하고 하나님의 진노를 경시하여 자만하게 된다.
43. 첫 번째 경우는 "내가 죄를 지었고 당신의 목전에서 범죄하였나이다"(시 51:6; 51:13)라고 말한 다윗처럼 절망하는 것이다.
44. 두 번째 경우에서 "나는 불의한 다른 사람들 같지 않습니다"(눅 18:11)라고 말하며 안심하는 위선자와 교만한 바리새인이 만들어진다.
45. 여기서 그리스도는 다음과 같이 말씀하신다. "저주나 구원은 네게 합당하지 않으며, 오직 내게 합당한 것은 영광이다."

46. "다윗아, 내가 네 죄를 담당했기 때문에 너는 죽지 않을 것이다(삼하 12:13). 그러나 바리새인아, 너는 살지 못할 것이다. 네 의에 내가 없기 때문이다."
47. 이제 바울이 예식법을 말하는 것이 아니라 참된 율법과 율법의 바른 행위를 말하고 있음이 확고하다면,
48. 우리 주장은 옳은 것이고 인간은 율법의 행위가 아니라 오직 믿음으로 의롭다 함을 받는다(갈 2:16)는 바울의 언급은 확고해진다.
49. 왜냐하면 (우리가 아니라) 바울, 그리스도의 택함 받은 종 바울(행 9:15)이 인간은 율법을 통하여 의롭다 함을 받지 못한다는 사실을 온 세상에 우레같은 소리로 선포하기 때문이다.
50. 그러므로 율법과 선행을 자랑하고 이것으로 의를 얻고자 하는 자들에게서 우리가 기대하는 것은
51. 창세 이후 율법이 성취되었고 교회 안에서 세상 끝날까지 성취될 예를 적어도 한 가지라도 제시하는 일이다.
52. 그렇게 중요한 사안에서 선행과 율법의 의를 높이 내세우지만 단 하나의 예도 언급할 수 없다는 것은 우스운 일이다.
53. 이는 텅빈 무대 위를 구경하는 것, 즉 어찌할 바를 모른 채 아마이 기만으로 계략에 걸려드는 것과 다르지 않기 때문이다.
54. 게으르고 수다스러운 스콜라 신학자는 율법과 행위에 대해 많은 수다를 떤다. 그에게 이보다 더 쉬운 일은 없겠으나, 정작 자신은 어떤 것도 행하지 않을 뿐만 아니라 그것을 행하는 어떤 예도 보여주지 못한다.
55. 그들은 자신의 논제를 증명할 수 없는 반면, 우리는 반대 논제를 충분히 증명할 수 있다.
56. 율법 성취의 예는 어떤 성자에게도, 거룩한 가톨릭교회 전체에서도 없었고, 지금도 없으며 앞으로도 없을 것이다.

57. 왜냐하면 모든 성자와 온 교회는 다음과 같이 외치고 고백하기 때문이다. "우리가 죄가 없다고 하면 하나님의 진리가 우리 안에 없는 것이다"(요일 1:8).
58. 바울조차도 "육신으로 죄의 법을 섬긴다"(롬 7:25)라고 말한다. 갈라디아 교인들의 영은 거스르는 육신을 견디어야 한다(참조. 갈 5:17~18; 6:12~13).
59. 결국 모든 교회가 주기도문으로 하나님의 이름이 거룩히 여김을 받는 것과 죄의 용서를 간구하는 것은 자신이 죄인임을 고백하는 것이다(마 6:9~13).
60. 여기서 도출되는 결론은 어떤 성자도, 어떤 율법의 경건자도 율법의 행위를 통해 의롭다 함을 받지 못하며 자기 행위로도 의롭다 함을 받지 못한다는 사실이다.
61. 바울은 "그들은 항상 배우나 끝내 진리의 지식에 이르지 못한다"(딤후 3:7; 딛 1:10)고 말한다. 이것은 이들이 바로 쓸데없는 수다쟁이와 속이는 자들임을 의미한다.
62. 그들은 의무를 행해야 한다고 항상 외치지만 어떤 사실도 갖고 있지 않으며 입증할 수도 없다.
63. 그러나 누구도 의무가 행해져야 한다는 사실로 의롭다 함을 받거나 구원받는 것이 아니다. 오히려 행해진 것을 통해 구원받는다. 율법을 행하는 누구나 구원받기 때문이다(참조. 롬 2:13).
64. "주여 주여 하는 자마다 다 천국에 들어갈 것이 아니요, 다만 하늘에 계신 내 아버지의 뜻대로 행하는 자라야 들어가기 때문이다"(마 7:21).
65. 하나님이 진심으로 원하시는 것은 율법이 일점일획까지 철저하게 성취되는 것이다(참조. 마 5:18). 그렇게 하지 않는 자는 구원받지 못한다.
66. 그들에 대한 우리의 요구와 고소가 매우 분명해지도록 삼단논법

형식으로 표현하고자 한다.

67. 생명에 이르고자 하는 자는 하나님의 계명을 지켜야 한다(대전제).

그러나

68. 어떤 성자도 하나님의 계명을 지키지 못한다(소전제).

따라서

69. 어떤 성자도 생명에 이를 수 없다(결론).
70. 그리스도가 "네가 생명에 이르고자 한다면"(마 19:17)이라고 말씀하시기 때문에, 대전제는 계시된 하나님의 말씀을 포함하고 있다. 그리스도는 속이거나 거짓말하지 않으신다.
71. 소전제는 앞에서 말한 것으로 쉽게 증명된다. 모든 성자는 죄인이며 하나님의 계명을 지키지 못한다.
72. 결론은 삼단논법을 통해 나온 것으로 더 이상 논쟁의 여지가 없다.
73. 이제 어떻게 되는가? 여기서 의를 가르치는 수다쟁이들은 궁지에 몰린다. 따라서 이사야가 말하는 것처럼(사 46:7~8) 마음 깊이 성찰해야 한다.
74. 여기서 우리는 율법의 성취에 대한 확실하고 믿을 만한 예, 바로 하나님과 인간 사이의 중재자인 단 한 사람을 제시한다.
75. 하나님은 오직 그에 대하여 다음과 같이 말씀하신다. "그는 죄를 짓지 않았고 그의 입에는 거짓이 없다"(참조. 사 53:9; 벧전 2:22). 다시 말하면 그는 율법을 성취하였다.
76. 또한 시편 40편은 다음과 같이 말한다. "나를 가리켜 기록한 것이 두루마리 책에 있나이다. 나의 하나님이여, 내가 주의 뜻 행하기를 즐기오니 주의 법이 나의 심중에 있나이다"(시 40:7~8).
77. 의심의 여지 없이 다른 모든 사람은 하나님의 뜻을 행하지 않았고, 하나님의 율법은 그들 마음에 들지 않았다.
78. 하나님의 뜻의 성취 혹은 하나님의 뜻을 성취하는 그리스도는 "우리

를 위해 순종함이 되셨다"(빌 2:8)는 바울의 말처럼 순종을 택하셨다.

79. 이러한 뜻 안에서 우리 모두는 거룩하게 되었고(히 10:10), 이 한 사람의 순종을 통하여 많은 사람은 의롭게 된다(롬 5:19).

80. 따라서 율법과 행위에 관한 다른 모든 말씀과 성서의 예는, 우리를 위해 아버지에게 순종하시는 그리스도와 관련될 수밖에 없다.

81. 우리 모두는 아담의 불순종을 통하여 단번에 죄인이 되었기 때문에(롬 5:18~19), 우리 스스로는 결코 순종할 수 없다.

82. 많은 외적인 것들을 행하고 견딘다고 하더라도 우리가 하는 수고와 노력은 헛될 뿐이다. 왜냐하면 하나님의 율법이 우리의 마음속에 없기 때문이다(시 40:8).

83. 육신의 성향(엡 2:3)은 하나님의 의에 복종하지 않고 오히려 그것을 미워하고 하나님을 대적한다(롬 8:7).

84. 만일 우리가 스스로 하나님께 순종하거나 율법을 성취할 수 있다면, 하나님의 아들이 우리 모두를 대신하여 혹은 우리 모두를 위해 순종하실 필요가 없었을 것이다.

85. 악마는 우리 자신의 의 또는 율법적인 의에 대한 망상으로 우리를 괴롭히고 눈을 멀게 하여 우리의 죄와 악의 심중함을 깨닫지 못하게 하며 하나님의 진노를 경시하도록 간계를 쓴다.

86. 이것을 깨닫지 못한다면 우리가 그리스도 안에서 우리에게 주어진 은혜와 자비의 위대함을 알 수 없다는 것을 악마는 확실하게 알고 있다.

87. 따라서 악마는 처음부터 살인자요 거짓말의 아비인 것처럼(즉 악마는 그리스도의 적대자였다. 요 8:44) 끊임없이 이러한 이성의 논증으로 인간의 구원을 방해한다.

(비텐베르크에서 1535년 한스 루프트가 작성하다)

3) 로마서 3장 28절에 관한 세 번째 토론 논제

1. 이 구절에서 하나님 앞에서의 칭의에는 인간 앞에서의 칭의와 다른 규칙이 적용된다는 사실이 분명해진다.
2. 바울은 믿음을 행위와 분명하게 대조시키고, 하나님 앞에서의 칭의를 행위와 구분하며 이 칭의를 믿음의 일로 돌리기 때문이다.
3. 인간이 행위로 칭의된다면 하나님 앞에서가 아니라 인간 앞에서 영광을 얻는 것이다(참조. 롬 4:2).
4. 이와 반대로 다른 사람과 자신의 판단에 수치와 창피를 받을 만한 사람일지라도 믿음으로 하나님 앞에서 칭의된다.
5. 이것은 자신의 성도들을 놀랍게 높이시는 하나님의 비밀이다. 이것은 불경건한 자들이 이해할 수 없을 뿐 아니라 경건한 자들에게조차 놀랍고 믿기 어려운 일이다.
6. 원죄의 해악을 통해 타락하고 어두워진 본성은 행위 건너편에 있는, 행위를 넘어서는 칭의를 생각하거나 준비할 수 없다.
7. 따라서 칭의를 놓고 위선자들과 신앙인들이 싸우는데, 이 싸움은 오직 하나님의 중재판결을 통해서만 종결된다.
8. 우리가 위선자들이나 철학자들에게 행위와 율법에 의한 칭의를 인정하는 것은, 이 의가 하나님 앞이 아니라 인간 앞에 있다는 사실을 고집하는 경우이다.
9. 하나님이 인간의 의에 한시적으로 이 세상의 삶을 위한 최상의 선물을 부여하실지라도, 그 의는 하나님 앞에서 가면(假面)이고 불경한 위선일 뿐이다.
10. 하나님이 불의와 악으로 간주하시는 의에 보상하신다는 것은 놀라운 수수께끼이다.

11. 하나님은 여러 예언서에서 율법과 우리의 이성에 따라 매우 탁월한 것으로 여겨지는 행위를, 우리 손으로 행한 악으로 보신다(사 1:11. 14~15; 암 5:21).
12. 이는 영주가 악한 종을 죽이면 왕국에 상당한 위험이 될 수 있어 그를 참는 것과 유사하다.
13. 그러므로 우리는 의를 행하는 불경건한 사람의 행위를 아름답게 여겨서는 안 된다.
14. 오히려 모든 것이 큰 악에 의해 넘어지지 않도록 작은 악을 참으시는 하나님의 엄청난 인내와 지혜를 보아야 한다.
15. 이는 우리가 육신의 삶을 위해 궤양이나 절뚝거림이나 다른 좋지 않은 육체의 질병을 참는 것과 같다.
16. 율법의 의(시민적인 의)는 결함이 많고 연약하다. 그래서 이 의는 탁월한 율법을 종종 성취하지 못할 뿐만 아니라 사소한 이유로도 율법을 완전히 잊는다.
17. 그러나 그것은 다른 의로 대체될 수 없기에 허용되고 이 세상에 있는 최상의 재화로써 장려된다.
18. 하나님은 가치 없고 악한 의인이나 성자들에게 크신 자비하심으로 크고 많은 선물을 주시는 것을 그리 개의치 않으신다.
19. 이는 지혜로운 통치자(당국)가 악하고 해로운 시민을 잠시 눈감아 주어 그가 시민의 권리인 공적인 평화를 즐길 수 있도록 하는 것과 같다.
20. 하나님은 다른 것을 보시는데, 즉 성서가 선포하는 것처럼(사 52:1) 할례받지 못한 자나 부정한 자가 들어갈 수 없는 미래의 영광스러운 왕국을 보신다.
21. 하나님은 땅 위에 있는 교회와 성도들에게도 같은 인내와 선함으로 행하신다.

22. 하나님은 이들의 '창조의 첫 열매'(약 1:18) 때문에 이들을 인내로 감당하실 뿐만 아니라 보존하신다. 또한 그들을 의인과 왕국의 자녀로 선포하신다.
23. 인간이 칭의된다는 것은 그가 의롭다기보다는 오히려 의로워지려는 순간에 있거나 의로움을 향해 가는 도중에 있다는 것을 의미하기 때문이다.
24. 그러므로 칭의되는 사람은 이전과 마찬가지로 죄인이다. 그렇지만 그는 용서하시고 자비로우신 하나님에 의해 전적으로 완전히 의로운 자로 간주된다.
25. 하나님이 우리를 용서하시고 측은히 여기시는 것은, 그리스도가 우리의 변호자이자 사제로서 우리 편을 드시고 우리 안에 시작된 의를 거룩하게 하시기 때문이다.
26. 어떤 결함도 없으며 우리를 위해 하나님의 진노를 막는 방패가 되는 그리스도의 의는, 우리 안에 시작된 의가 저주받지 않도록 한다.
27. 그러므로 그리스도 혹은 그리스도의 의는 (이 의는 우리 밖에 있고 우리에게 낯선 것이기 때문에) 우리의 행위로는 붙잡을 수 없음이 확실하다.
28. 오히려 그리스도에 관한 말씀을 들음으로 성령을 통하여 우리에게 주입된 믿음으로 그리스도를 붙잡을 수 있다.
29. 그러므로 행위가 아니라 오직 믿음만이 칭의를 받게 한다. 내가 그리스도 혹은 그리스도의 의를 행한다고 말할 수 없기 때문이다.
30. 내가 적어도 말할 수 있는 사실은, 성령을 통해 하늘의 의의 행위를 하거나 본성으로 이 세상의 행위를 한다는 점이다.
31. 그러나 나는 다음과 같이 말해야 한다. 나는 그리스도를 믿고, 이에 근거해 그리스도 안에서 참으로 선행을 한다.

32. 따라서 율법의 행위가 아니라 믿음으로 칭의된다고 말하는 것이 옳다.
33. 그러므로 의롭다 함을 받는 것은 우리가 그리스도 때문에 믿음을 통해 의롭다고 간주되는 것과,
34. 지난 것이든 아직 육신 안에 머무는 것이든 어떤 죄도 인정되지 않으며 심지어 그 죄가 용서를 통하여 마치 존재하지 않는 것처럼 제거되었음을 포함한다.
35. 이러한 믿음으로 새로운 피조물이 시작되고 육신의 죄와 싸운다. 육신의 죄는 그리스도를 믿는 믿음에서 비로소 용서되고 정복된다.

4) 로마서 3장 28절에 관한 네 번째 토론 논제

1. 칭의가 필요한 인간은 바로 자신의 죄에서 자유롭게 되어야 하는 죄인이다.
2. 건강한 사람에게 의사가 필요없듯이(눅 5:31) 의로운 사람 역시 구원자가 필요하지 않기 때문이다.
3. 따라서 인간이 자신의 공로로 하나님 앞에서 의롭다 함을 받을 수 없다는 사실은 확실하다.
4. 죄인이 자신의 공로, 즉 죄 혹은 죄인의 행위로 하나님 앞에서 무엇을 얻을 수 있겠는가?
5. 온 세상 인간들은 근원적인 죄, 중요한 죄, 실제로 죽음에 이르게 하는 죄(peccatum radicale, capitale et vere mortale)에 대해 전혀 모른다.
6. 자신이 병들었다는 사실, 즉 죄인이라는 사실을 모르는데 죄를 위한 치료약을 알 수 있겠는가!
7. 누구도 십자가에 달리신 예수 그리스도를 믿지 않는 것이 세상의 죄임을 알 수 없었다.
8. 이것은 아담의 타락 이후 우리에게 타고난 원죄이며 개인의 죄일 뿐만 아니라 본성적인 죄이기도 하다.
9. 그리스도를 믿지 않는 것은 불신앙이고 무지이며 그리스도를 구원자로 약속하신 하나님을 등지는 것이다.
10. 따라서 바울은 다음과 같이 매우 적절하게 말한다. "하나님이 모든 사람을 불신앙 가운데 가두어 두심은 모든 사람에게 긍휼을 베풀려 하심이로다"(롬 11:32; 갈 3:22).
11. 이러한 불신앙은 다른 모든 죄를 수반한다. 왜냐하면 불신앙이 십

계명 제1계명을 어기는 주요한 죄이기 때문이다.

12. 스콜라 신학자들 일부는 원죄를 빈약하고 상당히 모호하게 탐욕(concupiscentia)이라고 정의한다. 다른 신학자들은 우리에게 있어야 할 본래의 의(iustitia originalis)의 결핍이라고 말한다.[102)]
13. 스콜라 신학자들 대부분은 육체적인 욕망의 악을 원죄로 간주하고, 용서함을 받은 후에는 단지 처벌, 약함, 불쏘시개만 머무른다고 본다.[103)]
14. 죄의 타락 이후 본성적인 능력은 마귀뿐 아니라 사람에게 완전한 상태로 남아 있다고 불경하게 가르친 자들조차 있다.
15. 아담의 죄를 통하여 본성 전체가 타락했다고 확고히 말하는 것이 더 나은 가르침이다.
16. 그들이 지각 능력의 온전한 상태에 관해 말하는 것이 아니라면(그들은 그렇게 말하지 않는다), 본성은 타락한 것인 동시에 온전한 것으로 이해될 수 없기 때문이다.
17. 반면 지각 능력이나 이성의 힘이 온전한 상태로 머물지 않았다는 것은 믿는 자에게는 매우 확실한 사실이다.
18. 스콜라 신학자들은 무지하게도 어떤 행위는 선이나 악이 아니라 중립적이거나 본성적인 것으로 생각했다.
19. 게다가 그들은 한편으로 큰 무지와, 다른 한편으로 사람에게 책임이 지워지지 않는, 극복할 수 없는 (죄의) 무지를 구분한다.
20. 이러한 가르침 및 이와 유사한 주장들은 그들이 죄나 그리스도를 모르며 십계명, 특히 첫째 돌판을 이해하지 못했음을 증명한다.

---

102) 롬바르두스는 원죄의 본질을 탐욕으로, 안셀름은 은혜와 의의 결핍으로 이해했다. 아퀴나스는 이 두 측면을 결합하였다. Cf. WA 39I,84 각주 2; Thomas von Aquin, Summa theologica I.II. qu. 82.

103) 아퀴나스는 세례를 통해 죄책이 용서된 이후의 원죄를 불쏘시개라고 주장한다. Cf. WA 39I,84 각주 3; Thomas von Aquin, Summa theologica I.II. qu. 81, 3 ad 2.

21. 여기서 이성적 판단력이 어느 정도 남아 있고 비난을 의식한다면, 죄는 그 결과들을 근거로 어느 정도 인식될 수 있을 것이다.
22. 왜냐하면 세상에서 날마다 일어나는 사악함의 괴물(악한 행위)은 (이성이 선한 것으로 과도하게 꿈꾸는) 본성이 만드는 것처럼 보이지 않기 때문이다.
23. 진리에서 오직 진리만이 나오는 것처럼, 선으로부터 오직 선한 것이 나오거나 적어도 악하지 않은 것이 나온다는 사실은 자명해 보인다.
24. 그러나 지금 우리는 온 세상 곳곳에서 선이 얼마나 적게, 악이 얼마나 많이 지배하고 있는지 보고 있다. 또한 세상에 선한 사람보다 악한 사람이 많음을 본다.
25. 이러한 사실을 이성의 판단으로 보면 선한 본성 안에 (정치적 관점에서도) 선보다 악이 더 많다고 결론 내릴 수 있다.
26. 시인들조차도 선한 사람이 드물어 이러한 사람을 특이한 현상으로 비유할 정도다. 어떤 시인은 선한 사람들이 없음을 한탄한다.[104)]
27. 죄의 원인을 가르치는 성서는 인간의 본성에 선한 것이 없으며 선한 것이 아직 남아 있다고 해도 악하게 사용된다고 증언한다.
28. 따라서 칭의가 가능한 한 높임을 받기 위해서는 죄를 최상으로 크게 하고 확대해야 한다(롬 5:20~21).
29. 칭의는 온 세상을 영원한 죽음과 끝없는 악으로 타락시키는 죄를 치유하는 것(sanatio peccati)이기 때문이다.
30. 그러므로 하나님의 칭의의 사역은 너무나 위대하여 (그것을 소유하기 위해) 여기서 우리의 행위나 활동을 계산하거나 고려하는 것은 불가능하다.

---

104) Cf. Juvenal, Satirae XIII 64.

31. 단지 바울과 더불어, 우리는 아무것도 아니며 무(無)에서 지음을 받은 존재라는 사실(참조. 고전 1:28)을 말해야 할 뿐이다.
32. 행위의 겉모습을 보거나 무언가 뛰어난 존재가 되고자 하는 자들은 이러한 하나님 역사의 위대함을 깨닫지 못할 것이다.
33. 이는 태양이 비칠 때 썩은 나무의 아름다움을 자랑하는 사람이 태양의 찬란함을 깨닫게 될 확률보다 훨씬 더 낮다.

5) 로마서 3장 28절에 관한 다섯 번째 토론 논제

1. 율법의 행위이든 은혜의 행위이든 모든 행위는 필요하다.
2. 율법의 행위는 믿음 밖에서(믿음 없이) 인간의 의지로 일어난다.
3. 율법은 이러한 의지를 위협과 처벌로 강요하거나 약속과 보상으로 유인한다.
4. 그러나 이 의지는 결코 진실하거나 참되지 않고 항상 자신의 것만을 추구한다.
5. 그러므로 이 의지는 영웅적인 덕을 행할 때조차도 본성적인 결함에 의해 타락되었다.
6. 더구나 그것은 경건이나 칭의와 관련하여 하나님 앞에서 아무짝에도 쓸모가 없다.
7. 그렇지만 그것은 외적인 질서와 평화를 보존하기 위해 필요하다.
8. 은혜의 행위는 믿음으로부터 나온다. 이것은 성령이 인간의 의지를 움직이고 새롭게 태어나게 함으로 이루어진다.
9. 그럼에도 불구하고 인간의 의지는 말씀과 외적인 표지, 즉 위협과 약속을 통하여 훈계와 격려를 받는 것이 필요하다.
10. 말씀과 성례의 사역을 통해 성령을 주시고 충만하게 하는 것을 하나님이 기뻐하셨기 때문이다.
11. 그러나 그러한 행위는 하나님 앞에서 칭의하지 않고 오히려 칭의받은 자가 행하는 것이다. 따라서 그것은 그리스도 때문에 하나님 마음에 들기에 당연히 '행위의 의'로 언급될 수 있다.
12. 우리는 달려야 하고 달리고자 해야 하지만, 그 일은 달리거나 원하는 것에 달려 있지 않고 하나님의 자비하심에 달려 있다(롬 9:16).
13. 우리는 순전한 양심을 가져야 하지만 그것을 통하여 칭의된 것은

아니라는 사실을 기억해야 한다(고전 4:4).

14. 우리는 선행 가운데 인내함으로 영생을 얻고자 노력해야 하지만 (롬 2:7), 이것은 우리의 노력에 달린 것이 아니라 하나님의 자비에 달려 있다.
15. 결론적으로 우리는 달리는 것을 완성해야 하고 약속된 의의 왕관을 소유해야 한다(딤후 4:7~8). 그렇지만 이 일은 성취와 소유에 달린 것이 아니라 하나님의 자비하심에 달려 있다.
16. 따라서 율법은 믿음과 사랑, 두 가지 방식으로 성취된다.
17. 믿음을 통하여 율법이 이 세상의 삶에서 성취되는 것은, 그리스도를 통하여 이루어진 의 혹은 율법의 성취를 하나님께서 우선 값없이 우리의 것으로 인정해 주시기 때문이다.
18. 사랑을 통하여 율법이 미래의 삶에서 성취되는 것은, 우리가 하나님의 새로운 피조물로 완전하게 될 때 이루어진다.
19. 더 이상 율법이 없을 것이기 때문이 아니라 율법이 이생에서 요구하는 대로 성취될 것이므로, 단지 비유적으로 율법이 성취된다고 말하는 것이다.
20. 상황을 더 잘 이해하도록 우리는 이 세상 삶에서 이해할 수 있는 눈높이로 대략 말할 수 있다.
21. 어거스틴은 이것과 관련하여 다음과 같이 설명한다. 3 더하기 7은 10이어야 하는 것이 아니라 10이다.
22. 본질적으로 그런 것은 그럴 필요가 없으며 실제로 율법에 따라 그럴 수도, 그렇게 될 수도 없다.
23. 천사와 천국에 간 사람들은 하늘에서 의로워야 하는 것이 아니라 하나님의 새로운 창조물로서 율법 없이 의롭다.
24. 거기서는 믿음조차 끝나기 때문이다. 즉 하나님의 인정하심, 죄의 용서, 그리고 성령의 모든 사역은 끝이 난다.

25. 그렇게 되면 우리는 주기도문과 사도신경, 그리고 성례전을 더 이상 사용하지 않으며 필요로 하지도 않는다.
26. 더구나 율법은 모든 지식과 예언, 그리고 성서와 더불어 그치고 폐한다(참조. 고전 13:8).
27. 하나님은 만유의 주인이 되시고(고전 15:28) 성도의 찬양을 받으시며(살후 1:10. 참조. 불가타 시 67:36), 우리는 그의 완전히 순전하고 새로운 피조물이 된다(참조. 고후 5:17).
28. 따라서 율법은 마치 무용지물이거나 그것에 따라 살 필요가 없는 것처럼 끝나는 것이 아니며,
29. 율법에 의한 칭의는 바울이 로마서 8장 4절에서 말하는 것처럼 우리 안에서 하나님의 아들을 통하여 성취되어야 한다.
30. 어쨌든 율법은 믿음의 의를 증명하는 동시에 우리가 죄 이전에 어떤 피조물이었고 죄 이후 미래에 어떤 피조물이 될 것인지를 보여주는 임무가 있다.
31. 우리는 죽은 자들의 부활로 완전해질 때까지 새로운 창조의 시작(첫 열매)으로 하나님의 품에 감추어져 있다.
32. 이러한 시작이 실제 이루어지면, 이 시작은 선행을 통하여 드러나며 우리가 부름을 받았음을 확신시킨다.
33. 쉽게 말하면 우리는 행위의 완전함이 아니라 중재능력(potentia propinqua)[105]으로 의롭다.
34. 그리스도는 끊임없이 우리 안에서 모양을 취하시고(갈 4:19), 우리는 이 땅 위에서 사는 한 그리스도의 모습으로 형상화되기 때문이다(고후 3:18).
35. 따라서 우리가 율법 없이, 율법의 행위 없이 믿음으로 칭의된다고

105) 즉 하나님과 사람 사이에서 그리스도의 중재로.

할지라도 결코 믿음 안에서 행위 없이 사는 것은 아니다.

36. 의로운 자들이 의롭고 영 안에 사는 한, 이들에게 율법이 주어진 것이 아니라는 사실을 우리는 고백할 뿐이다(참조. 딤전 1:9).
37. 의로운 자들이 육신 안에 있고 죄의 몸을 갖고 있으며 율법 아래에 있고 율법의 행위를 하는 한, 그들은 의롭지 않으며 어떤 선행도 하지 않음을 우리는 고백한다.
38. 그래서 우리는 의로운 자들이 죽음 아래에 혹은 율법의 처벌과 죄 아래에 있다고 말할 수 있다. 왜냐하면 그들 모두 죽으며, 스스로 죄인이라고 고백하기 때문이다.
39. 우리는 몸을 징계하고 절제해야 하며, 육신을 그 결함과 함께 죽이고 십자가에 못 박아야 한다.
40. 그러나 이러한 율법 행위들은 본질적으로는 율법의 행위이지만, 하나님은 이를 율법의 행위로 인정하지 않으신다.
41. 육신에 머무르는 죄와 죽음도 하나님의 인정하심에 따르면 (본질에 따르면 죄와 죽음일지라도) 죄와 죽음이 아니다.
42. 바울에 따르면 인간의 의지가 작용하는 곳, 즉 하나님의 인정하심이 없는 곳이나 우리의 속죄를 위한 중재자인 그리스도 밖에서는, 본질적인 의미에서 율법과 율법의 행위가 존재한다(롬 3:25. 참조. 요일 2:2; 4:10).
43. 하지만 바울은 우리의 죄와 병의 중대함을 보이기 위하여 인간의 행위나 이성의 행위에 관해 말하지 않고 율법이나 율법의 행위에 관하여 말한다.
44. 인간은 자신의 능력으로 하나님 앞에서 의를 위한 어떤 것도 할 수 없다. 또한 율법의 가르침과 율법이 강요하는 행위로는 상황이 더욱 악화된다.
45. 요약하면 모든 인간의 행위는 악하고 부족하지만, 의인의 행위는 하나님의 인정하심에 따라 선하고 불경건한 자의 행위는 본질상 악하다.

V

믿음과 행위

13. 주입되고 획득된 믿음에 관하여

작품 해설

루터는 믿음의 다양한 측면들을 세분화하는 중세 스콜라 신학의 이해를 물려받았다. 하지만 "주입되고 획득된 믿음에 관하여"(de fide infusa et acquisita)라는 토론논제에서 '주입된 믿음'(fides infusa)과 '획득된 믿음'(fides acquisita)을 구분하여 설명하며 칭의하는 참된 믿음('주입된 믿음')을 강조한다. 이 논제는 1520년 2월 3일 박사학위 취득을 목적으로 토론에 사용된 것이다.

'획득된 믿음'은 자신의 노력에 의해 얻어지는 것으로, 믿음의 대상인 그리스도를 동의와 신뢰 없이 지적으로 수용하는 것이다. 반면 '주입된 믿음'은 성령의 역사로 말미암아 우리 안에 주어진 믿음을 말한다. 루터는 획득된 믿음에 관한 가르침을 거부하고 하나님의 말씀을 통해 주입된 믿음이 사람을 의롭게 하며 칭의에 적합하다고 보았다. 주입된 믿음이 선행을 할 수 있기 때문이다.

작품

성례를 받을 때 필요한 믿음에 관한 마틴 루터 박사의 19개 논제들

1. 성례에 참여하고자 하는 자에게는 주입된 믿음(fides infusa)이 무조건적으로 필요하다.
2. 주입되지 않고 획득된 믿음(fides acquisita sine infusa)은 무가치하고, 획득되지 않고 주입된 믿음이 가장 중요하다.
3. 주입된 믿음은 획득된 믿음 없이는 작용하지 않는다고 주장하는 것은 하나님을 모독하는 것이다.
4. 주입된 믿음 없는 획득된 믿음은 오직 악한 것을 수행할 뿐이다.
5. 스콜라 신학의 교사들은 마음의 선한 성향이 성례를 받는 데 필요하지 않다고 주장한다. 이것을 들어야 하는 것은 끔찍한 일이다.
6. 살인에 대한 의지 및 이와 유사한 것으로 성례의 참여를 반대한다면, 불신앙은 더욱더 참여 반대의 이유가 된다.
7. 믿음 없는 사람에게는 항상 필연적으로 은혜를 가로막는 장애물이 있다.
8. 장애물을 제거하거나 이것을 세우지 못하게 할 능력이 사람에게 있다고 인정하는 자들은 자신의 장애물을 이해하지 못한다.
9. 획득된 믿음은 하나님의 말씀을 유지하지 않고 그것을 줄곧 토해낸다.
10. 획득된 믿음은 타조의 깃에 불과하지만(욥 39:13) 주입된 믿음은 생명의 영이다.

11. 또한 주입된 믿음만이 불경건한 사람의 칭의에 충분한 요소이다.
12. 만일 믿음이 어떤 행위 없이 홀로 존재한다면 그것은 무가치하며 사람을 칭의하지 못한다(롬 3:28).
13. 행위는 믿음에 의한 칭의를 반드시 뒤따른다. 믿음은 빈둥거리지 않기 때문이다.
14. 따라서 "행위 없는 믿음은 죽은 것이다"는 말씀은 옳다(약 2:20). 아니, 행위 없는 믿음은 전혀 믿음이 아니다.
15. 주입된 믿음은 획득된 믿음과 행위와 대상, 그리고 태도와 목표에서 구분된다.
16. 일곱 가지 성례 가운데 어떤 것도 성서에서는 '성례'(sacramentum)라고 표현하지 않는다.
17. 성서는 그리스도 주님 자신이라는 단 하나의 성례만을 안다.
18. 새 언약의 성례들은 모두 은혜를 약속하지만 믿는 자들에게만 은혜를 제공한다.
19. 옛 언약의 성례들은 믿음과 사랑으로 행하여도 의롭게 하지 못했다고 말하는 것이 옳다.[106]

106) 참조. Bonaventura: Sent. IV dis 1 prop. 1 art. un. qu. 5.

14. 행위가 은혜를 받는데 기여하는가?

작품 해설

행위가 칭의에 기여한다는 주장은 종교개혁자들뿐만 아니라 그 이전과 이후의 신학자들, 그리고 그리스도인들까지도 불안하게 했다. "행위가 은혜를 받는데 기여하는가?"라는 논제는 행위가 칭의에 무엇을 기여할 수 있는지를 다룬다. 이 논제는 1520년에 토론되었지만 정확한 날짜는 알려지지 않았다.

작품

1. 믿음 외에 어떤 것도 의롭게(칭의) 하지 못하는 것처럼, 불신앙 외에 어떤 것도 죄를 짓게 하지 못한다(참조. 롬 11:20; 5:1).
2. 칭의가 믿음에 달려 있는 것처럼[107] 죄도 불신앙에 달려 있다.
3. 믿음이 행위(이것이 아무리 사소할지라도)를 동반하지 않는다면, 그 믿음은 의롭게 하지 못하며 그것은 결코 믿음이 아니다(참조. 롬 3:28; 갈 2:16; 3:10).
4. 믿음이 끊임없이 크고 많은 행위를 하지 않는 것은 불가능하다(참조. 약 2:18 이하).
5. 칭의 이후에 행한 행위는 성서에서 '의'라고 불리지만 의롭게 하지 못하며,
6. 칭의 이전에 행한 행위는 성서에서 '죄'로 불리지만 유죄로 만들지 않는다.
7. 하나님께로부터 태어난 자는 죄를 짓지 않으며(요일 3:9) 또한 죄를 지을 수 없다.
8. 죄를 짓지 않는다고 말하는 자는 거짓말쟁이이며 진리가 그 안에 있지 않다(요일 1:8).
9. 열매가 나무의 본질에 기여하는 정도만큼(마 7:17~18) 행위도 칭의와 죄에 기여한다.
10. 혹시 간음이 믿음 안에서 일어난다면, 그것은 죄가 아니다.

107) 원문에는 '넷째 방식에 따라'가 첨가되어 있는데, 알려지지 않은 내용의 맥락과 관련되는 것으로 보인다.

11. 당신이 불신앙 가운데 있다면 하나님을 숭배할지라도 그것은 우상숭배일 뿐이다.
12. 믿음은 선행에 대한 신뢰뿐만 아니라 악한 행위로 인한 절망도 철저하게 부순다.
13. 믿음은 죄 가운데 있는 양심(conscientiam in peccatis)의 가책은 줄이고 공로 가운데 있는 양심의 가책은 증가시킨다.
14. 우리가 모두 거짓말쟁이가 아니라면, 하나님은 우리에게 진실하실 수 없다(참조. 롬 3:4).
15. 어떤 인간의 불신앙도 하나님의 진리를 무효화하지 못한다.
16. 우리의 불의는 하나님의 의를 굳건하게 한다. 그러나 하나님은 불의에 대해 의로운 재판장이시다(롬 3:5).
17. 하나님의 진리는 그의 영광을 위하여 우리의 거짓을 통해 풍성하게 드러나지만, 우리는 당연히 죄인으로서 심판받는다(롬 3:7).
18. 선한 것이 이루어지도록 악한 것을 갈망해서는 안 된다.
19. 그러나 선한 것이 이루어지도록 악한 것을 갈망했고 여전히 갈망하고 있다.
20. 믿음과 의는 행위에서 오는 것이 아니며 오히려 행위가 믿음과 의에서 나온다(롬 4:3 이하,16; 9:30 이하).

15. 결혼식 예복에 관하여

작품 해설

칭의론의 중요한 주제를 다룬 "결혼식 예복에 관하여"(마 22:1-14)는 1537년 6월 15일 토론에서 다뤄진 논제다. 이 짧은 논제는 잔치에 초대된 자들이 입어야 하는 결혼식 예복을 근거로, 구원받은 믿음에는 반드시 사랑이 뒤따름을 보여준다. 하지만 우리를 의롭게 하는 것은 사랑이 아니라 그것을 낳는 믿음뿐이다.

작품

마틴 루터 박사의 사회로 금요일에 행할 토론. 1537

성대한 잔치를 베푼 사람은 초대된 사람들에게 모든 음식을 값없이 주었는가?(참조. 마 22:1~14)

1. 영원한 구원의 식사를 몸소 마련하신 그리스도는, 복음으로 부름을 받은 자들에게 모든 것을 값없이 주셨다.
2. 결혼식 예복을 사랑으로 간주하는 사람들이 초대받은 사람들은 사랑으로 의롭다 함을 받는 것으로 생각하지만 않는다면, 우리는 이들의 견해를 인정할 수 있다.
3. 부름을 받은 자가 사랑의 예복이 없어 저주받는 것은 당연할지라도, 그 의복을 입은 자는 그것 때문에 의롭다 함을 받는 것은 아니다.
4. 사랑은 불순하고 불완전하므로, 용서하는 자비로 말미암아 하나님을 기쁘시게 하는, 이미 시작된 사랑에 관해 말하는 것이 아니라면, 사랑은 의 자체가 아니라 의의 열매인 것이다(참조. 빌 1:9~11).
5. 우리를 그리스도의 의로 옷 입히는 믿음이 사실 결혼 예복이며, 그 믿음이 사랑으로 역사한다. 다시 말해 믿음은 사랑의 행위를 한다(갈 5:16).

16. 칭의하는 믿음에 관하여

작품 해설

"칭의하는 믿음에 관하여"라는 토론 논제는 칭의와 믿음이라는 기독교의 핵심 주제를 다룬다. 이 논제는 1543년 4월 24일 박오펜(Friedrich Bachofen, 1515~1560)과 놉(Hieronymus Nopp, 1495~1551)이 박사학위를 위한 토론에서 다룬 것이다. 이 토론은 1535년부터 1537년까지 열린 토론의 핵심 주제를 다시 다루었다.

박오펜을 위한 32개의 논제는 '기적을 행하는 믿음'과 '칭의하는 믿음'(그리스도에 대한 믿음)의 차이를 논의한다. 루터에 따르면 그리스도에 대한 믿음은 개인에게 주어지는 하나님의 선물로, 죄를 용서하며 죄 된 옛 아담을 죽게 하여 남아 있는 죄가 지배하지 못하도록 한다.

놉을 위한 30개의 논제는 스콜라 신학에서 주장하는 여러 믿음의 구별을 거부한다. 루터에 따르면 스콜라 신학에서 주장한 다양한 믿음의 구별은, 믿음보다는 사랑을 칭의의 실제 기초로 만들어 참된 믿음을 타락시키고 믿는 자에게 확고한 신뢰보다는 의심을 갖게 한다. 루터가 지속적으로 논의한 것은 '오직 믿음으로 의롭다 함을 받는다'는 가르침이다.

작품

I. 칭의하는 믿음과 기적을 행하는 믿음에 관한 신학적인 토론

신학박사 마틴 루터의 사회로 라이프치히 출신, 비텐베르크 교회의 협력목사(Diakon)이자 석사(Magister)인 박오펜(Friedrich Backofen)이 4월 24일 신학 '리센치아'(Licentia)[108]를 획득하기 위하여 다음 논제에 대답할 것이다.

1. 바울이 고린도전서 13장에서 열거한 사랑에 대립하는 악습들은 그리스도를 믿는 믿음과 함께 지배할 수 없다(참조. 롬 6:12).
2. 그것들은 이방인, 교만한 사람, 성난 사람, 질투하는 사람, 불경한 사람들에게서 발견되는 것만큼이나 심각한 것이다.
3. 그러한 사람들을 만들거나 그렇게 하도록 내버려 두는 믿음을 찬양하는 것은 바울에게 매우 어리석은 일일 것이다.
4. 그리스도를 믿는 믿음은 성령을 통하여 죄의 용서와 죄의 죽임을 가져오는데,
5. 성령은 옛사람과 그의 탐심을 십자가에 못 박고 그를 하나님의 모습으로 새롭게 만든다(참조. 롬 6:6; 갈 5:24; 골 3:10).

108) 본래의 의미는 가르치는 권한이 부여된 자(licentia docendi)로 오늘날 박사와 유사한 학위로 이해할 수 있다.

6. 그러므로 그리스도를 믿는 믿음에 사랑이 뒤따르지 않는다면, 그것은 무가치하며 믿음이 아니다.
7. 설령 성령과 그 선물들이 그리스도에 대한 믿음 없이, 사랑 없이 주어지거나 존재한다고 해도 그렇다.[109)]
8. 믿음에 사랑이 없을 수 없는 것처럼, 사랑의 열매인 (다른 종류의) 믿음에도 사랑이 없을 수 없다.[110)]
9. 불경건한 자들이라도 바른 가르침을 전할 수 있고 성례전을 베풀 수 있으며 거룩한 교회를 인도할 수 있다.
10. 그들은 직무를 갖거나 교회 모임에 참여할 때 직무를 갖지 않은 믿음의 사람들보다 더 놀랍고 커다란 일을 수행할 수 있다.
11. 그리스도를 믿는 믿음은 우선 믿음을 가진 자만 개별적으로 칭의를 받는 데 도움이 된다.
12. 하지만 직무는 직무를 가진 자에게는 어떤 유익도 되지 않고 다른 사람이 구원받는 데에만 도움이 된다.
13. 칭의 받은 이후 믿음은 사랑을 통하여 다른 대상, 즉 하나님과 이웃에게 역사한다(efficax est per charitatem, 갈 5:6).
14. '사랑을 통하여 역사하는 믿음'이 행하는 기적은 산을 옮기는 것(마 17:20)과 그와 유사한 일처럼 놀랍다.
15. 즉 고린도전서 13장에서 열거된 오류들과 싸워 이를 극복하고 의의 순종 안에서 승리의 개가를 부른다.
16. 죄, 세상, 악마를 이기는 것은 산을 옮기는 것보다 훨씬 더 위대하기 때문이다.
17. 하나님과 이웃을 자발적이고 지속적으로 사랑하는 것은 죽은 자들을 눈뜨게 하는 것과 같다.

---

109) 논제 12 참조.

110) 즉 '그리스도에 대한 믿음'. 논제 6 참조.

18. 바울이 "교회의 유익을 위해 성령을 나타내심으로 주신 것"(고전 12:7,9)으로 언급한 믿음은 이러한 일을 행할 수 없다.
19. 왜냐하면 바울은 이런 유형의 사람들은 노여움과 교만의 악습에 굴복한다고 분명히 말하기 때문이다.
20. 육신과 이성은 하나님과 이웃을 사랑하는 만큼만 사랑하는 것이다.
21. 다시 말해 그들은 하나님의 진노와 이웃의 모욕을 참지 못하고 또한 사랑에 머물지도 않는다. 오히려 그들은 미움과 교만으로 가득 차 있다.
22. 동시에 그들은 하나님께로부터 사랑받고 있다는 사실을 받아들이지 않으며, 이웃이 사랑은 고사하고 미움과 무시를 받아 마땅하다고 여긴다.
23. 공공에 유익이 되는 이러한 믿음은, 영웅적인 사람으로 하여금 행하도록 자극하는 감동과 유사하다고 나는 말하고 싶다.
24. 영웅적인 사람이 위대하고 중요한 일을 행하고자 한다면, 그는 매우 특별한 신뢰에 감동되어야 한다.
25. 테르시테스(호머의 일리아스에 나오는 추악하고 입심이 사나운 그리스인)같은 사람은 아무리 헥토르나 아킬레스(트로이 전쟁의 용사들)의 능력과 지혜를 지니고 있을지라도 이들이 행한 일을 할 수 없다.
26. 능력이나 지혜가 부족하지 않음에도 자신의 마음에 감화와 신뢰가 부족하여 아무것도 이루지 못하는 이들이 많다.
27. 선지자들이 말하는 것처럼 하나님은 바빌론에 대항하도록 메대왕의 마음(spiritum)을 부추기셨다(렘 51:11).
28. 또한 시리아인 나아만은 우상숭배자였음에도 시리아를 구원으로 인도하였는데, 하나님이 그를 권고하시고 그에게 구원을 주셨기 때문이다(왕하 5:1 이하).

29. 하나님은 감사하지 않는 이방인들에게도 특별하고 기적 같은 선물을 나눠주셨다.
30. 그렇다면 자신의 백성에게는 경건한 자와 불경건한 자들을 통하여 얼마나 더 많은 위대한 일을 행하시지 않겠는가!
31. 그러므로 여러 가지 은혜, 직무, 능력은 교회의 유익에 기여하도록 공짜로 주어진 보편적인 선물(은사)이다(고전 12:4~7).
32. 그리스도를 믿는 믿음은 각 개인에게 주어진 선물이고, 각자는 믿음으로 산다(롬 1:17).

II. "우리는 오직 믿음으로 의롭다 하심을 얻는다" 는 사실에 관한 신학적인 토론

신학박사 마틴 루터의 사회로 놉(H. Nopp)은 4월 24일 다음 논제에 대답하고자 한다.

1. 다윗의 아들이 하나님 우편에 앉아계신다는 것(시 110:1; 마 22:42~45)은 하나님의 아들이 죽은 자들 가운데서 부활하셨다는 의미이다.
2. 그가 죽은 자들 가운데서 부활하신 것은 오직 믿음을 통해 우리를 칭의하시는 것이다(롬 4:25).
3. 우리가 오직 믿음을 통하여 의롭게 된다는 것은 율법과 인간의 모든 의는 저주받는다는 의미이다.
4. 획득된 믿음이든 주입된 믿음이든 '형상이 없는 믿음'(fides informis)은 배척되어야 한다.[111)]

---

111) 루터는 스콜라 신학에서 주장하는 여러 종류의 믿음과 그 차이들을 거절한다. 스콜라 신학에서는 갈 5:6과 약 2:17에 근거하여 '형상이 없는 믿음'(fides informis) 혹은 믿음 자체는 사랑이 덧붙여져 '사랑으로 형성된 믿음'(fides caritate formata)이 되기 전까지는 죽은 것이거나 활동하지 않거나 의롭다 하심을 얻게 하지 못한다고 주장했다. 이러한 가르침에 근거한 칭의의 믿음은 루터에 따르면 결국 믿음에 의한 칭의를 거절하는 것이고, 믿음보다 사랑을 칭의의 실제 근거로 만드는 것이다. 또한 루터는 '주입된 믿음'과 '획득된 믿음'에 관해 말한다. 스콜라 신학에 따르면 '획득된 믿음'은 외적으로 계시된 진리를 숙고하는 인간의 행동의 산물, 즉 덕이다. '주입된 믿음'은 하나님에 의해 영혼 안에 실재하는 자질이다. 그러나 루터는 이전 토론에서는 '획득된 믿음'을 인간의 성취(마귀조차 가지고 있는 일종의 역사적 믿음)로 보며 비판하고, 그 대신 '주입된 믿음'을 순수한 하나님의 선물로 간주하고 이 믿음이 칭의를 받게 한다

5. 획득된 믿음이 아니라 주입된 믿음을 몰아내야 하는데, 주입된 믿음은 아무것도 아니고 획득된 믿음이 중요하기 때문이다.
6. 획득된 믿음은 (다른 어떤 것이 아니라면) 적어도 마음에 머무는 복음의 소리로 항상 진실하게 우리를 믿음으로 권면한다.
7. 심지어 (스콜라 신학자들이 이해한 의미의) 주입된 소망과 주입된 사랑도 배척되어야 한다.
8. 참된 믿음, 참된 소망, 참된 사랑은 강력하게 역사하고 소생시키는 하나님의 은사로 결코 게으르게 가만히 있지 않는다.
9. 왜냐하면 획득된 은사들이 없으면, 주입된 은사들은 아무 일도 하지 않고 잠자며 하나님을 의심하도록 가르치기 때문이다.
10. 하지만 획득된 은사들은 활동하며 마음에 완전한 확신을 준다(롬 14:5).
11. 그렇지만 오직 믿음으로 의의 전가(imputatio iustitiae)가 이루어진다.
12. 전가(轉嫁)가 '시작된 사랑'과 더불어 '형상이 없는 믿음'에 기인하는 것이라면, 전가는 율법과 그 행위에서 기인하는 것이 된다.
13. 여기서 도출되는 사실은 금식이나 구제가 사랑과 연관된 '형상이 없는 믿음' 때문에 공로로 인정된다는 것이다.
14. 그러면 스콜라 신학과 수도원 신학은 다시 모두 쓰레기가 될 것이다.
15. 심지어 면죄부와 미사의 돈벌이를 위해 그리스도는 다시 판매될 것이다.

고 주장한 바 있다. 그러나 이 토론에서 루터는 이전 입장과 반대로 '획득된 믿음'보다 '주입된 믿음'을 더 비판하고 있다. '주입된 믿음'은 단지 꿈에 불과하다는 것이다. 루터에 따르면 믿음은 정적인 것이 아니라 항상 활동하는 것이며, 믿음은 직접적인 주입을 통해서가 아니라 외적인 말씀과 만남으로 온다. 루터는 이 토론에서 참된 믿음은 오직 하나님의 행동을 통해 인간에게 이루어지는 신뢰라는 사실을 강조한다. Cf. C. B. Brown ed., Luther's Works. vol. 73: Disputations (St. Louis: Concordia, 2020), 369~371.

16. 사랑은 이웃에게 행하는 것이기 때문이다. 이때문에 수치스러운 공로 사상에 쉽게 빠진다.
17. 그러나 믿음은 하나님을 향해 이루어진다. 믿음은 모든 것을 받으며 모든 것을 값없이 행한다. 믿음은 자신을 다른 이에게 팔거나 줄 수 없다.
18. 하지만 의가 전가되고 의롭다 하심을 얻으면, 모든 것은 의롭다 하심을 얻은 인격 때문에 전가로 말미암아 하나님을 기쁘시게 하는 것이 된다.
19. 이성은 내버려 두면 에스겔 선지자가 말하는 것처럼 주어진 율법으로부터 다양한 형태의 우상을 만든다(겔 16:17). 우상숭배와 불손함이 여기에 해당한다.
20. 순전히 율법에 근거한 사람은 모든 것을 이해하고자 하나 아무것도 이해하지 못하는 교만하고 눈먼 우상 숭배자들이기 때문이다.
21. 그들은 율법에는 오직 미래의 우상숭배와 죄만 금지되어 있다고 상상하기에 지나간 것과 현재의 것에 대해서는 걱정하지 않는다.
22. 심지어 그들은 현재와 과거의 불의에서 미래의 최고의 의를 만들어낸다.
23. 그러나 이성이 율법을 참되게 받아들이거나 이해하기 시작하면, 그것은 하나님 앞에서 도망치며 절망에 빠지게 된다.
24. 그런데도 죄의 인식을 위해서는 율법의 직무인 위협과 꾸짖음이 필요하다.
25. 모든 것을 값없이 주며 우리를 통하여 모든 것을 값없이 행하고 말하는 존재는, 말하는 우리가 아니라 그분 자신이기 때문이다.
26. 우리가 그의 율법을 내적으로든 외적으로든 듣는 동안, 그는 우리 각 사람에게서 멀리 계시지 않는다(행 17:27).
27. 왜냐하면 우리는 그분 안에 있고, 그분 안에서 생활하고 움직이기

때문이다(행 17:28). 그분 자신이 우리의 마음이 언제 위로를 받아야 하는지 시간과 때를 알고 계신다.

28. 불경건한 자들은 하나님이 완전 다른 곳에 계시며 활동하시기에 (참조. 렘 23:23) 단지 인간의 말을 무시하는 것으로 생각하는 오류를 범한다.
29. 깨달은 하나님의 진리를 고의로 무시하고 대항하며 성령을 통한 감동조차 거절하는 자들이 많다.
30. 이러한 자들에게는 용서나 변명거리가 있을 수 없다. 본성 그 자체는 선한 것을 할 수 없기 때문이다.

1543년

17. (대)갈라디아서 강해 II:

바울의 갈라디아서에 근거해 행위로 자신의 의를 추구하는 것에 대한 50가지 문제들

작품 해설

이 부분은 행위로 의롭게 된다고 가르치는 행위교리가 만들어내는 그릇된 일을 바울의 갈라디아에서 50가지 선별한 것이다. 우리가 행위의 의가 아닌, 믿음의 의로만 구원받는다는 사실을 다시 한번 되새기게 하는 탁월한 내용이다.

이것은 『(대)갈라디아서 강해』[112] 서문 다음에 나온다.

---

112) 앞 9장 참조.

작품

율법과 자기 행위로 하나님 앞에서 의롭게 되고자 하는 자는

1장

1. 자신을 부르신 그리스도의 은혜로부터 돌아선다.
2. 다른 복음을 받아들인다.
3. 믿는 자의 마음을 혼란스럽게 한다.
4. 그리스도의 복음을 왜곡한다.
5. 저주를 받는다.
6. 사람의 마음에 들게만 설교한다.
7. 사람을 기쁘게 하려고 한다.
8. 그리스도의 종이 아니다.
9. 예수 그리스도의 계시를 근거로 해서가 아니라 인간의 것을 설교한다.
10. 그에게 율법의 의는 전혀 유용하지 않다.
11. 하나님의 공동체를 파괴한다.

2장

12. 불가능한 율법으로 감히 의롭게 되려고 시도한다.
13. 그리스도 안에서 의로운 자들을 다시 죄인으로 만든다.
14. 그리스도를 죄의 봉사자로 만든다.
15. 이전에 파괴된 죄를 다시 세운다.

16. 스스로를 범법자로 만든다.
17. 그리스도의 은혜를 거부한다.
18. 그리스도의 죽음을 헛되다고 판단한다.

3장

19. 어리석은 갈라디아 교인이 된다.
20. 미혹에 빠진다.
21. 진리에 순종하지 않는다.
22. 그리스도를 십자가에 못박는다.
23. 성령을 받는 것을 행위 덕분으로 여긴다.
24. 성령을 떠나 육신으로 완성한다.
25. 저주를 받게 된다.
26. 하나님의 언약에 다른 것을 첨가하고 하나님이 세우신 것을 거부한다.
27. 죄를 더욱 크게 만든다.
28. 죄 아래에 갇혀 있다.

4장

29. 빈약한 요소들(약한 제도들)을 섬긴다.
30. 복음이 값싸게 설교된 것이다.
31. 행하고 겪은 모든 것이 헛되다.
32. 하인이 되고 하녀의 종이 된다.
33. 하녀의 종과 함께 유산에서 제외된다.
34. 이런 사람에게 그리스도는 아무 유익도 없다.

5장

35. 율법 전체를 행할 의무가 있다고 여긴다.

36. 그리스도를 잃어버렸다.

37. 은혜에서 이탈한 것이다.

38. 진리에 순종하지 않는 상태로 머문다.

39. 하나님에게서 오지 않은 것에 설득된다.

40. 부패의 누룩을 받아들인다.

41. 그러한 것을 가르친다면, 그는 버림을 받는다.

42. 다른 사람들과 서로 으르렁거리고 그들과 더불어 쇠약해진다.

43. 그의 행동은 육신의 행위 그 자체이다.

6장

44. 배후에 아무것도 없을지라도 자신을 자랑스럽게 여긴다.

45. 하나님이 아니라 다른 사람을 자랑한다.

46. 육신적인 자들에게 육신의 방법에 따라 좋은 인상을 준다.

47. 그리스도의 십자가 및 박해와는 거리가 멀다.

48. 율법을 전혀 지키지 않는다.

49. 육신적으로 가르치는 자를 자랑한다.

50. 누구에게도 유익하지 않으며 그의 존재, 그가 가진 것, 알고 있고 할 수 있는 그 어떤 것도 유용하지 않다.

끝

1538년 8월

VI

성례

18. 교회의 바빌론 포로에 관하여

작품 해설

『교회의 바빌론 포로에 관하여』는 교회를 포로로 잡고 그리스도인의 자유를 억압하는 교황권의 신학적 근거에 저항하는 대표적인 작품이다.[113] 또한 로마 가톨릭교회의 성례전 이해를 포괄적으로 비판하는 루터의 첫 작품이기도 하다. 루터는 이 작품에서 처음으로 7성례를 반박한다. 새로운 성례전 가르침에 근거하여 세례와 성만찬만을 참된 성례로 간주한다. 여기에만 그리스도의 말씀에 근거하여 믿음을 불러 일으키는 하나님의 언약의 말씀과 표지가 있기 때문이다. 이 두 개의 성례만이 우리를 의롭게 하는 은총의 성례이고, 믿음을 통한 칭의를 경험하게 한다. 루터는 『교회의 바빌론 포로에 관하여』에서 성례의 본질은 하나님의 약속과 인간의 믿음이라고 보며 성례에 대한 이해를 종교개혁적인 말씀 신학의 틀 안에서 전개하였다.

두 번째 부분인 세례에서 중요한 것은 하나님의 약속과 이에 대한 믿음이다. 하나님이 자신을 신뢰하는 믿음을 보시고 구원을 베푸신다는 약속은, 세례 이후 죽을 때까지 영원히 유효하다. 세례를 통한 언약

---

113) 이에 대해서는 우선 권진호, "교회의 바빌론 포로에 관하여. 전주곡", 「목회와 신학」 2017.8, 124~139 참조.

은 믿음을 위해 항상 기억되어야 하며, 전 생애를 포괄하는 성격은 계속 유지되어야 한다. 참회가 세례를 대체('파선 이후 두 번째 널빤지')한다는 견해는 거부된다. 세례에 결정적인 것은 믿음이다. 성례 자체가 아니라 약속으로서의 성례에 대한 믿음이 의롭다 함을 얻게 하기 때문이다. 성례는 믿는 자에게 담대함과 확신을 갖게 한다. 세례 그 자체가 칭의를 이룬다는 견해도 거부되어야 한다. 루터는 성례의 표지(혹은 성례, 즉 물에 잠기는 것)에 대해 언급하면서 성례가 '은혜의 효력 있는 표지'(signum efficax gratiae)라는 중세의 정의를 비판한다. 성례의 효력은 감각적인 표지와 초자연적인 은총이 아닌 '언약의 말씀과 이에 대한 믿음'에 달려 있기 때문이다.

세례 행위, 즉 입수했다가 다시 나오는 것은, 세례의 약속과 세례의 믿음이 효과적인 것으로 입증되어야 하는 지평, 즉 죽음과 부활 때까지의 인간의 삶 전체를 보여준다. 인간의 삶에서 믿음을 통하여 죄가 죽고 새로운 삶이 하나님께로부터 시작되어 죽음과 부활에서 비로소 완성되기 때문이다. 인간은 전인(全人)이 죽음에 내맡겨져야 한다. 그런 후에 전인이 새로운 피조물이 되며 비로소 그리스도의 죽음 및 부활과 일치하게 된다. 따라서 세례를 단지 죄를 씻는 것으로 해석하는 것으로는 불충분하다.

작품

세례의 첫 부분: 하나님의 약속

세례에서 주목해야 하는 것은 하나님의 약속, 즉 "믿고 세례를 받는 자는 구원을 받을 것이다"(막 16:16)는 말씀이다. 이 약속은 모든 화려한 행위, 서약, 수도원 규칙, 그리고 사람이 도입한 모든 것보다 전적으로 우선되어야 한다. 왜냐하면 우리의 구원 전체가 이 약속에 달려 있기 때문이다. 세례를 받았으면 구원받았음을 전혀 의심하지 말고 하나님의 약속에 대한 믿음을 지키도록 주의해야 한다. 그러한 믿음이 없거나 생기지 않는 경우 세례는 어떤 도움도 주지 못하고 오히려 해를 주기 때문이다. 세례를 받을 때뿐 아니라 사는 동안 내내 그 믿음을 지켜야 한다. 불신앙은 하나님의 약속을 거짓말이라고 비난하는 것이다. 그것이야말로 모든 죄 중에 가장 큰 죄에 해당한다. 세례에 대한 하나님의 약속을 전적으로 믿는 일은 쉽지 않다. 자신의 죄를 깨달은 나약한 인간은 자신이 구원받았거나 구원받아야 한다는 사실을 믿기가 매우 어렵기 때문이다. 이 사실을 믿지 않는 자는 구원받을 수 없다. 구원을 약속하는 하나님의 진리를 믿지 않는 것이기 때문이다.

우리는 이러한 내용을 설교하여 사람들에게 부지런히 각인시켜야 하고 하나님의 약속을 중단 없이 말해야 한다. 또한 세례를 항상 기억하고 믿음을 지속적으로 불러일으키고 유지하게 해야 한다. 이러한 약속의 진리는 한번 받아들여지면 죽을 때까지 지속된다. 이와 마찬가지로 그 진리에 대한 우리의 믿음 역시 결코 중지되어서는 안 된다.

오히려 세례 안에 이러한 약속이 우리에게 주어졌다는 사실을 지속적으로 기억하며 믿음이 죽을 때까지 자라고 강해져야 한다. 따라서 죄로부터 다시 일어서거나 회개하여 돌이키기만 하면, 떨어져 나왔던 세례의 능력과 믿음으로 돌아가고 또한 죄를 통하여 떠났던, 이미 이루어진 약속으로 다시 돌아가게 된다. 한번 이루어진 약속의 진리는 영원히 유효하며 항상 지속되기 때문이다. 만일 우리가 되돌아가기만 한다면 이 약속의 진리는 팔을 벌려 우리를 받아주고자 한다. (내가 착각하지 않는 것이라면) 이러한 사실은 세례가 모든 성례의 처음이자 근간이며 이 세례 없이는 다른 것을 얻을 수 없다고 모호하게 말하는 자들조차도 주장하는 바이다.[114)]

회개하는 자가 다음과 같이 한다면 매우 큰 유익을 얻을 것이다. 먼저 세례를 기억하고 자신이 져버린 하나님의 약속을 기억하고 신뢰해야 한다. 또한 하나님의 약속을 고백하고, 세례를 받았기 때문에 자신이 여전히 구원을 위한 많은 도움을 갖고 있다는 사실을 기뻐해야 한다. 그는 믿음과 신뢰에서 자신을 이탈하게 한 불경건한 배은망덕을 저주해야 한다. 왜냐하면 자신에게 주어진 하나님의 약속은 거짓말일 수 없으며 완전하고 변치 않기 때문이다. 바울이 디모데후서 2장 13절에서 "우리는 미쁨(믿음)이 없을지라도 주는 항상 미쁘시니(신실하시니) 자기를 부인하실 수 없느니라"고 말하는 것처럼, 하나님의 약속은 어떤 죄를 통해서도 부서지지 않는다. 회개하는 자가 이 사실을 생각하면, 그의 마음은 놀라울 정도로 강하게 되고 자비를 향한 소망으로 용기를 얻게 될 것이다. 이러한 하나님의 진리가 회개하는 자를 보존

114) Lombardus, Sententiae 4, d.2.c.2.

한다. 따라서 다른 모든 것이 무너질지라도 그가 하나님의 약속을 믿기만 하면, 이 약속은 그를 떠나지 않을 것이다. 이 약속을 통해 그는 자신을 해치는 원수에게 대항할 수 있고 그의 양심을 불안하게 하는 죄들에 맞설 수 있다. 또한 죽음의 공포와 심판의 두려움에 대처할 수 있으며, 마지막으로 모든 영적 시련 가운데 위로가 될 수 있는 진리를 소유한다. "하나님은 자신의 약속에서 진실하시다(시 33:4). 나는 세례에서 바로 그 징표를 받았다. 만일 하나님이 나를 위하시면, 누가 나를 대적하리요?"(롬 8:31).

이스라엘 백성이 회개하고자 할 때 무엇보다도 이집트에서 탈출한 때를 기억하였다. 그들이 이를 기억하며 자신들을 구출하신 하나님께 돌아갔듯이(모세는 그들에게 이러한 도우심과 기억에 관하여 엄하게 자주 가르쳤고, 다윗도 이것을 기억하도록 하였다), 우리도 우리의 애굽 탈출을 너 자주 기억하고(이것을 기억하라고 우리는 명령받았다) 새롭게 태어나는 씻음을 통해 우리를 구출하신 분에게 되돌아가야 하지 않겠는가! 이 일은 떡과 포도주의 성례에서 가장 적절하게 이루어질 수 있다. 이러한 의미에서 일찍이 회개와 세례와 성만찬, 이 세 가지 성례를 한 예배에서 동시에 거행하였다. 이것들은 각각 서로 도움이 되기 때문이었다. 시험을 받을 때마다 오직 세례로 방어하며 "나는 그리스도인이다"라고 짧게 말한 경건한 처녀에 관한 이야기가 있다.[115] 마귀는 세례의 능력과, 약속을 지키시는 하나님의 진리에 매달리는 믿음의 능력을 깨닫고 그녀에게서 즉시 도망쳤다.

당신은 그리스도인, 즉 세례받은 자가 얼마나 부유한지를 알 수 있다.

115) 성 블란디나(St. Blandina) - Marcus Aurelius 치하에서 177년 Lyon에서 순교함. 참조. Eusebius, His. Eccl. 5,1,19.

세례받은 자는 믿기를 거부하지만 않는다면 아무리 많은 죄를 짓는다고 해도 구원을 잃을 수 없다. 불신앙을 제외한 어떤 죄도 그리스도인을 정죄할 수 없기 때문이다. 그의 믿음이 세례에서 주어진 하나님의 약속에 매달리면, 다른 모든 죄는 바로 이 믿음을 통하여, 즉 하나님의 진리에 의해 사해진다. 당신이 하나님을 고백하고 그의 약속에 확고한 신뢰로 매달릴 때, 하나님은 자신을 부인하실 수 없기 때문이다. 그러나 만일 당신이 이러한 하나님의 진리를 잊고 통회와 죄의 고백, 보상행위, 그리고 인간이 고안한 모든 노력에 몰두한다면, 이러한 것들은 당신을 순식간에 위험에 빠뜨리고 더욱 불행하게 만들 것이다. 하나님의 진리에 대한 믿음 없이 이루어지는 모든 노력은 완전히 헛되고 영혼을 괴롭게 할 뿐이다.

동시에 회개가 '파선 후의 두 번째 널빤지'라는 생각은 매우 위험하고 커다란 오류이다. 죄를 통해 세례의 능력이 완전히 소멸하고 배(세례)가 침수되었다고 생각하는 것 역시 매우 치명적인 오류이다.[116] 이 배만은 확고히 남아 정복당하지 않으며, 결코 널빤지로 산산이 조각나지도 않는다. 이 배에 타고 있는 모든 사람은 성례에서 약속된 하나님의 진리, 즉 구원의 항구로 가고 있다. 그렇지만 개중에는 경솔하게 배에서 바다로 뛰어내려 멸망하기도 한다. 이들은 약속에 대한 믿음을 져버리고 몸을 죄에 던지는 자들이다. 그러나 배 자체는 그대로 있으며 손상 없이 계속하여 항해해 나간다. 누군가 은혜에 의해 어떻게든 배로 되돌아가면, 그는 널빤지를 통해서가 아니라 온전한 배를 통해 생명에 도달하게 된다. 믿음으로 하나님의 확고하고 영속적인 약속으

116) Hieronymus, Ep. 130,9.

로 돌아오는 것이다. 그러므로 베드로는 이전의 죄로부터 깨끗하게 되었음을 망각함으로 죄를 짓는 자들을 질책한다(벧후 1:9). 이는 세례받았음을 잊은 그들의 배은망덕과 경건하지 못한 불신앙을 꾸짖은 것이다.

세례에 대해 아무리 많이 쓰더라도 세례의 약속에 대한 믿음을 가르치지 않는다면, 그것이 무슨 도움이 되겠는가? 모든 성례는 믿음을 강하게 하도록 제정되었지만, 불경건한 사람들은 믿음을 거의 다루지 않으며 심지어 죄의 용서나 성례의 은혜를 확신해서는 안 된다고 주장한다. 이러한 신성모독적인 가르침으로 그들은 온 세상을 유혹하고, 우리의 양심이 우선적으로 자랑하고 있는 세례 성례를 포로로 잡을 뿐만 아니라 그것을 전적으로 없애버린다. 동시에 그들은 가련한 영혼들을 다루되, 행위, 통회, 겁에 질려 행하는 고해, 죄를 지은 모든 상황 설명, 보속행위, 그리고 그와 같은 수많은 수다 등을 동원해 몰인정하게 다룬다.

그러므로 하나님의 진리와 당신의 믿음이 잘못 다루어지지 않도록 화려한 행위와 인간 규약의 속임수에 속지 않도록 주의하라. 당신이 구원받고자 한다면, 행위에 앞서 성례에 대한 믿음에서부터 시작해야 한다. 행위가 믿음을 뒤따라 올 것이다. 믿음을 사소한 것으로 여기지 말라. 믿음은 모든 행위 가운데 가장 탁월하고 어렵다. 믿음 외에 다른 어떤 행위가 없다고 할지라도 오직 믿음만으로 구원받기 때문이다. 믿음은 바울이 지시하는 것처럼(엡 2:8) 인간의 행위가 아니라 하나님의 행위이다. 다른 모든 행위는 하나님께서 우리와 함께, 그리고 우리를 통해 행하시지만, 오직 이 일만은 하나님께서 우리 안에, 그리고 우리 없이(우리의 협력 없이) 행하신다.

이러한 사실에서 우리는 세례에 있어 섬기는 자 인간(성직자)과 세우시는 자(창설자) 하나님 사이에 차이가 있음을 명백하게 깨달을 수 있다. 인간은 세례를 주지만 또한 세례를 주지 않는다. 세례자를 물속에 잠그면서 세례 행위를 수행하기에, 인간이 세례를 준다고 할 수 있다. 그러나 어떤 의미에서 인간은 이러한 행위를 자신의 권위로 하는 것이 아니라 다만 하나님을 대신하여 행하는 것이기에, 인간이 세례를 주는 것이 아니다. 그러므로 우리는 인간의 손으로 베풀어지는 세례를 마치 그리스도가, 아니 하나님 자신이 그의 손으로 우리에게 세례를 주시는 것처럼 여기며 받아야만 한다. 우리가 인간의 손으로 받는 세례는 인간의 세례가 아니라 그리스도와 하나님의 세례이기 때문이다. 이것은 우리가 다른 사람의 손을 통해 받는 모든 것이 실제로는 하나님의 것이라는 사실과 같다. 세례의 외적인 것(예식)은 인간에게, 내적인 것(작용)은 하나님에게 속하는 것으로 구분하지 않도록 주의하라. 두 가지 모두 오직 하나님께 속한 것이다. 세례 주는 사람은 단지 하나님을 대신하는 도구일 뿐이다. 하늘에 앉아 계시는 하나님은 이 도구를 통하여 손으로 당신을 물에 잠기게 하신다. 하나님은 그의 종의 입을 통하여 당신에게 인간의 음성으로 말씀하시면서 이 땅 위에서 죄의 용서를 약속하신다.

세례 베풀 때 선포되는 말씀 자체가 당신에게 이러한 사실을 말해준다. "나는 성부와 성자와 성령의 이름으로 네게 세례를 준다. 아멘." 집례자는 "내 이름으로 네게 세례를 준다"고 말하지 않는다. 그의 말은 흡사 다음과 같다.

> "내가 여기서 행하는 것은 나 자신의 권위로 하는 것이 아니라 하나님의 이름으로 하나님을 대신하는 것이다. 너는 주님 자신이 눈에 보이는 형태로 세례

를 행하시는 것으로 생각해야 한다."

실행자(성취자)와, 대리자로 행하는 자(대행자/집례자)는 서로 다르지만 이 둘의 행위는 동일한 것이다. 대행자는 실행자를 대신하여 일을 수행하는 것이기에 이것은 오직 실행자의 일이다. 왜냐하면 '...의 이름으로'라는 말은 실행자를 가리키는 것이기 때문이다. 따라서 세례가 베풀어질 때 주님의 이름이 입으로 불릴 뿐만 아니라, 세례 행위 자체는 집례자의 행위가 아니라 다른 사람의 이름으로 그를 대신하여 수행되는 것이다. 이와 동일하게 그리스도도 '많은 사람이 내 이름으로 와서'(마 24:5)라고 말씀하시고, 로마서 1장 5절도 다음과 같이 말한다. "그로 말미암아 우리가 은혜와 사도의 직분을 받아 그의 이름을 위하여 모든 이방인 중에서 믿어 순종하게 하나니."

나는 이러한 견해를 매우 즐겁게 따른다. 왜냐하면 우리가 사람에 의해서가 아니라 삼위일체 하나님 자신에 의해, 하나님의 이름으로 우리에게 행위를 수행하는 대리인에 의해 세례받았다는 사실을 아는 것은, 매우 위로가 될 뿐만 아니라 믿음에 실세적인 도움이 되기 때문이다. 이것은 세례에 사용된 말에 관한 소위 세례의 '형식'에 관하여 벌이는 무익한 논쟁에 종지부를 찍게 할 것이다. 그리스 정교회의 세례 형식은 "그리스도의 종이 세례받도록 하소서"이고, 로마교회는 "내가 세례를 베푼다"이다. 또한 다른 이들은 어리석게도 문자에 얽매여 "나는 예수 그리스도의 이름으로 네게 세례를 베푼다"고 말하는 것을 정죄한다. 그러나 사도들은 우리가 사도행전에서 읽는 것(행 2:28; 19:5)과 같은 형식으로 세례를 베풀었고 다음 세례 형식 외에는 다른 어떤 것도 승인하지 않고자 했음이 확실하다. "나는 아버지와 아들과 성령의 이름으로 네게 세례를 베푼다. 아멘." 그러나 로마교회 교인들은 헛되이 논쟁한다. 그들은 어떤 것도 증명하지 못하고 단지 스스로 꾸며낸 것만을 내세운다.

세례는 사람의 이름이 아니라 주님의 이름으로 베풀어지기만 하면 참으로 구원을 가져다준다. 세례를 베푸는 불경건한 집례자가 설령 주님의 이름으로 세례를 베풀지 않았다고 할지라도, 그가 주님의 이름으로 세례를 베푼 것이라는 사실은 의심의 여지가 없다. 왜냐하면 세례의 효능은 세례를 베푸는 사람의 믿음과 태도보다 세례받는 사람의 믿음과 태도에 달려 있기 때문이다. 장난으로 세례받은 한 배우에게서 이러한 예를 볼 수 있다. 그러한 (그리고 그와 유사한) 논쟁과 하찮은 질문들은, 믿음을 도외시하고 행위와 외적인 형식에 중요성을 부여하는 자들이 제기하는 것이다. 그러나 우리는 오직 믿음에만 중요성을 부여하고 외적인 형식에는 의미를 두지 않는다. 믿음이 성령을 통하여 우리를 이러한 모든 의구심과 생각에서 자유하게 한다.

세례의 두 번째 부분: 표징 또는 성례

세례와 관련하여 중요한 두 번째 사실은 표징(표지) 또는 성례, 즉 물속에 잠기는 것이다. 여기서 세례라는 이름이 유래되었다. '밥티조'(baptizo)라는 헬라어는 라틴어 '메르고'(mergo), 즉 "내가 잠기게 한다"는 의미이고, '밥티즈마'(baptisma)는 '잠기게 하는 것'을 의미한다. 이미 말했듯이 하나님의 약속에는 말씀이 의미하는 것, 혹은 효력과 관련해 성례가 의미하는 것을 묘사하는 표징이 주어진다. 지금부터 이 의미를 생각해 보자.

많은 사람들은 세례를 받는 사람의 영혼이 하나님의 은혜를 받도록 하는, 비밀스러운 영적인 능력이 말씀과 물에 포함되어 있다고 생각한다. 다른 이들은 성례에 아무런 능력이 없으며, 약속에 따라 현존하시는 하나님에 의해서만 성례의 은혜가 성례에 주어진다고 주장한다. 그럼에도 그들 대부분은 성례가 은혜의 효과적 표징이라는 데 동의한다. 새 언약의 성례가 표징에 불과하다면 옛 언약의 성례보다 더 나은 이유를 찾을 수 없다는 단 한 가지 논거를 통해, 그들은 이러한 결론에 도달하였다. 새 언약의 성례는 죽음에 이르는 죄를 지은 자들에게도 유익을 준다고 주장하였다. 심지어 그들은 믿음도 은혜도 요구하지 않았고, 오히려 죄를 새로이 짓고자 하는 실제적인 의도만 없다면 그것으로 충분하다고 보았다.

그러나 그러한 가르침은 극악무도하고 비신앙적이며 믿음과 성례의 본질에 모순되기 때문에 신중하게 다루고 피해야 한다. 새 언약의 성례가 표징의 효력 측면에서 옛 언약의 성례와 다르다고 생각하는 것도 오류이다. 둘 다 동일한 의미를 지닌다. 즉 지금 세례와 성만찬을 통하여 우리를 구원하시는 하나님은, 제사를 통해 아벨을, 무지개를 통해 노아를, 할례를 통해 아브라함을, 그리고 주어진 표징을 통해 다른 모든 사람을 구원하시는 하나님과 동일하다. 그러므로 표징(성례)의 의미와 관련하여 하나님이 율법 시대에 족장들과 조상들에게 행하신 것만을 '옛 언약'으로 부르고자 한다면, 옛 언약의 성례와 새 언약의 성례 사이에는 어떤 차이도 없다. 족장들과 조상들에게 주어진 표징들(옛 표징)은 옷, 그릇, 음식, 집 등 사제의 관습과 같이 모세가 율법으로 제정한 법적 조항들(율법적인 예식)과 구별되어야 한다. 그것들은 새로운 언약의 성례와 완전히 구별될 뿐만 아니라, 하나님이 그 시대에 율법 아래에 사는 조상들에게 주신 표징과도 구별되기 때문이다.

기드온에게 주어진 양털의 표징(삿 6:36 이하), 노아에게 주어진 제사의 표징, 또는 이사야가 아하스에게 제공한 표징(사 7:10 이하) 등이 바로 그런 예이다. 이런 것들에 하나님은 약속을 함께 주셨는데, 이 약속에는 하나님에 대한 믿음이 요구되었다.

따라서 율법적인 예식은 믿음을 요구하는 약속의 말씀을 포함하고 있지 않다는 점에서 새 표징이나 옛 표징과 구별된다. 그러므로 율법적인 예식은 유일하게 칭의하는 믿음의 성례가 아닌 행위의 성례이기에 칭의의 표징이 결코 될 수 없다. 그것의 모든 힘과 본성은 믿음이 아니라 단지 행위에 있다. 그것을 행한 사람은 믿음 없이 행하여 그것을 성취한 것이기 때문이다. 그러나 우리의 표징과 조상들의 표징 혹은 성례는 믿음을 요구하는 약속의 말씀을 갖는다. 이 말씀은 다른 어떤 행위로 성취될 수 없다. 그러므로 이러한 표징의 모든 효력은 외적인 수행이 아닌 믿음에 있다. 그것을 믿는 자는 아무것도 행하지 않을지라도 그것을 성취하는 것이기 때문이다. 여기서 "성례가 아니라 성례에 대한 믿음이 칭의를 받게 한다"는 말이 유효하다.

할례가 아브라함과 그의 자손들을 칭의한 것이 아니지만, 사도는 할례를 '믿음의 의를 인친 것'이라고 부른다(롬 4:11). 할례에 연관된 약속에 대한 믿음이 칭의하였고 또한 할례가 의미한 바를 성취했기 때문이다. 즉 믿음은 육신의 할례로 빗대어 표현하면 마음의 영적인 할례인 셈이다(참조. 신 10:16; 렘 4:4). 아벨을 의롭게 한 것은 그의 제사가 아니라 그의 믿음이었다. 그는 믿음으로 자신을 온전히 하나님께 드렸다. 외적인 제사는 이 믿음을 표현한 것이다.

이와 같이 의롭게 하고 도움을 주는 것은 세례가 아니라, 세례에 부가되는 약속의 말씀에 대한 믿음이다. 이 믿음이 칭의하며 세례가 나타내는 것을 성취하기 때문이다. 믿음이란 옛사람을 물속에 잠그고, 새사람을 물 밖으로 올리는 것이다. 그러므로 새 성례와 옛 성례는 서로 다를 수 없다. 그것들은 동일하게 하나님의 약속과 믿음의 영을 가지고 있다. 물론 그것들은 약속의 말씀 때문에 옛 표징과는 상당히 다르다. 이들을 구별하는 유일한 방편은 이렇다. 오늘날의 화려한 의복과 장소와 음식, 그리고 수많은 예식이 영으로 성취되어야 하는 탁월한 것을 나타낸다고 할지라도, 이것들은 하나님 약속의 말씀이 없으므로 세례와 성만찬의 표징과는 전혀 비교될 수 없다. 따라서 이것들은 칭의하지 못하며 어떤 유익도 없다. 이것들은 믿음 없이 사용하고 실행해도 성취되기 때문이다. 이것들은 사용하거나 행하기만 하면 성취되는 것이다. 사도가 골로새서 2장 22절에서 그것에 관하여 말한 것과 같다. "이 모든 것은 한때 쓰이고는 없어지리라. 사람의 명령과 가르침을 따르느냐." 성례는 수행된다고 성취되는 것이 아니라 믿어질 때 성취되는 것이다.

그러므로 성례에 칭의케 하는 능력이 있다거나 성례가 은혜를 가져오는 표징이라는 것은 사실일 수 없다. 이러한 사실을 말하는 사람은 하나님의 약속에 대해 무지한 것이고 믿음을 크게 훼손시키는 것이다. 성례에 효력이 있다고 하는 것은, 믿음이 분명 존재하여 은혜를 확실하고 효과적으로 전달하는 경우이다. 그러나 로마 가톨릭주의자들은 이런 의미로 성례에 효력이 있다고 말하지 않는다. 그들은 (마치 불신앙이 은혜를 막는 가장 완고하고 적대적인 장애물이 아니기라도 한 것처럼) 불경건한 자든 불신앙인이든 성례에 장애물을 세우지 않는 한 모든 사람에게 성례가 도움이 된다고 확고하게 말한다.

로마 가톨릭인들은 성례를 계명으로, 믿음을 행위로 만들고자 하였다. 내가 성례를 받기 때문에 그것이 내게 은혜를 준다면, 나는 은혜를 믿음으로가 아니라 실제는 내 행위로 받는 것이 된다. 또한 나는 성례의 약속을 붙잡는 것이 아니라, 단지 하나님이 제정하시고 명령하신 표징을 붙잡는 것이 된다. 당신은 교리학자들이 성례에서 믿음도, 약속도 고려하지 않아 성례를 매우 오해하였음을 분명하게 본다. 그들은 단지 표징과 표징의 사용에만 매달려 우리를 믿음과 약속에서 끌어내어 행위와 표징으로 이끈다. 이를 통해 그들은 내가 이미 말한 것처럼 성례를 감금했을 뿐만 아니라, 할 수 있는 한 완전히 없애버렸다.

그러므로 눈을 떠서 표징보다 말씀에, 행위나 표징의 사용보다 믿음에 더 주목하자. 하나님의 약속이 있는 곳에 믿음이 요구되고, 약속에는 믿음이 필요하다. 이 두 가지는 서로 어느 하나가 없으면 효력이 있을 수 없다. 약속이 없다면 믿음이 있을 수 없고, 믿음이 없으면 약속은 유지될 수 없다. 그러나 두 가지가 서로에게 상호작용하면 성례에 참되고 매우 확실한 효력을 가져다준다. 그러므로 성례의 효력이 약속과 믿음 없이 추구된다면 헛된 노력이고 정죄를 받을 뿐이다. 그리스도도 "믿고 세례를 받는 사람은 구원을 얻을 것이요, 믿지 않는 사람은 정죄를 받으리라"(막 16:16)고 말씀하셨다. 이 말씀에 따르면 성례에서 필수적인 것은 믿음이어서 성례 없이도 믿음은 구원받게 할 수 있다. 그래서 그리스도는 '믿지 않는 사람' 뒤에 '세례받지 않는 사람'이라는 말을 추가하지 않으셨다.

세례는 죽음과 부활을 의미한다

세례가 의미하는 것은 죽음과 부활, 두 가지이다. 즉 칭의의 온전한 완성이다. 성직자가 아이를 물속에 잠그는 것은 죽음을 뜻하고, 아이를 다시 올리는 것은 생명을 의미하기 때문이다. 바울은 이것을 로마서 6장 4절에서 설명한다. "그러므로 우리가 그의 죽으심과 합하여 세례를 받음으로 그와 함께 장사되었나니, 이는 아버지의 영광으로 말미암아 그리스도를 죽은 자 가운데서 살리심과 같이 우리로 또한 새 생명 가운데서 행하게 하려 함이라." 우리는 이러한 죽음과 부활을 '새로운 피조물', '중생', '영적인 탄생'이라 부른다. 이것은 알레고리적으로 죄의 죽음과 은혜의 생명이 아니라 실제 죽음과 부활로 이해해야 한다. 왜냐하면 세례는 허구의 상징이 아니기 때문이다. 또한 사도가 로마서 6장 6절에서 말하는 것처럼, 우리가 이생에서 걸치는 죄된 몸이 파괴될 때까지 죄는 죽지 않으며 은혜가 완전히 주어지지도 않는다. 우리가 육신 안에 있는 한, 육신의 정욕은 계속해서 활동하고 자극하기 때문이다. 그러므로 믿기 시작하면 우리는 동시에 이 세상에 대해 죽기 시작하고 미래의 삶 속에서 하나님에 대해 살기 시작한다. 믿음은 실제로 죽음과 부활이다. 즉 우리가 잠기고 다시 위로 오르는 영적인 세례이다.

세례에 죄를 씻는다는 의미가 있다는 것은 분명 맞지만, 그것은 부족하고 약한 표현이기도 하다. 이 해석은 죽음과 부활의 상징인 세례를 바르게 표현하지 못한다. 그러므로 말의 의미와 신비가 보여주는 것처럼, 나는 세례자를 물에 완전히 잠기게 하고 싶다. 그렇게 하는 것이 필요하다고 여겨서가 아니라, 그렇게 완전하고 온전한 사물에 (의심의 여지 없이 그리스도에 의해 제정된 것처럼) 완전하고 온전한 표징이 주어지는 것이 낫기 때문이다. 죄인은 정결하게 되기보다는 오히려 죽어야 한다. 다른 피조물로 완전히 새롭게 되기 위함이다. 그는 세례를 통하여 그리스도와 함께 죽고 부활하여 그의 죽음과 부활에 일치하게 된다. 그리스도가 죽고 살아나셨을 때 죽어야 할 운명으로부터 자유롭게 되었다고 말할 수 있지만, 이는 그리스도가 완전히 변화되고 새롭게 되었다고 말하는 것보다는 훨씬 약한 표현이다. 마찬가지로 우리의 세례는 우리를 철저하게 죽게 하고 영원한 생명으로 부활하게 하는 것을 의미한다는 것이, 단지 죄를 씻는 것을 의미한다는 것보다 더 나은 표현이라고 볼 수 있다.

여기서 다시 한번 당신은 세례라는 성례가 표징과 관련해서도 순간적인 일이 아니라 지속적인 효력이 있다는 사실을 보게 된다. 왜냐하면 세례의 행위가 빨리 끝날지라도, 그 행위가 의미하는 것 자체는 죽음까지, 아니 마지막 날 부활할 때까지 지속되기 때문이다. 우리가 사는 내내 세례가 나타내는 것이 작용한다. 즉 우리는 매일 죽고 매일 다시 부활한다. 다시 말하면 우리가 세상의 죄와 허무한 것을 거절하는 한, 우리는 내적으로, 영적으로 죽을 뿐만 아니라, 실제로 육신의 삶을 떠나 미래의 삶을 붙잡기 시작한다. 그렇게 하여 사람들이 말하는 것처럼 '실제로' 육적으로 이 세상에서 아버지에게로 가게 된다.

따라서 우리는 세례의 능력을 약화시키고 축소한 사람들을 조심해야 한다. 그들은 은혜란 세례 안에서 주입되지만 그 후에 죄를 통하여 다시 사라지게 된다고 말한다. 그러면 세례는 무가치한 것이 되어 다른 방법으로 하늘에 도달해야 한다고 주장한다. 당신은 그렇게 생각해서는 안 된다. 오히려 세례를 통하여 죽고 산다는 의미로 세례를 이해해야 한다. 당신은 고해의 길이든 다른 길을 통해서든 계속하여 오직 세례의 능력으로 되돌아갈 수 있고, 또한 세례받은 목적과 당신의 세례가 의미하는 것을 다시 되찾을 수 있다. 당신이 절망하여 구원을 회피하지 않는 한, 세례는 결코 효력을 상실하지 않는다.

당신은 한동안 세례의 표징에서 벗어날 수 있지만, 그렇다고 표징이 무효가 되는 것은 아니다. 당신은 성례로 한 번 세례를 받은 것이지만 믿음을 통하여 항상 세례를 받아야 한다. 즉 항상 죽고 항상 살아야 한다. 세례는 몸 전체를 삼켰고 다시 몸을 내어주었다. 따라서 세례의 은혜는 당신의 몸과 영혼과 더불어 삶 전체를 삼키고, 마지막 날에 변화된 불멸의 옷을 입은 채 삶 전체를 다시 내놓게 될 것이다(참조. 빌 3:21; 고전 15:42 이하). 그러므로 우리는 세례의 표징과 능력을 지니고 있으며, 마지막 날 이 표징을 완전하게 성취할 때까지 계속 세례를 받는다.

이생에서 행하는 모든 것이 육신을 죽이고 영을 살리는 것이라면, 그것은 세례와 관련된 것이다. 우리가 삶을 더 빨리 떠나면 떠날수록 세례를 더 빨리 성취하게 된다. 우리가 삶에서 더 고통을 당하면 당할수록 세례와 더 완선하세 일치하게 된다. 그리므로 날마다 순교자들이 죽고 도살장의 양과 같이 여겨졌던 시기에 교회는 가장 열매가 많았다(참조. 시 44:23; 롬 8:36). 당시 교회에서 세례의 능력이 온전히 발휘되었기 때문이다. 그러나 오늘날에는 행위와 인간의 가르침이 넘쳐나 세례의 온전한 능력을 알 수 없게 되고 말았다. 우리의 삶 전체가 세례이어야 하고 세례의 표징 혹은 성례를 성취해야 한다. 우리가 다른 모든 것으로부터 자유롭게 된 것은, 오직 세례, 즉 죽음과 부활에만 전념하도록 하기 위한 것이다.

19. 면죄부와 은혜에 관한 설교

작품 해설

"면죄부와 은혜에 관한 설교"는 루터가 면죄부의 문제점에 대해 처음으로 알기 쉽게 독일어로 진술한 작품이다. 여기서 '설교'(Sermon)는 16세기에 '에세이' 혹은 '의견'의 의미이다. "95개 논제"는 학자들을 위한 면죄부 비판이었기에, 루터는 독일어로 된 이 작은 책자를 통해 평신도들에게 면죄부에 대한 자신의 비판을 알리고자 하였다. 이 작품은 추측건대 1517년 10월 31일, 95개 논제를 공포한 날 비텐베르크 어거스틴 은둔자수도원에서 행한 설교의 중심사상을 예리하고도 간결하게 정리한 것으로 1518년 2월 비텐베르크에서 처음으로 출판되었다. 총 7페이지로 된 이 소책자는 루터의 첫 베스트셀러 작품으로 1519년까지 22판, 1520년에 4판이 출판될 정도였다. 이것으로 종교개혁자로서의 루터의 유명세는 시작되었다고 볼 수 있다.

루터는 우선 참회(회개)를 전통에 따라 회오, 고해 그리고 보속(보상행위), 이 세 가지로 구분하는 것이 성서에 일치하지 않는다고 비판한다. 하나님은 그리스도의 십자가를 지고자 하는 결단과 관련된 참된 회오와 회심만을 요구하신다. 하나님이 죄인을 벌주신다면, 인간은 이것을 피할 방법이 없다. 하나님의 권한은 침해할 수 없기 때문이다. 루터에 따르면 면죄부는 단지 게으른 그리스도인들을 위한 것이며, 누구도 이것을 통해 개선되지는 않는다. 면죄부는 기껏해야 '허용될' 수 있는 것일 뿐 추천할 만한 것은 아니다. 오히려 면죄부보다는 성 베드로교회를 위해 자발적으로 기부하는 것이 더 낫다. 하지만 이것보다 더욱 좋은 것은 가난한 사람들에게 기부하는 것이다. 면죄부는 단지 자유로운 선택사항일 뿐이며 이것을 사지 않도록 사람들에게 충고해야 한다. 결론에서 루터는 테첼의 증명되지 않은 이단 비난을 무지몽매한 머리에서 나온 것이라고 치부하며 대수롭지 않게 여긴다. 그는 테첼이 성경과 교부들을 알지 못하고 자신의 가르침조차 이해하지 못했다고 비난한다. 루터의 면죄부 비판에 즉시 테첼은 4월(혹은 5월) "면죄부와 은혜에 관한 설교"를 반박하는 작품을 출판하고 여기서 루터를 위클리프 및 후스와 연관 지으며 처음으로 그를 이단자로 간주하였다.

작품

1. 여러분들은 가령 명제들의 스승[117], 토마스 아퀴나스 그리고 그의 후계자 등 몇몇 새로운 교사들이 참회(회개)에 회오, 고해(고백), 보속(보상행위)이라는 세 부분을 포함시키고 있음을 알아야 합니다. 그들 견해에 따른 이러한 구분은 성서에서 근거를 찾기 어렵거나 찾을 수 없으며 옛 거룩한 기독교 교사들(교부들)에게서도 찾을 수 없습니다. 하지만 우리는 이러한 구분을 우선 가정하고 그들의 방식에 따라 말하고자 합니다.

2. 면죄부는 참회의 첫 번째 부분인 회오나 두 번째 부분인 고해를 대신하는 것이 아니라, 세 번째 부분인 보속행위를 대신하는 것이라고 말합니다.

3. 보속행위는 다시 기도, 금식, 구제, 세 부분으로 나뉩니다. 기도는 하나님의 말씀을 읽고 깊이 생각하며 듣고 설교하고 가르치는 일처럼 영혼에 속하는 모든 종류의 행위를 포함합니다. 금식은 철야, 노동, 딱딱한 침상, 거친 옷 등과 같이 자기 육신을 괴롭히는 모든 행위를 포함합니다. 구제는 이웃에 대한 사랑과 자비의 모든 행위를 포함합니다.

117) 롬바르두스(Petrus Lombardus)는 성서와 신학자들의 언급들을 근거로 4권의 명제집 "조직적인 명제들"(Sententiae in IV libris distinctae/ Libri Quatuor Sententiarum)을 저술하였다. 스콜라 신학의 가장 중요한 교과서에 속하는 이 작품은 롬바르두스를 '명제들의 스승'(Magister sententiarum)으로 불리게 하였다.

4. 그들은 면죄부가 죄로 인해 부과되거나 행해야 하는 이러한 보속 행위들을 면제해 준다는 사실을 의심하지 않습니다. 만일 면죄부가 이러한 모든 행위를 면제해 준다면, 우리가 행할 선한 일은 더 이상 남지 않을 것입니다.

5. 면죄부가 그런 선행보다 더 많이 면제해 주는지, 다시 말해 면죄부가 죄에 대해 하나님의 의로움이 요구하는 형벌도 면제해 주는지 많은 사람이 여전히 의심스러워합니다.

6. 저는 여기서 그들의 견해를 반박하지 않겠습니다. 하지만 하나님의 의가 죄인들에게 바라거나 요구하는 바가 그리스도의 십자가를 걸머지며 앞에서 언급한 (누구에 의해서도 부과되지 않은) 행위를 수행하고자 하는 간절하고 진실한 회오나 회심이 아니라, 다른 형벌이나 보속이라는 사실을 그들은 성서로 증명할 수 없습니다. 왜냐하면 하나님은 에스겔을 통하여 다음과 같이 말씀하시기 때문입니다(겔 18:21; 33:14~16). "만일 죄인이 회개하여 올바른 일을 행하면, 나는 그의 죄를 더 이상 기억하지 않을 것이다." 그뿐만 아니라 그분 자신이 모든 이를 죄로부터 사하여 주십니다. 실례로 막달라 마리아(눅 7:48), 풍으로 마비된 중풍병자(마 9:2), 음행한 여인(요 8:11) 등이 있습니다. 몇몇 신학자를 제외하고 누가 이와 다른 것을 증명하고자 하는지 기꺼이 듣고 싶습니다.[118)]

---

118) 당시 학자들은 하나님이 죄인들이 이 세상의 형벌을 받고 보속으로 선행을 하도록 요구하신다고 잘못 생각했다.

7. 우리는 하나님께서 몇 사람을 자신의 의로움에 따라 벌을 주시거나 형벌을 통해 뉘우치게 하시는 것을 발견할 수 있습니다. 시편 89편 31~34절, "만일 그의 자손이 죄를 짓게 되면 나는 회초리로 그들의 죄를 다스릴 것이나, 나의 인자함을 그들에게서 거두지는 않을 것이다"는 말씀과 같습니다. 그러나 이러한 형벌을 면제하는 것은 누군가의 능력에 있지 않고 오직 하나님의 능력입니다. 아니, 오히려 하나님은 형벌을 면제하지 않고 형벌을 부과하겠다고 약속하십니다.

8. 그러므로 상상하여 만들어진 형벌에 어떤 이름도 붙일 수 없습니다. 그것은 하나님이 내리신 형벌이 아니며, 앞에서 말한 선행과 관련되지 않는다면 누구도 그것이 무엇인지 알지 못합니다.

9. 오늘날 여전히 기독교 교회가 면죄부는 보속행위보다 더 많이 면제해 준다고 결정하고 이를 선언해도, 그리스도인이 면죄부를 사거나 바라기보다 선행을 하며 벌을 받는 것이 천 배나 더욱 좋은 일일 것입니다. 왜냐하면 면죄부는, 피하기보다는 적절하게 택해야 할 선행과 유익한 형벌의 면제에 불과하기 때문입니다. 새로운 설교자[119] 몇 명이 두 종류의 형벌, 즉 보속을 위한 형벌과 개선을 위한 형벌을 고안했지만, 그 결과는 마찬가지입니다. 다행히 우리는 그러한 수다를 날조하기보다는 무시할 자유가 있습니다. 모든 형벌, 아니 하나님께서 부과하신 모든 것은 개선에 도움이 되며 그리스도인들에게 유익하기 때문입니다.

119) 스콜라 신학자들.

10. 형벌과 부가된 행위가 너무 많아 유한한 인간은 이 모두를 성취할 수 없으므로 면죄부가 필요하다는 항변은 설득력이 없습니다. 그것은 근거가 없으며 순전히 날조된 이야기일 뿐입니다. 하나님과 거룩한 교회는 누구에게도 감당할만한 것 이상은 부과하지 않습니다. 바울 역시 하나님은 사람이 감당할 수 없는 시험은 당하게 하지 않으신다고 말합니다(고전 10:13). 교회가 우리에게 감당할 수 있는 것보다 더 많이 부과한다고 비난받는다면 이것이야말로 기독교에 적지 않은 수치가 될 것입니다.

11. 교회법에 따라 정해진 참회, 즉 죽을죄[120]에 대해 7년간의 참회를 부과하는 것이 여전히 유효하다고 해도, 기독교는 그것을 포기하고 모든 사람이 감당할 수 있는 것보다 더 부과해서는 안 될 것입니다. 더구나 그러한 참회들은 지금 실행되지 않기 때문에 모든 사람이 넉넉히 감당할 수 있는 것보다 더 부과하지 않도록 주의해야 합니다.

12. 사람들은 아직 형벌이 남은 죄인은 연옥에 보내지거나 면죄부가 필요하다고 말합니다. 그러나 그것은 근거와 증거가 없는 유언비어일 뿐입니다.

13. 누군가 자신의 죄를 위해 보속행위를 한다고 생각하면 이것은 커다란 오류입니다. 하나님은 죄를 항상 귀한 은혜로 값없이 용서하시며 장차 바르게 사는 것 외에는 다른 것을 바라시지 않습니다.

---

120) 영혼을 완전히 죽게 하고 하나님과의 관계를 파괴하는 죄.

따라서 기독교가 어떤 것(참회의 규정에 따른 보속)을 요구한다면, 기독교는 그것 역시 삼갈 수 있고 또 삼가야 합니다. 또한 어려운 것과 감당할 수 없는 것을 부과하지 말아야 합니다.

14. 면죄부는 선행을 열심히 하고자 하지 않거나 참을성이 없는 불완전하고 게으른 기독교인을 위해 허용된 것입니다. 이것은 누군가를 개선하도록 돕는 것이 아니라, 이들의 불완전함을 참고 허용하는 것입니다. 그러므로 면죄부를 비판해서는 안 되지만 면죄부를 사도록 설득해서도 안 됩니다.

15. 순전히 하나님을 위하여, 베드로 성당 건축을 위해 또는 그 외의 다른 것들을 위해 기부하는 사람은, 그것을 위해 면죄부를 얻는 것보다 훨씬 더 확실한 것이고 더 잘 행하는 것입니다. 하나님을 위해서가 아니라 면죄부 때문에 기부하는 것은 위험하기 때문입니다.

16. 가난한 사람들에게 선행을 베푸는 일은 교회건축을 위해 바치는 것보다 훨씬 나으며, 교회건축을 위해 면죄부를 사는 것보다도 훨씬 잘하는 것입니다. 이미 말한 것처럼 많은 선행을 면제받는 것보다, 선행을 하는 것이 훨씬 낫기 때문입니다. 사실 면죄부는 많은 선행을 면제해 줍니다. 하지만 어떤 선행도 면제해서는 안 됩니다. 바른 가르침에 주목하십시오. 당신이 무엇인가를 주려고 하거든, 베드로 성당 건축이나 면죄부는 개의치 말고 우선적으로 당신의 가난한 이웃에게 주어야 합니다. 만일 당신이 사는 도시에 도움이

필요한 사람이 더 이상 없는 경우(하나님의 뜻대로라면 이런 일은 결코 없을 것입니다), 당신 도시에 있는 교회를 위해, 교회의 제단과 그 장식 또는 성배를 위해 드리시기 바랍니다. 만일 이것 또한 더 이상 필요하지 않다면 성 베드로 성당 건축을 위해 혹은 다른 곳에 바쳐도 좋습니다. 그렇지만 이러한 일을 면죄부를 위해 행해서는 안 됩니다. 바울은 다음과 같이 말합니다. "누구든지 자기 가족에게 선한 일을 행하지 않는 사람은 그리스도인이 아니요 이교도보다 더 악한 자이다"(딤전 5:8). 그리고 다음 사실을 주저하지 말고 믿기 바랍니다.

> "당신에게 다른 것을 말하는 자는 당신을 유혹하거나 당신의 돈주머니에 있는 당신 영혼을 추구하는 것이다. 그는 그 안에서 몇 푼을 발견할 것이다. 그에게는 그것이 모든 영혼보다 더 사랑스러울 것이다."

당신이 "그렇다면 나는 결코 면죄부를 사지 않을 것이다"라고 말한다면 나는 다음과 같이 대답하고자 합니다.

> "이미 앞에서 말한 것처럼 아무도 면죄부를 사지 않는 것이 내 뜻과 바람이고, 내 간구이자 권고이다. 나태하고 게으른 그리스도인이나 면죄부를 사게 하고 당신은 당신의 길로 가시오!"

17. 면죄부는 명령된 것도, 규정된 것도 아니며 단지 허용되고 허락된 것에 불과합니다. 그러므로 면죄부는 순종의 행위가 아니며 공로가 있는 것도 아닙니다. 오히려 순종을 거부하는 핑곗거리에 불과합니다. 면죄부를 사는 것을 방해해서는 안 되지만, 모든 그리스

도인이 면죄부 구매를 단념하고 면죄부가 면제해 주는 행위와 형벌을 하도록 자극하고 북돋워야 합니다.

18. 영혼이 면죄부를 통하여 연옥에서 벗어나는지에 대해 잘 모르겠습니다. 몇 명의 새로운 박사들이 이것에 대해 말할지라도 저는 이것을 믿지 않습니다. 그들이 자신들의 주장을 증명하는 것은 불가능합니다. 또한 교회는 아직 이러한 사실을 결정하지 않았습니다. 이보다 훨씬 더 확실한 일은 당신 스스로 이런 영혼을 위해 간구하고 애써야 한다는 것입니다. 이것이 더 입증된 것이고 확실하기 때문입니다.

19. 저는 이 사실을 의심하지 않습니다. 이것은 성서에 이미 충분히 입증되어 있습니다. 그러므로 의심하지 마시기 바랍니다. 학식 있는 박사들(Doctores scholasticos)은 학식 있는 자로 머물게 내버려 두십시오. 그들은 설교를 입증해야 한다는 견해를 못마땅해합니다.

20. 이러한 진리가 금고(金庫)를 채우는 일에는 매우 불리한 것이기에 몇 사람이 저를 이단자라고 비난할지라도,[121] 저는 그런 울부짖는 소리에 신경 쓰지 않습니다. 이런 일은 몇 명의 사악한 머리들 외에는 누구도 행하지 않기 때문입니다. 이들은 성경을 따르지 않고 기

---

121) 루터는 콕(Konrad Koch, 윔피나<Wimpina>로 불림)이 면죄부 판매상 테첼(Johann Tetzel)의 부추김으로 작성하여 1518년 1월 20일 프랑크푸르트 오더 대학에서 토론하게 한 논제를 비판하고 있다. 할레(Halle)의 책 장사가 이 논제를 3월 중순에 비텐베르크로 가져왔을 때 학생들이 그것을 빼앗아 불태웠다.

독교 교부들의 작품을 결코 읽어보지 못했으며 교사들의 작품들도 이해하지 못한 자들입니다. 또한 약해지고 갈기갈기 찢어진 신념에 사로잡혀 거의 소생이 불가능한 자들입니다. 이들이 그 내용을 이해했다면 누구도 심문 없이, 그리고 잘못을 인정하지 않은 상태에서 비방하지 않았을 것입니다. 하나님께서 그들과 우리에게 올바른 깨달음을 주시기를 기도합니다. 아멘!

1518

20. 죄 용서에 관하여

작품 해설

"죄 용서에 관하여"라는 논제는 "95개 논제"를 신학적으로 해명한 것이다. 1~7논제에는 "95개 논제"를 해명하는 신학적 작업의 결과물이 요약되어 있다. 즉 죄책(잘못)의 용서(remissio culpae)와 처벌의 용서(remissio poenae)를 구분하며 죄책의 용서에 초점을 맞춘다.

루터학자 베이어(O. Bayer)는 이 논제를 '첫 번째 종교개혁적 문서'로 여긴다. 루터가 이 작품에서 죄를 용서하는 말씀과, 이것을 확실하게 믿는 믿음, 이 둘의 관계를 설명하고 규정하기 때문이다. 물론 루터가 전개하는 논증의 중심은 죄의 용서에 관한 문제이지만, 그의 종교개혁 신학의 중심 주제인 약속의 말씀과 믿음의 관계가 여기서 명료하게 드러나 있다.

작품

진리를 탐구하고 두려워하는 양심을 위로하기 위해 어거스틴 수도회 신부 마틴 루터의 사회 아래 다음 내용이 전통에 따른 방식으로 토론될 것이다. 1518년.

1. 두 종류의 사면(remissio, 용서), 즉 형벌의 면제와 죄책(잘못)의 제거 가운데 죄책의 용서가 더 중요하다.
2. 죄책의 제거는 마음을 평안하게 하고 모든 형벌 가운데 가장 커다란 형벌인 죄의식을 없앤다.
3. 형벌의 면제는 악한 양심을 강화하기도 하고, 더 악한 오만을 조장하기도 한다.
4. 죄책의 제거는 인간을 하나님과 화해시키고, 형벌의 면제는 인간을 인간, 즉 교회와 화해시킨다.
5. 죄책이 제거되고 죄의식이 사라지면 더 이상 형벌은 없고 처한 곤경은 즐거움으로 바뀐다.
6. 인간의 구원은 형벌의 면제 없이도 가능하나 죄책의 제거 없이는 불가능하다.
7. 죄책의 무죄판결을 받은 자에게는 형벌을 면제하지 않는 것이 구원에 더 도움이 된다.
8. 죄책의 제거는 죄인의 뉘우침이나 성직자의 직무 혹은 전권에 근거하지 않는다.

9. 오히려 그것은 믿음에 근거한다. 믿음은 "네가 땅에서 무엇이든지 풀면 하늘에서도 풀리리라"(마 16:19)고 하신 그리스도의 말씀을 향하는 것이다.
10. 칭의하는 것은 믿음의 성례가 아니라 성례에 대한 믿음이기 때문이다. 다시 말해 성례는 실행되는 것이기보다는 믿어지는 것이다.
11. 그리스도는 인간의 구원이 인간의 행위나 결정에 놓이기를 원하지 않으셨다.
12. 오히려 다음 말씀과 같다. "그의 능력의 말씀으로 만물을 붙드시며"(히 1:3) 그리고 "믿음으로 그들의 마음을 깨끗이 하사"(행 15:9).
13. 뉘우침이 불확실하므로 죄책의 제거가 불확실하다고 주장하는 자들의 오류는 불신앙에 가깝다.
14. 성직자나 죄인이 뉘우침을 확신하지 못할지라도 죄인 자신이 용서받았다고 믿기만 하면, 용서의 선언은 유효하다.
15. 따라서 당신이 죄가 용서되었다고 믿는다면, 죄는 확실히 용서된 것이다. 왜냐하면 구원자 그리스도의 약속은 확실하기 때문이다.
16. 사면권(赦免權[122])에 의해 용서받은 사람이 그의 용서를 의심할 바에는 차라리 죽어 모든 피조물과 결별하는 것이 더 낫다.
17. 자신의 용서받음이 하나님 마음에 든다는 사실을 의심하는 자는, "네가 땅에서 무엇이든지 풀면 하늘에서도 풀리리라"(마 16:19)고 하신 그리스도의 말씀이 참되다는 사실을 의심하는 것이다.
18. 용서의 근거를 뉘우침에 두는 자는 모래 위에 집을 짓는 것으로, 하나님에 대한 신뢰의 근거를 인간의 행위에 두는 것이나 마찬가지이다.

122) 참조. 마 16:19.

19. 뉘우침이 확실해지기 전까지 용서를 믿지 않는 것은, 성례를 부당하게 대하는 것이고 절망의 계략에 빠진 것이다.
20. 참으로 양심이 신뢰하는 근거를 뉘우침에 두는 것은, 하나님을 거짓말쟁이로 만들고 자기 자신을 정직한 자로 만드는 것이다.
21. 그러한 사람은 그리스도의 자비와 말씀에 의지하지 않고 자신의 행위와 능력에 의존하는 것이기에 비난받아야 한다.
22. 실제로 그들은 완전히 거꾸로 행한다. 즉 말씀과 믿음으로 보증을 받는 것이 아니라 오히려 스스로 말씀과 믿음을 보증하고자 한다.
23. 성직자는 용서의 창시자가 아니라 용서에 대한 믿음을 위한 말씀의 봉사자이다.
24. 당신에게 악의가 없다면, 사면권은 하나님의 말씀과 명령을 통하여 확실하고 신뢰할 만한 일을 가져온다.
25. 죄인이 용서를 간청하며 용서를 신뢰하고 있다고 느낀 성직자는 뉘우침에 대한 명백한 증거를 충분히 지닌 것이다.
26. 성직자는 죄인이 적절하게 뉘우치고 있는지를 살피기보다는 죄의 용서를 믿고 있는지를 더 살펴야 한다.
27. 성직자는 또한 뉘우침만을 너무 살펴 죄인이 뉘우침 때문에 용서받는다고 생각하지 않도록 주의해야 한다.
28. 죄인에게 자신의 품위를 살피게 하기보다는 오히려 다음과 같은 그리스도의 말씀을 힘주어 가르쳐야 한다. "내 아들아, 안심하라. 네 죄 사함을 받았느니라"(마 9:2).
29. 여기서 "너희가 누구의 죄든 사하면"(요 20:23)이라는 그리스도의 말씀은 형벌이 아니라 죄책과 관련된다고 결론지을 수 있다.
30. 성직자가 실제로 가르치고 세례를 주고 성찬식을 베풀지라도 이 모든 것은 오직 내적으로 일하시는 성령의 사역인 것처럼,

31. 성직자는 실제로 죄를 용서하고 죄책을 사면할지라도 이것 역시 오직 내적으로 일하시는 성령의 사역임을 기억해야 한다.
32. 더불어 그는 그리스도의 말씀을 제공하는 동시에 죄인이 내적으로 의롭다 함을 받게 하는 믿음을 연습시켜야 한다.
33. 오직 그리스도에 대한 믿음만이 의롭다 함을 받게 한다. 이 믿음에 필요한 것은 성직자를 통한 말씀의 제공이다.
34. 이러한 믿음 없이 죄를 뉘우치는 것은 절망의 행위일 뿐이며, 그것은 하나님과 화해하기보다는 오히려 그분을 모욕하는 것이다.
35. 성직자가, 자격 없는, 용서해서는 안 되는 누군가를 용서한다면, 그는 사면권을 오용한 것이고 이를 통해 죄를 지을 수 있다.
36. 그러므로 용서받은 자의 믿음이 무효가 아닌 경우 용서 역시 무효가 아니다.
37. 성직자가 세례와 성찬식을 베풀 때 사면권이 제한되어 있거나 금지되어 있다고 할지라도 실제로 세례를 베풀고 성찬을 베푸는 것이 되는 것처럼,
38. 용서받은 자의 간계가 없기만 하다면 참회가 아무리 금지되어 있어도 성직자는 참회에서 실제로 용서를 선언하는 것이다.
39. 본질적으로 불확신 가운데 행동하는 천박하고 장난스러운 성직자조차 실제로 세례를 베풀고 실제로 용서를 선언한다.
40. 용서를 받아야 하는 누군가가 뉘우치지 않지만 용서받는다고 믿는 (물론 불가능한 것이지만) 상황을 생각해 보라. 그는 실제로 용서받았다.
41. 뉘우침이 의식되지 않고 여전히 남아 있을지라도, 여기서 유보되거나 금지되는 상황들은 있을 수 없다.
42. 새 언약의 성례들은 거부하지 않고 받는 것으로 충분할 만큼 효과적인 은혜의 표시는 아니다.

43. 심지어 믿음 없이 성례에 참여하는 사람은 위선자로 드러나고 이를 통해 자신을 심판에 넘긴다.
44. 옛 언약과 새 언약의 성례들은 서로 구분된다. 전자는 육신의 칭의의 행동이며 후자는 영의 칭의의 행동이다.
45. 새로운 성례에는 용서를 약속하는 자의 말씀과 용서받는 자의 믿음이 있다. 옛 성례에는 그러한 것이 없었다.
46. 경미한 죄들이 참회와 사면권의 용서에 포함되지 않는 것처럼, 죽음에 이르는 모든 죄도 여기에 포함되지 않는다.
47. 사람이 죽음에 이르는 모든 죄를 고백하고 용서받아야 한다면, 그는 전적으로 불가능한 것에 대한 의무를 지는 것이다.
48. 어떤 사람도 얼마나 자주 자신이 (심지어 선한 행위들 가운데서도) 특히 헛된 명예욕 때문에 죽음에 이르는 죄를 짓는지 모른다.
49. 그는 자신이나 다른 사람에게서 확실히 죽음에 이르는 죄, 즉 범죄만을 고백할 수밖에 없다.
50. 만일 그가 그 밖의 죄로 절망한다면, 그는 신실하게 약속하시는 하나님의 자비의 심연에 확신을 갖고 자신을 맡겨야 한다.

요약

의인은 율법의 행위나 율법으로 사는 것이 아니라 믿음으로 산다. 롬 1(롬 1:17. 참조. 롬 3:2).

작품 출처

1. 원문: Johannes Schilling ed., Martin Luther. Die Lieder (Stuttgart: Carus-Verlag, 2017), 15~19.
2. 원문: WA 7,20~38; D. Korsch ed., Martin Luther. Deutsch-Deutsche Studienausgabe. vol. 1: Glaube und Leben, 280 이하.

번역본: 한인수 역,『그리스도인의 자유』(서울: 도서출판 경건, 1996).

3. 원문: WA 6,204~216; D. Korsch ed., Martin Luther. Deutsch-Deutsche Studienausgabe. vol. 1: Glaube und Leben, 104 이하.

번역본: 지원용 편,『루터 선집. 제9권』(서울: 컨콜디아사, 1983), 33 이하.

4. 원문: WA 54,185~186; Martin Luther. Lateinisch-Deutsche Studienausgabe, vol. 2: Christusglaube und Rechtfertigung, 504~507.

번역본: 존 딜렌버거/ 이형기 역,『루터 저작선』(서울: 크리스챤다이제스트, 1994), 47~49.

5. 원문: WA 2,41~47; Martin Luther. Lateinisch-Deutsche Studienausgabe, vol. 2: Christusglaube und Rechtfertigung, 54~65.
6. 원문: WA 2,145~153; Martin Luther. Lateinisch-Deutsche Studienausgabe, vol. 2: Christusglaube und Rechtfertigung, 68~85.
7. 원문: WA 2,489~493. [2:16 강해]

번역본: W. Metzger, Kommentar zum Galaterbrief 1519 (Neuhausen-Stuttgart: Hänssler Verlag, 1996); 김선회 역,『말틴 루터의 갈라디아서 강해(하)』(용인: 루터대출판부, 2003).

8. 원문: WA Br 1,35~36.

번역본: 오광석/김영인 역,『서한집 1. 루터 선집 48권』(서울: 컨콜디아사, 2017), 16~20.

9. 원문: WA 40I,39 이하.

번역본: Johann Georg Walch, Dr. Martin Luthers sämmtliche Schriften (St. Louis, 1880~1910), 9,16~27; 존 딜렌버거/ 이형기 역,『루터 저작선』, 147~157.

10. 원문: WA 50,198 이하.

번역본: Unser Glaube. Die Bekenntnisschriften der evangelisch-lutherischen Kirche (Gütersloh: Gütersloher Verlagshaus, 2013), 391 이하; 지원용 편,『신앙고백서』(서울: 컨콜디아사, 1991), 262 이하.

11. 원문: WA 56,171~172; 225~228; 267~273; 298~299.

번역본: 이재하/ 강치원 역,『루터: 로마서 강의』(서울: 두란노아카데미, 2011); 지원용 편,『루터 선집. 제4권』(서울: 컨콜디아사, 1986); 박문재 역,『루터의 로마서 주석』(서울: CH북스, 2021); W. Pauck, Luther: Lectures on Romans (Philadelphia: The Westminster Press, 1961).

12. 원문: WA 39I,44~53, 82~86, 202~204; Martin Luther. Lateinisch-Deutsche Studienausgabe, vol. 2: Christusglaube und Rechtfertigung, 401~441.

번역본: 지원용 편,『루터 선집. 제6권』(서울: 컨콜디아사, 1982), 329 이하; Kurt Aland ed.,

Luther Deutsch. Die Werke Luthers in Auswahl, vol. 4: Der Kampf um die reine Lehre (Göttingen: Vandenhoeck & Ruprecht, 1991), 280~303.

13. 원문: WA 6,85~86; Martin Luther. Lateinisch-Deutsche Studienausgabe, vol. 2: Christusglaube und Rechtfertigung, 92~95.

14. 원문: WA 7,231~232; Martin Luther. Lateinisch-Deutsche Studienausgabe, vol. 2: Christusglaube und Rechtfertigung, 98~99.

15. 원문: WA 39I,265; Martin Luther. Lateinisch-Deutsche Studienausgabe, vol. 2: Christusglaube und Rechtfertigung, 444~445.

16. 원문: WA 39II,235~239; Martin Luther. Lateinisch-Deutsche Studienausgabe, vol. 2: Christusglaube und Rechtfertigung, 482~489.

번역본: C. B. Brown ed., Luther's Works. vol. 73: Disputations (St. Louis: Concordia, 2020), 376~380.

17. 원문: WA 40I,37~38.

번역본: Johann Georg Walch, Dr. Martin Luthers sämmtliche Schriften (St. Louis, 1880~1910), 9,770~773; 김귀탁 역, 『갈라디아서』 (서울: 복있는사람, 2019), 528~530.

18. 원문: WA 6,527 이하.

번역본: 존 딜렌버거/ 이형기 역, 『루터 저작선』, 314 이하; P. W. Robinson ed., The Annotated Luther, vol. 3: Church and Sacraments (Minneapolis: Augsburg Fortress, 2016), 61~72.

19. 원문: WA 1,243~246; D. Korsch ed., Martin Luther. Deutsch-Deutsche Studienausgabe, vol. 1: Glaube und Leben (Leipzig: Evangelische Verlagsanstalt, 2012), 4~11.

번역본: T. J. Wengert ed., The Annotated Luther, vol. 1: The Roots of Reform (Minneapolis: Augsburg Fortress, 2015), 57~65.

20. 원문: WA 1,630~633; Johannes Schilling ed., Martin Luther. Lateinisch-Deutsche Studienausgabe, vol. 2: Christusglaube und Rechtfertigung (Leipzig: Evangelische Verlagsanstalt, 2006), 25~33.

참고 문헌

루터의 칭의론 관련 작품 선집

권진호 역. 『루터를 안다』. 대장간, 2019.
권진호 역. 『루터, 구원을 설교하다』. 대장간, 2020.
김귀탁 역. 『마르틴 루터, 갈라디아서』. 복있는사람, 2019.
박문재 역. 『루터의 로마서 주석』. 크리스천다이제스트, 2019.
존 딜렌버거 편/ 이형기 역. 『루터 저작선』. 크리스챤다이제스트, 1993.
지원용 역. 『말틴 루터의 종교개혁 3대 논문』. 컨콜디아사, 1993.
지원용 편. 『루터 선집. 12권』. 컨콜디아사, 1983-.
Schilling, Johannes ed. Martin Luther. Lateinisch-Deutsche Studienausgabe, vol. 2: Christusglaube und Rechtfertigung. Leipzig: Evangelische Verlagsanstalt, 2006.

루터의 칭의론 개관

김선영. 『믿음과 사랑의 신학자: 마르틴 루터』. 대한기독교서회, 2014.
김용주. 『칭의, 루터에게 묻다』. 좋은씨앗, 2017.
최성수. 『현대인을 위한 종교개혁의 5대 원리』. 예영커뮤니케이션, 2017.
독일 개신교협의회/ 김옥순 역. 『칭의와 자유 - 종교개혁 500주년 2017, 독일 개신교협의회 (EKD) 기본문서』. 한들출판사, 2017.
알리스터 맥그래스/ 한성진 역. 『하나님의 칭의론』. CLC, 2008.
알리스터 맥그래스/ 김선영 역. 『루터의 십자가 신학 - 마르틴 루터의 신학적 돌파』. 컨콜디아사, 2015.

루터의 칭의론 연구논문

권진호. "루터의 칭의론: '라토무스 소견에 반박하여'에 나타난 은혜와 은사, 칭의와 성화를 중심으로". 「신학과 현장」 26 (2016), 123~154.
권진호. "루터의 '로마서 서문'에 나타난 그리스도인의 삶". 「장신논단」 50 (2018), 122~146.
권진호. "루터의 선행 이해. - 불의한 맘몬에 관한 설교(1522)를 중심으로". 「신학과현장」 28 (2018), 65~88.
권진호. "루터의 종교개혁 찬송 '다 함께 즐거워하라'". 「신학논단」 101 (2020), 39~66.
권진호. "하나님의 의, 루터의 칭의 이해의 열쇠". 「신학과 현장」 31 (2021), 121~150.
권진호. "'로마서 3장 28절에 관한 토론 논제'에 나타난 루터의 칭의론". 「장신논단」 54.3 (2022), 9~35

우병훈. “루터의 칭의론과 성화론의 관계: 대갈라디아서를 중심으로”. 「개혁논총」 46 (2018), 69~116.

장기영. “루터의 성화의 장치: 한국 개신교의 종교개혁 메시지 왜곡에 대한 종교개혁자의 교정”. 「한국교회사학회지」 47 (2017), 245~283.

정병식. “칭의와 성화를 통해서 본 루터 신학의 현대적 의의”. 「신학사상」 135 (2006), 73~98.

Härle, W. “Die Entfaltung der Rechtfertigungslehre Luthers in den Disputationen von 1535 bis 1537”. LuJ 71 (2004), 211~228.

루터의 칭의론 연구서

Bornkamm, Karin. Luthers Auslegungen des Galaterbriefes von 1519 und 1531. Berlin: Walter de Gruyter, 1963.

Christie, W. Gerechte Sünder. Eine Untersuchung zu Martin Luthers simul iustus et peccator. Leipzig: Evangelische Verlagsanstalt, 2014.

Iwand, H. J. Glaubensgerechtigkeit. Lutherstudien, ed. Gerhard Sauter. München: Chr. Kaiser, 1991.

Pesch, O. H. Theologie der Rechtfertigung bei Martin Luther und Thomas Aquin. Darmstadt: WBG, 1985.

Schwarz, Reinhard. Martin Luther. Lehrer der christlichen Religion. Tübingen: Mohr Siebeck, 2015.

Stegmann, Andreas. Luthers Auffassung vom christlichen Leben. Tübingen: Mohr Siebeck 2014.

권진호

공주사대 부고, 공주대학교 역사교육과 (문학사)
목원대학교 신학과 (신학사) 및 대학원 신학과 (신학석사)
독일 Christian-Albrechts-Universität zu Kiel 신학박사 (Dr. theol.)
현재 목원대학교 신학과 부교수 (교회사).

저서

- Christus pro nobis. Eine Untersuchung zu Luthers Passions- und Osterpredigten bis zum Jahr 1530, LIT, 2008.
- "루터의 갈라디아서 설교의 특징", 목회와 신학 편집부 엮음,『갈라디아서. 어떻게 설교할 것인가』, 두란노 하우주석 제42권 개정판. 두란노 아카데미, 2010. (공저)
-『성 어거스틴의 은총론 연구』, 기독교문서선교회, 2011.
-『루터에게 설교를 맡겨라』, 목회와 신학 총서 설교 제10권, 두란노아카데미, 2011.
-『루터, 겨울에 설교하다』, KMC, 2014. (공저)
-『오늘을 위한 루터 이해』, 신아사, 2023.

번역서

- 빌헬름 게에를링스,『교부 어거스틴』, 기독교문서선교회, 2013.
- 루돌프 마우,『복음주의 운동과 초기개혁(1521~1532)』, 호서대출판, 2015.
- H. 홀체,『중세 전성기의 서방교회』, 호서대출판, 2015. (공역)
-『루터와 기도한다. 루터의 기도생활 안내서』, 대장간, 2019.
-『루터를 안다. 루터의 신앙생활 안내서』, 대장간, 2019.
-『루터, 구원을 설교하다. 믿음과 사랑 안내서』, 대장간, 2020.
-『보라, 네 왕이 네게 오신다. 루터의 설교를 듣는다』, 한들출판사, 2021.

논문

- "루터의 '로마서 서문'에 나타난 그리스도인의 삶",「장신논단」50 (2018).
- "루터의 개명의 신학적 의미",「한국교회사학회지」51 (2018).
- "'평신도 성경' - 루터의 소교리문답 신학과 의미",「신학과현장」29 (2019).
- "루터의 종교개혁 찬송 '다 함께 즐거워하라'",「신학논단」101 (2020)
- "루터의 칭의 이해의 열쇠, '하나님의 의'",「신학과현장」31 (2021)
- "1933년 독일의 '루터의 날'(Luthertag)",「한국교회사학회지」62 (2022)

구원에 관한 루터의 20가지 이야기

루터, 구원을 말하다

초판 1쇄 발행 _ 2023년 03월 12일

역　　자 · 권 진 호
발 행 인 · 정 현 걸
발　　행 · 신 아 사
인　　쇄 · 대명프린팅
출판등록 · 1956년 1월 5일 (제9-52호)
주　　소 · 서울시 은평구 통일로 59길 4(2F)
전　　화 · 02)382-6411 · 팩스 02)382-6401
홈페이지 · www.shinasa.co.kr
E-MAIL · shinasa@daum.net

ISBN 979-11-92428-54-3 (93230)

정가 17,000원